洛阳古代游记辑注

张丽鹏 编注

国家图书馆出版社

图书在版编目（CIP）数据

洛阳古代游记辑注 / 张丽鹏编注 . — 北京：国家图书馆
出版社，2023.6

ISBN 978-7-5013-6974-4

Ⅰ.①洛⋯　Ⅱ.①张⋯　Ⅲ.①游记—作品集—洛阳市
Ⅳ.①K928.961.3-53

中国版本图书馆CIP数据核字（2021）第067828号

书　　名	洛阳古代游记辑注	
作　　者	张丽鹏　编注	
责任编辑	于春媚	
责任校对	刘鑫伟	

出版发行　国家图书馆出版社（北京市西城区文津街7号　　100034）
　　　　　　（原书目文献出版社　北京图书馆出版社）
　　　　　　010-66114536　63802249　nlcpress@nlc.cn（邮购）

网　　址　http://www.nlcpress.com
印　　装　北京科信印刷有限公司
版次印次　2023年6月第1版　2023年6月第1次印刷

开　　本　880×1230　1/32
印　　张　10
字　　数　288千字
书　　号　ISBN 978-7-5013-6974-4
定　　价　60.00元

序

　　洛阳居天下之中，为古代著名都会。山川映带，人文蔚然。故历来车马辐凑、名流络绎。文人高士登高望远，览物兴怀，每有情所不能自已者，或发为诗，或著为文。名篇佳作，琳琅满目。其中记游之作，不惟寓意深远，为江山增胜，且在千年沧桑、时过境迁之后，使人循此可以略见古代风物典故，江山概貌。对今人了解古代洛阳历史风物，意义尤巨。然今人所辑洛阳记游文献，多关注于诗歌，于文则未能广为采摭。古代所修郡县方志，于此虽颇关注，然或细大不捐，失之粗疏；或如散珠碎玉，未能一览全貌。此诚为憾事。

　　张丽鹏女士长期任职洛阳市图书馆地方文献部，从事地方文献整理工作，卓有成效。工作之中，常有读者询问洛阳古代胜迹相关文献，遂有志于编辑《洛阳古代游记辑注》。三年前，曾与余谈及此事。余答曰："古籍茫茫，无从下手。若欲成此书，需先提供不低于300篇之备选文章目录，以取精于宏。"前岁之杪，其果以300篇篇目示余。余查其来历，则地志之外，兼及总集、别集。旁搜远绍，爬罗剔抉，隐隐然若有一巨著在胸中矣！余惊诧之余，为之斟酌去取。尤其是将文学价值不大、仅叙写建筑物始末之碑记尽行剔除。又遵其嘱，为之搜集三十余篇，以作补充。

两年来，丽鹏女士亦常以书中相关问题相商于余。今岁疫情突发，致使数月未能联系。6月间，忽将书稿托余修订。余览之，已达25万字之巨。余就删减修订及全书体例诸问题，进一步提出个人意见。丽鹏女士又再三修订，遂成今帙。

通览全书，在感佩作者用功之勤的同时，也甚感作者之匠心。以选材地域范围而言，作者并未拘限于今日之洛阳，而是着眼于历史上之洛阳，即狭义之河洛地区。这不仅更符合洛阳的历史实际，且与今日洛阳都市圈建设之蓝图相吻合。三门峡市卢氏、灵宝、渑池各县市，郑州市巩义市、登封市，济源市等，不仅历史上属于河洛地区，嵩山、王屋曾经为洛阳重要文化地标，且今天更与洛阳有着不可分割之血肉关系，为洛阳都市圈重要组成部分以及郑、洛两大都市圈衔接地带。今天，由于行政区划的分割，彼此间似乎有生疏之感。此书正可借山水清音、人文胜迹，使人们重温今天洛阳都市圈各部分间历史上之渊源，使人领悟"青山一道同云雨，明月何曾是两乡"的亲近感，从而服务于洛阳都市圈建设。此正是作者学以致用之表现，亦充分体现出了知识分子之担当意识。

全书选材亦极具广泛性。一方面龙门、白马寺、嵩山、灵山、砥柱、三门山、王屋山、老君山、汉魏隋唐都城等重要山川人文胜迹无不囊括。同时，卢氏县甘棠崖，新安县斗园、青要山石坞，孟津县龙洞，《洛阳名园记》所载各名园等，或今天不为人所熟知，或今仅存废墟，或并遗址亦荡然无存。读此书，则可引起人们的今昔之感，引发思古幽情及浓郁乡愁。就文章作者而言，所选人物多为历史上具有重要影响之政治家、作家，如石崇、傅亮、欧阳修、司马光、王铎等，然亦有一些不为人所熟知之本地作家。如张月桂、王尔鉴、董相、杨大昆等。此于弘扬地方文化、挖掘地方名人资料等，亦有重要意义。

在注重广泛性之同时，作者亦非常注重选材之精当。以王屋山为例，作为古代洛阳地区与嵩山并称的南北二镇，嵩山、王屋（太行），在古籍中常常并称。同时，王屋山又是道教天下第一洞天王母洞所在，故历史上记游之作甚多。然时过境迁，今天王屋山已经不是洛阳文化圈之核心地域，因此作者仅精选了明代李濂《游王屋山记》一文。一是因为李濂是明代著名学者，另一方面是因为此一游记内容涵盖王屋山一带主要名胜，如阳台宫、天坛、不老泉、仰天池、济水源等。兼有日出胜观，亦可为王屋增色。览此一篇，则王屋之风物可尽知矣。

作者在兼顾知识性、历史性之同时，选材上更注重其文学性。尽管书中个别的碑记之作，称不上严格意义之游记。但是这些碑记，均有出色之景物描写，或者深远之人生感悟。如明代李文《重修凤凰亭记》写灵山胜境，不仅有"凝碧漱瑶，天光云影""穿岩越壑，挂练飞琼""俯其下，云之卷舒无心，鸟之出还似有知者"情景交融之描写，而且有"然往来游观者，间有不寻醉翁之乐，乐己乐而不近人情焉。是亭也，不翻为寺之崇而僧人之瘿乎"之深沉感慨，可谓情、景、理兼胜之作。所选《洛阳伽蓝记》《洛阳名园记》诸作，亦或壮丽瑰奇，或明净秀逸，为原书中最具文学性之片段。至若袁宏道、王铎、文翔凤之作，更是明代小品文中之杰构，无不透露出活泼之机趣。

红尘滚滚，事务抢攘。洛阳虽仅为神州之一隅，然今人欲全览其风情，领略其神奇，感悟其至理，亦难矣！晋宋之际，宗炳《画山水序》有"老疾俱至，名山恐难遍睹，唯当澄怀观道，卧以游之"之感叹。宗炳所云"卧以游之"所依赖者，为山水画作。本书所收诸作，摹山范水，皆历历在目，宛然可掬。所抒之情、所发之理，皆深蕴韵外之致，沁人心脾。故亦可视为无彩之山水画矣。而部分作品所叙景观在人湮代邈之余，今日读之，更可发今昔之感。因此，本书不惟可增广见识，可澄怀观道，且可发怀古之幽思。今人以作卧游之资，宜矣！

扈耕田

庚子仲秋前三日识于洛阳芥舟堂

目录

石 崇

　　石崇（249—300），小名齐奴，字季伦，渤海南皮（今属河北）人。西晋咸宁元年（275）为修武令。太康元年（280），以伐吴有功封安阳乡侯。七年，迁侍中。永熙元年（290），出为荆州刺史。元康四年（294），拜太仆，出为征虏将军、假节监徐州诸军事。八年，免官，复拜卫尉。任侠无行检，在荆州以劫远使商客致富。置别馆于金谷涧，与爱妓、友朋作乐。曾与贵戚王恺、羊琇等竞斗奢靡。谄事贾谧，为"二十四友"之一。八王之乱中，与齐王冏结党，为赵王伦所杀。原有集，已佚。《全上古三代秦汉三国六朝文》存其文九篇。《先秦汉魏晋南北朝诗》存其诗十首。生平事迹见《晋书》卷三三。

金谷诗序

　　余以元康六年①，从太仆卿出为使持节②，监青、徐诸军事，

---

① 元康六年：晋惠帝元康六年，公元296年。
② 太仆卿：官名，始置于西周，称太仆。秦、汉沿袭，为九卿之一，掌皇帝的舆马和马政。王莽一度更名为太御。梁武帝天监七年（508），将九卿增设为十二卿，太仆卿由此得名。北齐始称太仆寺卿。南宋时，太仆寺并入兵部。使持节：魏晋南北朝时，掌地方军政的官往往加使持节的称号，给以诛杀中级以下官吏之权。次一等的称持节，得杀无官职的人。再次称假节，得杀犯军令的人。

征虏将军。有别庐在河南县界金谷涧中①，去城十里，有田十顷，或高或下，有清泉、茂林、众果、竹、柏、药草，羊二百口，鸡猪鹅鸭之属，莫不毕备。又有水碓、鱼池、土窟②，其为娱目欢心之物备矣。

时征西大将军、祭酒王诩当还长安③，余与众贤共送往涧中。昼夜游宴，屡迁其坐。或登高临下，或列坐水滨。时琴、瑟、笙、筑，合载车中，道路并作④。及住，令与鼓吹递奏⑤。遂各赋诗以叙中怀⑥，或不能者，罚酒三斗。

感性命之不永，惧凋落之无期，故具列时人官号、姓名、年纪，又写诗著后。后之好事者，其览之哉！凡三十人，吴王师、议郎、关中侯、始平武功苏绍⑦，字世嗣，年五十，为首。

——民国十九年景清光绪二十年黄冈王氏刻本《全上古三代秦汉三国六朝文》

---

① 别庐：本宅以外另建的住所。金谷涧：又称金谷，在今河南洛阳西北。

② 水碓（duì）：借助水力捣米，是机械化的碓。碓，木石做成的捣米器具。土窟：地下室，或在半山间削石崖为室。

③ 祭酒：汉代有博士祭酒，为博士之首。西晋改设国子祭酒，隋唐以后称国子监祭酒，为国子监的主管官。清末始废。

④ 作：演奏。

⑤ 递奏：轮流顺次演奏。

⑥ 中怀：内心。旧题汉苏武《别诗》之二："幸有弦歌曲，可以喻中怀。"

⑦ 苏绍：《世说新语·品藻》："谢公（安）云：'金谷中苏绍最胜。'绍是石崇姐夫，苏则孙，愉子也。"《三国志·魏书·苏则传》裴松之注："石崇妻，绍之女兄也。"其说不同。

傅 亮

　　傅亮（374—426），字季友，北地灵州（今陕西耀州区）人。东晋末年，历任中书黄门侍郎、太尉从事中郎。入宋，以佐命功封建城县公，寻为尚书仆射。后与徐羡之、谢晦等受顾命辅佐少帝。少帝失德，废少帝，迎立文帝。加左光禄大夫，进爵始兴郡公。后为文帝所杀。博涉经史，尤善文辞，宋初诏命多出其手。其文有气骨而擅文采。原有集，已佚，明人辑有《傅光禄集》。生平事迹见《宋书》卷四三、《南史》卷一五。

为宋公至洛阳谒五陵表①

　　臣裕言：近振旅河湄②，扬旆西迈，将届旧京③，威怀司、

---

① 宋公：刘裕，即宋武帝，南朝宋建立者，420—422年在位。字德舆，小字寄奴。祖为彭城（今江苏徐州）人，后迁居京口（今江苏镇江）。幼年贫穷，贩履为业，又曾耕地、捕鱼。初为孙元终司马。后为东晋北府兵将领，从刘牢之镇压孙恩起义，以功进下邳太守。元兴三年（404），起兵讨桓玄。义熙元年（405），击败桓玄，掌握东晋的大权。出兵灭南燕，又回师击败卢循。西攻谯纵，收巴蜀。又出兵关中，消灭后秦封武王。元熙二年（420），代晋称帝，国号宋。五陵：《文选》李善注："郭缘生《述征记》曰：'北邙东则乾脯山，山西南晋文帝崇阳陵。陵西武帝峻阳陵。邙之东北宣帝高原陵、景帝峻平陵。邙之南则惠帝陵。'"
② 振旅：谓整队班师。湄：水边，岸旁。
③ 旧京：洛阳为西晋首都，故云。

雍①。河流遄疾，道阻且长。加以伊洛榛芜，津途久废，伐木通径，淹引时月。始以今月十二日②，次故洛水浮桥。山川无改，城阙为墟。宫庙隳顿，钟虡空列③。观宇之余，鞠为禾黍。廛里萧条，鸡犬罕音。感旧永怀，痛心在目。

以其月十五日，奉谒五陵。坟茔幽沦，百年荒翳。天衢开泰④，情礼获申。故老掩涕，三军凄感。瞻拜之日，愤慨交集。行河南太守毛修之等⑤，既开剪荆棘，缮修毁垣。职司既备，蕃卫如旧。伏惟圣怀，远慕兼慰，不胜下情。谨遣传诏殿中中郎臣某⑥，奉表以闻。

——四部丛刊景宋本《六臣注文选》

① 威怀：畏服。《左传·襄公四年》："戎狄事晋，四邻振动，诸侯威怀。"威，指征战。怀，怀柔。司、雍：司州指洛阳，雍州指长安。

② 今月十二日：《文选》李善注："《晋书》云：'义熙十二年，洛阳平，裕命修晋五陵，置守备也。'"

③ 钟虡（jù）：亦作"钟簴"，一种悬钟的格架，上有猛兽为饰。

④ 开泰：有亨通安泰等意。

⑤ 毛修之（375—446）：字敬文，荥阳阳武（今河南原阳县）人。初为宁远参军，后以诱斩桓玄功，授右卫将军。刘裕北伐后秦，遗戍洛阳。洛阳陷，为西夏赫连勃勃所俘，北魏灭夏，归北魏，官至尚书。卒谥"恭"。

⑥ 殿中中郎：官名，西晋置。统殿中兵护卫皇帝，位在殿中将军之下。因其为皇帝亲信，控制殿中禁卫军，又能进行宫廷内外的联系，故在西晋时的历次宫廷政变中起到相当重要的作用。南朝宋沿置，但权力和重要性都大为减小。

郦道元

郦道元（466或472—527），字善长，范阳涿鹿（今河北涿州）人。北魏孝文帝太和（477—499）年间，为尚书主客郎。后累迁辅国将军、东荆州刺史。孝明帝时，为安南将军、御史中尉。执政严猛，得罪汝南王元悦，出为关右大使，被雍州刺史萧宝夤谋害。郦道元好学，历览奇书，为《水经》一书作注（即《水经注》）四十卷，又注《本志》十三篇，又作《七聘》等文。所撰《水经注》是富有文学色彩的地理学著作，在我国地理学史和文学史上都占有很重要的地位。

水经注·洛水（节选）

洛水又东径黄亭南，又东合黄亭溪水①。水出鹈鹕山②。山有二峰，峻极于天，高崖云举，亢石无阶③，猿徒丧其捷巧，鼯族谢其轻工④，及其长霄冒岭，层霞冠峰，方乃就辨优劣耳，故有

---

① 黄亭溪水：在今河南洛宁县西。
② 鹈鹕（tí hú）山：在今河南洛宁县西。
③ 亢：高。
④ 鼯（wú）：鼯鼠，也叫大飞鼠，哺乳动物。前后肢间有宽而多毛的飞膜，能在树间滑翔。

大、小鹈鹕之名矣。

......

洛水又东，有昌涧水注之^①。水出西北宜阳山，而东南流径宜阳故郡南，旧阳市邑也，故洛阳都典农治^②，此后改为郡。其水又南注于洛。洛水又东径一合坞南^③，城在川北原上，高二十丈，南、北、东三箱，天险峭绝，惟筑西面即为合固，一合之名，起于是矣。刘曜之将攻河南也^④，晋将军魏该奔于此^⑤，故于父邑也。

......洛水又东，渠谷水出宜阳县南女几山^⑥，东北流径云中坞。左上迢遰层峻^⑦，流烟半垂，缨带山皁，故坞受其名。

——清武英殿聚珍版丛书本《水经注》

......

① 昌涧水：即昌谷，今河南宜阳县三乡镇连昌河。

② 典农：指典农诸官，也作为"典农中郎将""典农校尉""典农都尉""典农司马"等官的省称。此类农官，汉魏皆置，均掌屯田事务。

③ 一合坞：即"一全坞"之讹，又作"一泉坞""乙泉戍"，在今河南宜阳县西部。《晋书·魏该传》："时杜预子尹为弘农太守，屯宜阳界一泉坞，数为诸贼所抄掠。"

④ 刘曜（？—329）：十六国时前赵国君，匈奴族，字永明，刘渊族子，新兴郡（今山西忻州）人。仕刘渊、刘聪二世，位至相国，镇长安。靳准杀刘粲夺帝位，曜在平阳称帝，率军诛灭靳氏。徙都长安，改国号汉为赵，史称前赵。西击张骏，南服仇池，穷兵不已。后与石勒交战，被擒杀。在位十三年。

⑤ 魏该（？—328）：一名亥，魏浚族子，晋东郡东阿人。从河间王司马颙攻赵王司马伦，为将兵都尉。刘曜攻洛阳，随浚赴难。浚死，代领其众。荀藩以为武威将军，使讨刘曜。后晋元帝以为河东太守。苏峻反，率众勤王，受陶侃节度，病笃还屯。卒于道。

⑥ 女几：指女几山，又名花果山。距宜阳县城50公里，主峰海拔1831.8米。现为国家森林公园。金门山：在今河南洛宁县南。《水经注·洛水》："洛水右会金门溪水，水南出金门山。......洛水又东，黍㶚谷水入焉，南出金门山。"

⑦ 迢遰：高峻貌。

杨衒之

　　杨衒之，杨或作阳，《史通》作"羊"，北平（今河北定州）人。曾任期城郡太守。于东魏武定五年（547）行经北魏旧都洛阳，时在丧乱之后，贵族王公耗费巨资所建佛寺，已大半被毁，因摭拾旧闻，追叙故迹，作《洛阳伽蓝记》以寓规讽哀伤之意。文笔秾丽秀逸，委曲详尽，既是重要历史地理著作，又是优秀散文作品。其间还杂有不少传说故事、神话异闻，具有小说意味。

永宁寺

　　永宁寺，熙平元年灵太后胡氏所立也①，在宫前阊阖门南一

---

① 熙平元年：北魏孝明帝熙平元年，公元516年。灵太后胡氏（？—528）：安定临泾（今甘肃庆阳镇原县）人，司徒胡国珍之女。生孝明帝，进封充华嫔。熙平元年，6岁的元诩继位，为孝明帝，尊母为皇太妃，后尊位为皇太后，临朝听政。执政初期，使朝纲整肃，百官敬业。但崇尚佛事，修建寺院，开凿石窟，耗资甚巨。极喜饮宴巡游，嬉戏为乐。委朝政于清河王元怿。领军元叉发动政变，杀元怿，将胡氏囚禁。正光四年（523），胡氏杀元叉，重掌朝政后，淫乱专恣，朝政疏绥，卖官鬻爵，贿赂公行，为天下所恶。孝昌四年（528），胡氏毒杀亲子孝明帝，改立族侄元钊继位。大都督尔朱荣进攻洛阳，胡氏削发为尼。后尔朱荣将胡氏及幼主沉入黄河溺死，葬于双灵寺。追谥曰"灵"。

里御道西①。

其寺东有太尉府，西对永康里，南界昭玄曹②，北邻御史台。阊阖门前御道东有左卫府。府南有司徒府。司徒府南有国子学，堂内有孔丘像，颜渊问仁、子路问政在侧。国子南有宗正寺，寺南有太庙，庙南有护军府，府南有衣冠里。御道西有右卫府，府南有太尉府，府南有将作曹，曹南有九级府，府南有太社，社南有凌阴里，即四朝时藏冰处也。

中有九层浮图一所③，架木为之，举高九十丈。有刹，复高十丈；合去地一千尺。去京师百里，已遥见之。初掘基至黄泉下，得金像三千躯，太后以为信法之征，是以营建过度也。刹上有金宝瓶，容二十五石④。宝瓶下有承露金盘三十重，周匝皆垂金铎⑤。复有铁锁四道⑥，引刹向浮图四角，锁上亦有金铎，铎大小如一石瓮子。浮图有九级，角角皆悬金铎，合上下有一百二十铎。浮图有四面，面有三户六窗，户皆朱漆。扉上各有五行金钉，合有五千四百枚。复有金环铺首⑦，布土木之功，

---

① 阊阖门：北魏时期洛阳故城宫城城门遗址，位于河南洛阳汉魏洛阳城宫城南墙中央偏西，为宫城正门。

② 昭玄曹：官署名，北魏置，主管全国佛教事务。《魏书·释老志》："先是，立监福曹，又改为昭玄，备有官署，以断僧务。"

③ 浮图：也作"浮屠"，梵语音译词，意为佛陀，原指佛教的创始人释迦牟尼。古时曾把佛塔误译为浮屠，故又称佛塔为浮屠。

④ 石：古代计量单位，十斗为一石。

⑤ 铎（duó）：古代宣布政教法令或有战事时用的大铃。

⑥ 锁（suǒ）：古同"锁"。

⑦ 铺首：传统建筑大门上衔着门环的底座，铜制或铁制，有虎头或龟、蛇等形状。

穷造形之巧。佛事精妙，不可思议。绣柱金铺，骇人心目。至于高风永夜，宝铎和鸣，铿锵之声，闻及十余里。

浮图北有佛殿一所，形如太极殿①。中有丈八金像一躯、中长金像十躯、绣珠像三躯、织成五躯，作工奇巧，冠于当世。僧房楼观，一千余间，雕梁粉壁，青缫绮疏②，难得而言。栝柏松椿③，扶疏拂檐④；蕞竹香草⑤，布护阶墀⑥。是以常景碑云⑦："须弥宝殿⑧，兜率净宫⑨，莫尚于斯也⑩。"

外国所献经像皆在此寺。寺院墙皆施短椽，以瓦覆之，若今宫墙也。四面各开一门。南门楼三重，通三道，去地二十丈，

---

① 太极殿：魏晋南北朝时期汉魏洛阳城宫城正殿，是中国历史上第一座"建中立极"的宫城正殿，是中国历史上最大的正殿。始建于曹魏时期魏明帝。

② 青缫：刻镂成格的窗户。绮疏：指雕刻成空心花纹的窗户。

③ 栝（guā）：古书上指桧（guì）树。

④ 扶疏：枝叶茂盛的样子。

⑤ 蕞（cóng）：聚集，丛生。

⑥ 墀（chí）：台阶上面的空地。

⑦ 常景（？—550）：北魏文学家，字永昌，河内温县（今河南温县西南）人。孝文帝时任门下录事。累迁车骑将军、右光禄大夫、秘书监。东魏时除仪同三司。曾删正张华《博物志》，撰《儒林传》《列女传》等，均佚。《全上古三代秦汉三国六朝文》存其文三篇，《先秦汉魏晋南北朝诗》存其诗四首。生平事迹见《魏书》卷八二、《北史》卷四二、《洛阳伽蓝记》卷一。

⑧ 须弥：梵文Sumeru的音译，意思是妙高、妙光、善高、善积等，即须弥山，又称弥楼山、苏迷卢山，是印度神话中的山名，佛教用以作造像或绘画的题材，表示天上的景观。

⑨ 兜率：佛教指欲界六天（四王天、忉利天、夜摩天、兜率天、化乐天、他化自在天）的第四层。

⑩ 尚：同"上"。

形制似今端门①。图以云气，画彩仙灵，绮钱青锁，赫奕丽华②。拱门有四力士、四师子③，饰以金银，加之珠玉，庄严焕炳④，世所未闻。东西两门亦皆如之，所可异者，唯楼二重。北门一道，不施屋，似乌头门⑤。四门外，树以青槐，亘以绿水，京邑行人，多庇其下。路断飞尘，不由渰云之润⑥；清风送凉，岂籍合欢之发⑦？

诏中书舍人常景为寺碑文。景字永昌，河内人也。敏学博通，知名海内。太和十九年⑧，为高祖所器⑨，拔为律学博士，刑法疑狱，多访于景。正始初，诏刊律令，永作通式，敕景共治书侍御史高僧裕、羽林监王元龟、尚书郎祖莹、员外散骑侍郎李琰之等⑩，撰集其事。又诏太师彭城王勰、青州刺史

....

① 端门：宫殿的正南门。

② 赫奕：显耀盛大的样子。

③ 师子：狮子，亦称狻猊。

④ 焕炳：光芒闪耀。

⑤ 乌头门：《唐六典》："六品以上仍通用乌头大门。唐上官仪《投壶经》：第一箭入谓之初箭；再入谓之乌头，取门双表之义。"

⑥ 渰（yǎn）云：阴云。

⑦ 合欢：《古今注》下："合欢树似梧桐，枝弱叶繁，互相交结。每一风来，辄自相解，了不相牵缀。树之阶庭，使人不忿。"按即夜合花。

⑧ 太和十九年：公元495年。

⑨ 高祖：即孝文帝拓跋宏（467—499），汉名元宏。中国历史上杰出的少数民族政治家、改革家。

⑩ 高僧裕：高绰（475—522），字僧裕，渤海蓨（今河北景县）人，《魏书》四十八有传。本传："又诏参议律令。"祖莹（？—535）：字元珍，范阳道（今河北涞水县）人，《魏书》八十二有传。本传："以参议律历，赐爵容城县子。"李琰之：字景珍，陇西狄道（今甘肃临洮县）人，《魏书》八十二有传。

刘芳[①]，入预其议。景讨正科条，商榷古今，甚有伦序，见行于世，今律二十篇是也。又共芳造洛阳宫殿门阁之名，经途里邑之号。出除长安令，时人比之潘岳[②]。其后历位中书舍人、黄门侍郎、秘书监、幽州刺史、仪同三司。学徒以为荣焉。景入参近侍，出为侯牧，居室贫俭，事等农家，唯有经史，盈车满架。所著文集，数百余篇，给事中封肆伯作序行于世[③]。

装饰毕功，明帝与太后共登之。视宫中如掌内，临京师若家庭。以其目见宫中，禁人不听升。衒之尝与河南尹胡孝世共登之，下临云雨，信哉不虚！

---

① 彭城王勰（473—508）：字彦和，献文帝（拓跋弘）第六子，《魏书》二十二有传。本传："议定律令，勰与高阳王雍、八座、朝士有才学者五日一集，参论轨制应否之宜。而勰凤侍高祖，兼聪达博闻，凡所裁决，时彦归仰。"刺史：官名。刺史二字，刺为检举不法，史为皇帝所使。汉武帝元封五年（前106）在全国十三部（州）设刺史，以六条监督郡国，而刺史的官阶远远低于郡守和国相。东汉灵帝时为提高地方长官权力，又改刺史为州牧，居郡守之上，掌一州的军政大权。刘芳（453—513）：字伯文，彭城（今江苏徐州）人，《魏书》五十五有传。本传："议定律令，芳斟酌古今，为大议之主。其中损益，多芳意也。"

② 潘岳（247—300）：字安仁，荥阳中牟（今河南中牟县东）人。西晋著名文学家。曾任河阳令、著作郎、给事黄门侍郎等职。后为赵王司马伦亲信孙秀所害。擅诗赋、骈文，尤长于哀诔，文辞绮丽，与陆机齐名。有《潘黄门集》。

③ 封肆伯：《魏书》作伟伯，字君良，渤海蓨（今河北景县）人。

时有西域沙门菩提达摩者①，波斯国胡人也。起自荒裔，来游中土。见金盘炫日，光照云表，宝铎含风，响出天外。歌咏赞叹，实是神功。自云："年一百五十岁，历涉诸国，靡不周遍，而此寺精丽，阎浮所无也②。极物境界，亦未有此！"口唱南无③，合掌连日。

至孝昌二年中④，大风发屋拔树，刹上宝瓶，随风而落，入地丈余。复命工匠，更铸新瓶。

……

① 沙门：《翻译名义集》一："沙门，或云桑门，……此言功劳，言修道有多劳也。什师云：佛法及外道，凡出家者皆名沙门。肇云：出家之都名也。"《魏书》一百十四《释老志》："诸服其道者，则剃落须发，释累辞家，结师资，遵律度，相与和居，治心修净，行乞以自给，谓之沙门，或曰桑门，亦声相近。总谓之僧，皆胡言也。"菩提达摩：意译觉法，略称达摩或达磨，南天竺僧人，一说为香至王第三子，一说出身婆罗门。自称"南天竺一乘宗"。南朝宋末航海至广州，入北魏，一说于梁普通元年（520）或大通元年（527）抵广州，与梁武帝对答不契，乃至北魏。在嵩山少林寺面壁九年，人称"壁观婆罗门"。所传禅法以"二入（理入、行入）四行"为纲宗，付法于慧可，另有道育、僧副、昙林等弟子。后因人毒害，入寂于洛滨，又有入寂后"只履西归"的传说。被尊为西天禅宗第二十八祖，东土禅宗初祖。唐代宗谥号"圆觉禅师"。他是禅宗的创始人。著作有《少室六门》上下卷。
② 阎浮：梵名音译，阎浮提的省称。《翻译名义集》："大论云：阎浮，树名，其林茂盛。此树干林中最大。提名为洲。此洲上有此树林。……以阎浮树，故名为阎浮洲。此洲有五百小洲围绕，通名阎浮提。"《大唐西域记》一："南赡部洲，旧曰阎浮提洲。"
③ 南无：《翻译名义集》："南无，或那谟，或南摩，此翻归命。《要律仪》翻恭敬，《善见论》翻归命觉，或翻信从。"
④ 孝昌二年：北魏孝明帝孝昌二年，公元526年。

永熙三年二月^①，浮图为火所烧，帝登陵云台望火^②，遣南阳王宝炬、录尚书事长孙稚^③，将羽林一千救赴火所，莫不悲惜，垂泪而去。火初从第八级中平旦大发，当时雷雨晦冥，杂下霰雪。百姓道俗，咸来观火，悲哀之声，振动京邑。时有三比丘^④，赴火而死。火经三月不灭。有火入地寻柱，周年犹有烟气。

其年五月中，有人从东莱郡来，云："见浮图于海中，光明照耀，俨然如新，海上之民，咸皆见之。俄然雾起，浮图遂隐。"至七月中，平阳王为侍中斛斯椿所挟^⑤，奔于长安。十月而京师迁邺。

......

① 永熙三年：北魏孝武帝永熙三年，公元534年。

② 陵云台：《三国志·魏书》二《文帝纪》：黄初二年（221）"是岁筑陵云台"，《元河南志》二《魏城阙宫殿古迹》："陵云台，文帝黄初二年筑，在宣阳门内，韦诞题名榜，经日发白，为辒辌绞上。杨龙骧《洛阳记》曰：'高二十丈，登之见孟津。'《世说》曰：'陵云台楼观极精巧，先称平众材，轻重当宜，然后造构，乃无锱铢，递相负揭。台虽高峻，常随风摇动，而终无崩坏。明帝登台，惧其势危，别以大材扶持之，楼即便颓坏。论者谓轻重力偏故也。'"又，《世说·巧艺篇》注引《洛阳宫殿簿》："陵云台上壁方十三丈，高九尺；楼方四丈，高五丈；栋去地十三丈五尺七寸五分也。"《元河南志》二《晋城阙宫殿古迹》引《述征记》："台有明光殿，西高八丈，累砖作道，通至台上。登台迥眺，究观洛邑，暨南望少室，亦山岳之秀极也。"

③ 南阳王宝炬：元宝炬（507—551），京兆王元愉子，即西魏文帝，《魏书》二十二有传，《北史》五有西魏文皇帝纪。长孙稚（？—535）：字承业，《魏书》二十五有传。

④ 比丘：梵名，意即出家人或修道人。

⑤ 平阳王：即北魏孝武帝元修，原为平阳王。因与高欢不谐，往长安依宇文泰，魏遂分成东、西二国。"孝武"是西魏追谥，东魏人称为"出帝"或用元修即位前爵号，故魏收书作"出帝平阳王"。衒之是东魏臣，因亦同称。斛斯椿（493—534）：字法寿，广牧富昌（今内蒙古准格尔旗）人，《魏书》八十有传。

瑶光寺

瑶光寺，世宗宣武皇帝所立。在阊阖城门御道北，东去千秋门二里①。

千秋门内道北有西游园，园中有陵云台，即是魏文帝所筑者②。台上有八角井，高祖于井北造凉风观，登之远望，目极洛川。台下有碧海曲池。台东有宣慈观，去地十丈。观东有灵芝钓台③，累木为之，出于海中④，去地二十丈。风生户牖，云起梁栋，丹楹刻桷，图写列仙。刻石为鲸鱼⑤，背负钓台；既如从地踊出，又似空中飞下。钓台南有宣光殿，北有嘉福殿，西有九龙殿，殿前九龙吐水成一海。凡四殿，皆有飞阁，向灵芝往来。三伏之月，皇帝在灵芝台以避暑。

....

① 千秋门：《水经注》："千秋门，右宫门也。"《元河南志》三：千秋门"宫西门，西对阊阖门。"

② 魏文帝：曹丕（187—226），字子桓，曹操子，沛国谯县（今安徽亳州）人。建安二十二年（217）立为魏太子，曹操卒后嗣位丞相、魏王，不久代汉称帝，国号魏，建都洛阳。在位期间，实行九品中正制，初令郡国察举孝廉，经营西域，置戊己校尉，兴修水利，遣使问民疾苦。曾南征孙吴，无功而还。喜文学，才思敏捷，著述颇多，组织诸儒编成《皇览》一书。卒后谥"文帝"，庙号高祖。

③ 灵芝钓台：《三国志·魏书》二《文帝纪》：黄初三年（222）"是岁穿灵芝池。"《太平御览》六十七："灵芝池广长百五十步，深二丈，上有连楼飞观，四出阁道钓台，中有鸣鹤舟、指南舟。"

④ 海中：指碧海曲池。

⑤ 石鲸鱼：汉宫昆明池有石鲸鱼。张衡《西京赋》："鲸鱼失流而蹉跎。"李善注引《三辅旧事》："清渊北有鲸鱼，刻石为之，长三丈。"此当是模仿前代制造而精巧过之。

有五层浮图一所，去地五十丈。仙掌凌虚，铎垂云表，作工之妙，埒美永宁①。讲殿尼房，五百余间。绮疏连亘，户牖相通，珍木香草，不可胜言。牛筋狗骨之木②，鸡头鸭脚之草③，亦悉备焉。椒房嫔御④，学道之所，掖庭美人⑤，并在其中。亦有名族处女，性爱道场，落发辞亲，来仪此寺，屏珍丽之饰，服修道之衣，投心八正⑥，归诚一乘。……

瑶光寺北有承明门⑦，有金墉城⑧，即魏氏所筑。晋永康中，

---

① 埒（liè）：等，等同。

② 牛筋：陆玑《毛诗草木鸟兽虫鱼疏》上："杻，檍也。叶似杏而尖，白色，皮正赤，为木多曲少直，枝叶茂好。……人或谓之牛筋，或谓之檍，材可为弓弩干也。"狗骨：陆玑《毛诗草木鸟兽虫鱼疏》下："枸树，山木，其状如栌，一名枸骨。"按枸字与狗音同，可以相通，故本文作狗骨。又，方以智《通雅》四十三云："顾野王曰：枸榾木中箭，谓其有刺。今此树到处有之，曰猫头刺，冬不凋，大者可充黄杨制器。时珍言狗骨与冬青相乱。枸榾叶长，四方而有八棱，棱有刺，与冬青甚异。"

③ 鸡头：《方言》三："葰芡，鸡头也。北燕谓之葰，青、徐、淮、泗之间谓之芡，南楚、江湘之间谓之鸡头。"鸭脚：《齐民要术》卷三《种葵》注："按今世葵有紫茎白茎二种种别，复有大小之殊，又有鸭脚葵也。"

④ 椒房：班固《西都赋》："后宫则有掖庭椒房，后妃之室。"李善注引《三辅黄图》："长乐宫有椒房殿。"《汉书·车千秋传》颜注："椒房，殿名，皇后所居也。以椒和泥涂壁，取其温而芳也。"

⑤ 掖庭：亦是后妃居室。《西都赋》注引《汉官仪》："婕妤以下皆居掖庭。"

⑥ 八正：《大品经说》："八正，曰正见、正思惟、正语、正业、正命、正精进、正念、正定。"

⑦ 承明门：为北魏高祖孝文帝（拓跋宏）所辟。

⑧ 金墉城：三国魏明帝筑，在今河南洛阳东北汉魏故城西北隅。魏晋时被废黜之皇帝、皇后、皇太子曾安置于此。十六国时洛阳城荒残，金墉城遂成为戍守攻战要地。《宋书·武帝纪》：东晋义熙十二年（416），刘裕北伐，"众军至洛阳，围金墉"，即此。北魏初为河南四镇之一。唐贞观初，洛阳、河南二县先后徙治于金墉城。六年（632）二县还治东都（今河南洛阳），城遂堙废。

惠帝幽于金墉城。东有洛阳小城，永嘉中所筑。城东北角有魏文帝百尺楼^①，年虽久远，形制如初。高祖在城内作光极殿，因名金墉城门为光极门^②。又作重楼飞阁，遍城上下，从地望之，有如云也。

景明寺

景明寺，宣武皇帝所立也^③。景明年中立^④，因以为名。在宣阳门外一里御道东。

其寺东西南北方五百步，前望嵩山少室^⑤，却负帝城^⑥，青林垂影，绿水为文，形胜之地，爽垲独美^⑦。山悬堂光观盛，一千

---

① 百尺楼：《水经注·谷水》："魏文帝起层楼于东北隅。"赵一清校释云："《寰宇记·西京洛阳城下》云：'金墉城，在故城西北角，魏明帝筑也。'《洛阳地图》云：'金墉城内有百尺楼。'一清按西北角之上当是叙洛阳故城，今本失之。又城为魏明帝筑，则层楼不应云文帝起也。盖亦明帝之误文。"

② 光极门：汉晋四朝洛阳宫城图金墉城图有光极门，在南面乾光门内，光极殿前。

③ 宣武皇帝：元恪（483—515），北魏第八位皇帝，魏孝文帝元宏次子。《魏书》一百十四《释老志》云："世宗笃好佛理，每年常于禁中亲讲经论，广集名僧，标明义旨，沙门条录为《内起居》焉。上既崇之，下弥企尚，至延昌中，天下州郡僧尼寺积有一万三千七百三十七所，徒侣逾众。"

④ 景明：北魏宣武帝的第一个年号，500—504年，共4年。

⑤ 嵩山少室：在洛阳东南，少室为嵩山之最西峰。《元和郡县志》卷六《河南道登封县下》云："嵩高山在县北八里，亦名方外山。又云东曰太室，西曰少室，嵩高总名，即中岳也。山高二十里，周回一百三十里。少室山在县西十里，高十六里，周回三十里，颍水源出焉。"

⑥ 却负：背负。帝城：指洛阳城。

⑦ 爽垲：《左传·昭公三年》杜预注："爽，明；垲，燥。"

余间^①。复殿重房，交疏对溜^②，青台紫阁，浮道相通。虽外有四时，而内无寒暑。房檐之外，皆是山池。竹松兰芷，垂列阶墀，含风团露，流香吐馥。至正光年中，太后始造七层浮图一所，去地百仞。是以邢子才碑文云"俯闻激电，旁属奔星"是也^③。妆饰华丽，侔于永宁^④。金盘宝铎，焕烂霞表。

寺有三池，萑蒲菱藕，水物生焉。或黄甲紫鳞，出没于繁藻。或青凫白雁，浮沈于绿水。礴硙舂簸^⑤，皆用水功。伽蓝之妙，最得称首。

时世好崇福，四月七日京师诸像皆来此寺，尚书祠曹录像凡有一千余躯。至八日^⑥，以次入宣阳门，向阊阖宫前受皇帝散花^⑦。于时金花映日，宝盖浮云，幡幢若林，香烟似雾。梵乐法音，聒动天地。百戏腾骧，所在骈比。名僧德众，负锡为群^⑧。信徒

----

① 山悬堂光观盛，一千余间：吴集证本云："按此十字疑有脱误。"

② 疏：即疏窗。溜：屋檐。

③ 邢子才：即邢邵（一作劭，496—?），字子才，北齐思想家、文学家，河间鄚（今河北任丘北）人。仕魏为著作佐郎，后官中书侍郎。入北齐除卫将军、国子祭酒。后为中书令，授特进。与温子昇并称"温邢"；与魏收并称"邢魏"。又与温子昇、魏收并称"北地三才"。擅长诗文，藻思华赡。诗歌成就较高，染齐梁之风，而存北朝之气。原有集，已佚，明张溥辑有《邢特进集》。生平事迹见《北齐书》卷三六、《北史》卷四三。

④ 侔（móu）：相等，齐。

⑤ 礴：疑是礳字，因讹为礴，石磨。硙（wèi）：石磨。舂：捣粟也。簸：扬米去糠。

⑥ 八日：佛教以四月八日为释迦牟尼佛生日及成道日。《玉烛宝典》四云："后人每二月八日巡城围绕，四月八日行像供养，并其遗化，无废两存。"

⑦ 散花：《魏书》一百十四《释老志》云："世祖（拓跋焘）初即位，亦遵太祖（拓跋珪）、太宗（拓跋嗣）之业。……于四月八日，舆诸佛像行于广衢，帝亲御门楼，临观散花，以致礼敬。"

⑧ 锡：僧人所用锡杖。

法侣，持花成薮。车骑填咽，繁衍相倾。时有西域胡沙门见此，唱言佛国。

白马寺

白马寺，汉明帝所立也①。佛教入中国之始。寺在西阳门外三里御道南②。帝梦金神，长丈六，项背日月光明。胡神号曰佛，遣使向西域求之，乃得经像焉。时以白马负经而来，因以为名。

明帝崩，起祇洹于陵上③。自此以后，百姓冢上或作浮图焉。寺上经函，至今犹存。常烧香供养之，经函时放光明，耀于堂宇，是以道俗礼敬之，如仰真容。

浮屠前，荼林、蒲萄异于余处，枝叶繁衍，子实甚大。荼

------

① 白马寺：《水经注·谷水》："谷水又南迳白马寺东。昔汉明帝梦见大人，金色，项佩白光，以问群臣。或对曰：西方有神名曰佛，形如陛下所梦，得无是乎？于是发使天竺，写致经像，始以榆欑（朱谋㙔笺云：榆欑乃以榆木为经函耳。）盛经，白马负图，表之中夏，故以白马为寺名。此榆欑后移在城内愍怀太子浮图中，近世复迁此寺，然金光流照，法轮东转，创自此矣。"
② 西阳门：当时洛阳城西由南数第二个城门。
③ 起祇洹于陵上：牟子《理惑论》云："昔孝明皇帝梦见神人，身有日光，飞在殿前，欣然悦之，明日博问群臣，此为何神？有通人傅毅曰：臣闻天竺有得道者，号曰佛，飞行虚空，身有日光，殆将其神也。于是上寤，遣中郎蔡愔、羽林郎中秦景、博士弟子王遵等十二人，于大月支写佛经四十二章，藏在兰台石室第十四间。时于洛阳城西雍门外起佛寺，于其壁，画千乘万骑，绕塔三匝；又于南宫清凉台及开阳城门上作佛像。明帝存时，豫修造寿陵，陵曰显节，亦于其上作佛图像。"祇洹，即精舍，佛寺。

林实重七斤，蒲萄实伟于枣，味并殊美，冠于中京。帝至熟时，常诣取之。或复赐宫人，宫人得之，转饷亲戚，以为奇味。得者不敢辄食，乃历数家。京师语曰："白马甜榴，一实直牛①。"

……

——四部丛刊三编景明如隐堂本《洛阳伽蓝记》

---

① 直：同"值"。

穆 员

穆员，字与直。怀州河内（河南沁阳）人。唐德宗贞元九年（793）登进士第。杜亚留守东都时，辟为从事，授检校员外郎。穆员工于文章，写作过大量的墓志铭，其作较受时人器重。《新唐书·艺文志》称其著有《穆员集》10卷，已佚。见许孟容《穆员集序》、韩愈《祭穆员外文》、《旧唐书》一五五与《新唐书》一六三之《穆宁传》附。

新安谷记

京洛佳赏，尽走乎阙塞[1]。次则东城，以桃李繁华相高。北山瀍阳，有崖谷豁洞之胜。盖天然疏凿，以遗来者，而人不之争。我公悬车之三年[2]，探得其最。凡远于国门迩于阙塞者，四

---

[1] 阙塞：即伊阙山，今龙门山。《左传·昭公二十六年》："晋知跞、赵鞅帅师纳王，使女宽守阙塞。"杜注："洛阳西南伊阙口也。"《水经注·伊水》："伊水又北入伊阙。昔大禹疏以通水，两山相对，望之若阙，伊水历其间北流，故谓之伊阙矣。《春秋》之阙塞也。昭公二十六年，赵鞅使女宽守阙塞是也。"

[2] 我公：指作者父亲穆宁（716—794），唐代大臣，怀州河内（今河南沁阳）人。初任盐山尉。上元二年（761），累官至殿中侍御史，佐盐铁转运使。代宗时，迁户部员外郎，为河南、江南转运使，鄂州刺史。德宗奔奉天（今陕西乾县），诣行在，拜秘书少监。强毅不事权贵，家道以严称。悬车：致仕。古人一般至七十岁辞官家居，废车不用，故云。

之一买之，直减于东城之贵者亦如之。连冈叠磴，中断夹斗^①，为其拱跱，如状如意；翠竹茂树，萦环森罗，为其缘饰，如缋如织。泉出山腹，酿而为池，酾而为派^②，带于竹树葱茏之间。池可行舟，派能流响。果园蔬圃，用以为溉。其余与瀍水合于山下。临玩之美，耳潺潺，目磷磷，不俟漱涤而烦襟如洗。

　　于是卜瀍之上，泉之侧，周奇顾盼拥抱之势，作为新亭。春之日，百花流莺，笑语满谷，迭相为主，待人为宾，始至也。若宴赏之之疏；将去也，若怨弃之之速。夏之日，清风入林，徘徊不散。若为繁暑，与之竟夕。而流泉娱客，亦奏雅音。秋之日，霜凄气肃，万象毕清。亭中一望，超忽天外。而片云行雁，又似与赏心远目，相期于前。冬之日，木落天迥，遥山入户。可爱之景，照于阳坡。迟迟为人，人散而敛。

　　凡四时暇日，公与大夫从甥侄子孙，携琴樽翰墨，游于斯，燕于斯。慈颜怡，天和熙，一觞举，万福随。穆穆雍雍^③，翼翼夔夔^④，中外具庆，如埙如篪^⑤。公曰："人生知足为富。当时为贵，奚俟外奖。则此地足以忘年，何必陆贾击鲜^⑥，疏广散

---

① 加斗：加上斗拱。

② 酾（shī）：滤酒、斟酒、疏导，此为分流之意。

③ 穆穆雍雍：严肃和谐。

④ 翼翼夔夔：小心翼翼，谦逊恭敬。

⑤ 如埙（xūn）如篪（chí）：埙、篪均为乐器，这两种乐器合奏之时，埙唱而篪和，比喻两物之响应、应和。出自《诗·大雅·板》。

⑥ 陆贾（约前240—前170）：楚国人。西汉初年随汉高祖刘邦平定天下，极有外交才能与口才，常出使诸侯，因说服南越王赵佗臣服而拜为太中大夫。曾于刘邦面前称说《诗经》《尚书》的义理，刘邦没有兴趣。又以逆取顺守，文武并用的韬略说与刘邦，刘邦听后大悦。使陆贾著书陈说秦亡汉兴的道理。陆贾因此著《新语》十二篇，后在诛灭诸吕、扶立文帝的斗争中，陆贾起了积极而有力的作用。击鲜：宰杀活的牲畜禽鱼，充作美食。《汉书·陆贾传》："数击鲜，毋久溷女为也！"

金①，然后为适与？王氏之少长咸集②，潘家之儿童稚齿③，吾之适也。尔群子识之。"谨按《春秋》之义，地从主人，今我公开国新安④，则家谷宜以新安为称。新安之为解也，既所以旌新之安，亦所以祝吾家之庆，与兹山之赏，日月新而永永安安之谓也。又江南有新安者，山水之异，绝于中国。维其似之，是以命之。第三子员受命纪石，且若从者名位，列之于阴也。

——清嘉庆内府刻本《全唐文》

---

① 疏广（？—前45）：字仲翁，东海兰陵（今山东枣庄）人。少好学，受《春秋》于孟卿。征为博士太中大夫。宣帝地节三年（前67）立皇太子，广为少傅，后徙为太傅。在任五年，上疏请求退职，帝许之。散所赐金与族人故旧，并谓"贤而多财，则损其志。愚而多财，则益其过"。散金：散发钱财。

② 王氏：指王羲之。少长咸集：王羲之《兰亭集序》："永和九年，岁在癸丑，暮春之初，会于会稽山阴之兰亭，修禊事也。群贤毕至，少长咸集。"

③ 潘家：指潘岳。儿童稚齿：潘岳《闲居赋》："昆弟斑白，儿童稚齿。"

④ 我公开国新安：穆宁被封为新安伯。

白居易

　　白居易（772—846），字乐天，晚号香山居士，祖籍太原（今属山西），曾祖时迁居下邽（今陕西渭南北），出生于新郑（今属河南）。唐贞元十六年（800）中进士，授秘书省校书郎。元和二年（807），入翰林院为学士，累迁为左拾遗及左赞善大夫。元和十年（815）因上表请求严缉刺死宰相武元衡的凶手，得罪权贵，贬为江州司马。长庆时任杭州刺史，宝历时任苏州刺史，颇著政绩。文宗即位，征拜秘书监，大和二年（828）转刑部侍郎。后牛李党争事起，乃称病居洛阳，与香山僧如满结香火社。其文学思想，主张"文章合为时而著，歌诗合为事而作"。强调继承优良传统和杜甫的创作精神，对现实主义诗歌的发展有卓著贡献。代表作有《秦中吟》十首、《长恨歌》、《琵琶行》等。与元稹友情笃厚，且与齐名，并称"元白"。又与刘禹锡相厚，时称"刘白"。著有《白氏长庆集》七十五卷、《经史事类》三十卷。

池上篇并序

　　都城风土水木之胜在东南偏，东南之胜在履道里[①]，里之

---

① 履道里：在今河南洛阳旧城西南之隅、唐皇城东南。唐长庆四年（824）白居易卜居于此，有《履道春居》诗。

胜在西北隅。西闬北垣第一第即白氏叟乐天退老之地①。地方十七亩，屋室三之一，水五之一，竹九之一，而岛池桥道间之。初乐天既为主，喜且曰："虽有台池，无粟不能守也。"乃作池东粟廪。又曰："虽有子弟，无书不能训也。"乃作池北书库。又曰："虽有宾朋，无琴酒不能娱也。"乃作池西琴亭，加石樽焉。

乐天罢杭州刺史时，得天竺石一、华亭鹤二②，以归，始作西平桥，开环池路。罢苏州刺史时，得太湖石、白莲、折腰菱、青板舫，以归，又作中高桥，通三岛径。罢刑部侍郎时，有粟千斛、书一车，洎臧获之习筦、磬、弦歌者指百③，以归。先是，颍川陈孝山与酿法，酒味甚佳；博陵崔晦叔与琴④，韵甚清；蜀客姜发授《秋思》，声甚淡；弘农杨贞一与青石三，方长平滑，可以坐卧。

----

① 闬（hàn）：墙垣。

② 天竺：古印度别称。《后汉书·西域传》："天竺国一名身毒，在月氏之东南数千里。"华亭：唐天宝十年（751）割嘉兴、海盐、昆山三县地置县，属苏州。治所即今上海松江区。

③ 洎（jì）：及。臧获：奴婢。筦（guǎn）：指古代绕丝的竹管。

④ 崔晦叔：即崔玄亮（768—833），字晦叔，郡望博陵（今河北安平县），磁州滏阳（今河北磁县）人。于诗、琴、酒有癖好，故自号三癖翁。曾为洛阳令。长庆三年（823）征为刑部郎中，谢病不就。其年十一月改湖州刺史。开陵波塘，谨修茶法，颇著政绩。时白居易刺杭州、元稹刺越州，三人为拔萃科同年，情好甚笃，时有唱酬，后编为《三州唱和集》。宝历时，入为秘书少监。大和初为太常少卿。四年，迁谏议大夫，旋用右散骑常侍。五年，宰相宋申锡为宦官构陷入狱，将遭不测，崔玄亮率谏官十四人苦争，挫败宦官阴谋，由是名重朝廷。七年，因疾求外任，授虢州刺史，是年七月卒于任所。

大和三年夏①，乐天始得请为太子宾客②，分秩于洛下，息躬于池上。凡三任所得，四人所与，洎吾不才身，今率为池中物矣。每至池风春，池月秋，水香莲开之旦，露清鹤唳之夕，拂杨石，举陈酒，援崔琴，弹姜《秋思》，颓然自适，不知其他。酒酣琴罢，又命乐童登中岛亭，合奏《霓裳散序》，声随风飘，或凝或散，悠扬于竹烟波月之际者久之。曲未竟，而乐天陶然已醉，睡于石上。睡起偶咏，非诗非赋，阿龟握笔③，因题石间。视其粗成韵章，命为《池上篇》云。

十亩之宅，五亩之园。有水一池，有竹千竿。勿谓土狭，勿谓地偏。足以容膝，足以息肩。有堂有庭，有桥有船。有书有酒，有歌有弦。有叟在中，白须飘然。识分知足，外无求焉。如鸟择木，姑务巢安。如龟居坎，不知海宽。灵鹤怪石，紫菱白莲。皆吾所好，尽在我前。时饮一杯，或吟一篇。妻孥熙熙，鸡犬闲闲。优哉游哉，吾将终老乎其间。

——四部丛刊景日本翻宋大字本《白氏长庆集》

① 大和三年：唐文宗李昂大和三年，公元829年。
② 太子宾客：官名。汉高祖欲易太子，吕后用张良计，迎商山四皓以定太子，始有宾客之名。晋惠帝元康元年（291），太子师傅通称为东宫宾客。唐高宗显庆元年（656），始置为官称，以于志宁等四人为之，正三品，掌侍从规谏、赞相礼仪，位望颇尊。唐中叶后，多用为罢退大臣加衔，并不实任其职。
③ 阿龟：白居易弟白行简之子。

吕 温

　　吕温（772—811），字和叔，一字化光，排行八，河中（今山西永济）人。初从陆质受《春秋》，从梁肃学文章。唐贞元十四年（798），登进士第，复中宏辞。与王叔文善，骤迁左拾遗。除侍御史，奉使吐蕃，被留不得归。元和元年（806）还，进户部员外郎。与窦群、羊士谔相善，群为御史中丞，荐温知杂事、士谔为御史，宰相李吉甫久持不报。会吉甫病而夜召术士，温等乘间奏帝，诘辩皆妄，贬均州刺史。议者不已，再贬道州。历五年，又徙衡州。秩满还京，不得意，发疾卒。温著有文集二十卷，传于世。温工文，《旧唐书》本传称其“文体富艳，有丘明、班固之风”。能诗，严羽称“刘沧、吕温亦胜诸人”（《沧浪诗话·诗评》）。《新唐书·艺文志》著录《吕温集》十卷。《全唐诗》存诗二卷。《旧唐书》卷一三七、《新唐书》卷一六〇有传。事又见柳宗元《祭吕衡州温文》《唐才子传》卷五等。

虢州三堂记

　　应龙乘风云^①，作雷雨，退必蟠蛰，以全其力；君子役智能，统机剧^②，退必宴息，以全其性。力全则神化无穷，性全则精用不竭。深山大泽，其所以蟠蛰乎？高斋清地，其所以宴息乎？虢州三堂者，君子宴息之境也。

　　开元初，天子思《二南》之风^③，并选宗英^④，共持理柄，虢大而近，匪亲不居。时惟五王，出入相授。承平易理，逸政多暇，考卜惟胜，作为三堂。三者明臣子在三之节，堂者励宗室克构之义，岂徒造适，实亦垂训，居德乐善，何其盛哉！

　　然当时汉同家人，鲁用王礼，栋宇制度，非诸侯居。后刺史马君锡，因其颓堕，始革基构，丰而不侈，约而不陋，以琴尊《诗》《书》之幽素，易绮纨钟鼓之繁喧，惟林池烟景，不让他日。观其广逾百亩，深入重扃^⑤。回塘屈盘，沓岛交映。溟渤转于环堵^⑥，蓬壶起于中庭^⑦，浩然天成，孰曰智及。

---

① 应龙：古代神话中能兴云雨之龙。《山海经·大荒北经》："应龙已杀蚩尤，又杀夸父，乃去南方处之，故南方多雨。"《楚辞·天问》："河海应龙，何尽何历？鲧何所营？禹何所成？"

② 机剧：机要事务。《新唐书·奸臣传上·许敬宗》："高丽之役，太子监国定州，敬宗与高士廉典机剧。"

③《二南》：指《诗经》中的《周南》《召南》。

④ 宗英：皇室中才能杰出的人。

⑤ 扃（jiōng）：门。

⑥ 溟渤：溟海和渤海。多泛指大海，环堵：四壁。堵，土墙。

⑦ 蓬壶：即蓬莱，古代传说中的海中仙山。

春之日，众木花坼，岸铺岛织，沈浮照耀，其水五色。于是乎袭馨撷奇，方舟逶迤，乐鱼时翻，飘蕊雪飞，溯沿回环，隐映差池，咫尺迷路，不知所归。此则武陵仙源，未足以极幽绝也。

夏之日，石寒水清，松密竹深，大柳起风，甘棠垂阴。于是乎濯缨涟漪，解带升堂，畏景火云①，隔林无光，虚甍沈沈②，皓壁如霜，羽扇不摇，南轩清凉。此则楚襄兰台③，未足以涤炎郁也。

秋之日，金飙扫林，翁郁洞开。太华爽气④，出关而来⑤。于是乎弦琴端居，景物廓如。月委皓素，水涵空虚。鸟惊寒沙，露滴高梧。境随夜深，疑与世殊。此则庾公西楼⑥，未足以澹神虑也。

冬之日，同云千里，大雪盈尺。四眺无路，三堂虚白。于是乎置酒寨帷，凭轩倚楹。瑶阶如银，玉树罗生。日暮天霁，云开月明。冰泉潺潺，终夜有声。此则子猷山阴⑦，未足以畅吟

....

① 畏景：夏天的太阳。

② 甍（méng）：屋脊。

③ 楚襄兰台：《文选》卷十三战国楚宋玉《风赋》："楚襄王游于兰台之宫，宋玉、景差侍。有风飒然而至，王乃披襟而当之，曰：'快哉，此风！寡人所与庶人共者邪！'"楚襄，楚顷襄王（？—前263），楚怀王长子，名熊横，前298至前263年在位。兰台，故址传说在今湖北钟祥东。

④ 太华：即华山，在陕西华阴南，因其西有少华山，故称太华。

⑤ 关：潼关。

⑥ 庾公西楼：晋时庾亮所建的楼。相传庾亮镇守江州时，于鄂州（一说在江西九江）建楼，因又称庾楼、庾公楼。

⑦ 子猷山阴：王徽之（338—386），字子猷，王羲之子。性放荡不羁，为大司马桓温参军，蓬首散带，不理府事，累迁黄门侍郎。后弃官归里，卒于家。尝居山阴（今浙江绍兴），夜雪，忽忆戴逵，泛舟往访，造门不入而返。人问则曰："乘兴而行，兴尽而返，何必见戴？"

啸也。

於戏！不离轩冕，而践夷旷之域①。不出户庭，而获江海之心。趣近悬解②，迹同大隐。序阅四时之胜，节宣六气之和③，贵而居之，可曰厚矣。若知其身既安，而思所以安人，其性既适，而思所以适物，不以自乐而忽鳏寡之苦④，不以自逸而忘稼穑之勤，能推是心，以惠境内，则良二千石也⑤。

方今人亦劳止⑥，上思乂息⑦。州郡之选，重如廷臣。由是南阳张公，辍挥翰之任⑧，受剖符之寄⑨。游刃而理⑩，此焉坐啸⑪。静政令若水木，闲人民如鱼鸟。驯致其道，暗然日彰。小子以通

----

① 夷旷：闲适放达。

② 悬解：犹言解倒悬，谓在困境中得救。

③ 节宣：指或裁制或布散以调适之，使气不散漫、不壅闭。六气：自然气候变化的六种现象。指阴、阳、风、雨、晦、明；亦谓朝旦之气（朝霞）、日中之气（正阳）、日没之气（飞泉）、夜半之气（沆瀣）、天之气、地之气；也指好、恶、喜、怒、哀、乐六情。

④ 鳏（guān）：无妻或丧妻的男人。

⑤ 二千石：汉制，郡守俸禄为二千石，即月俸百二十斛，世因称郡守为"二千石"。

⑥ 劳止：辛劳，劳苦。

⑦ 乂（yì）：治理，安定。

⑧ 挥翰：犹挥毫。

⑨ 剖符：犹剖竹。古代帝王分封诸侯、功臣时，以竹符为信证，剖分为二，君臣各执其一，后因以"剖符""剖竹"为分封、授官之称。

⑩ 游刃：运刀自如。语本《庄子·养生主》："彼节者有间，而刀刃者无厚；以无厚入有间，恢恢乎其于游刃必有余地矣。"比喻做事从容自如，轻松利落。

⑪ 坐啸：闲坐吟啸。东汉成瑨少修仁义，笃学，以清名见，任南阳太守，用岑晊（字公孝）为功曹，公事悉委岑办理，民间为之谣曰："南阳太守岑公孝，弘农成瑨但坐啸。"见《后汉书·党锢传序》。后因以"坐啸"指为官清闲或不理政事。

家之好^①，获拜床下，且齿诸子，侍坐于三堂，见知惟文，不敢无述。捧笔避席，请书堂阴，俾后之人知此堂非止燕游，亦可以观清静为政之道。

——清嘉庆内府刻本《全唐文》

---

① 通家：两家通好为世交，亦指姻亲。

陶　谷

陶谷（903—970），字秀实，邠州新平（今陕西彬州）人。本姓唐，避后晋高祖石敬瑭讳改。后晋时，为仓部郎中。后汉时，为给事中。仕后周，任户部侍郎。显德中，迁兵部侍郎，加吏部侍郎。入宋，转礼部尚书，累加刑部、户部二尚书。卒，赠右仆射。善隶书，好学，博通经史，兼悉诸子佛老，多蓄法书名画。著有《清异录》。《宋史》有传。

龙门重修白乐天影堂记[①]

《祭法》曰[②]："法施于人则祀之[③]。"《洛书》曰[④]："王者之瑞则图之。"世称白傅文行，比造化之功[⑤]。盖后之学者若群鸟之宗凤凰，百川之朝沧海也。秉笔之士，由斯道而取位卿相者，

---

① 影堂：陈设祖先、名人，或寺庙道观供奉佛祖、尊师真影之所。
② 祭法：指《礼记·祭法》。
③ 人：《礼记》原文作"民"。
④ 洛书：古代传说中洛水所出的图书。《易·系辞传》："河出图，洛出书，圣人则之。"汉儒刘歆诸人以为"禹治洪水，赐《洛书》，法而陈之，《洪范》是也"。并说"初一曰五行"至"畏用六极"六十五字，即《洛书》本文。
⑤ 比：《洛阳龙门志》作"此"，据《全唐文》改。

十七人焉。得不谓法施于人耶？王者之瑞耶？飨庙食、画云台可矣①，矧山椒遗像乎②？陟彼高冈，慷慨前事。松凋宰树③，萧瑟古埏之上④；伊注逝川⑤，潺湲荒祠之下⑥。岁月未积，栋宇将坏。考其由，中和初黎民经之而弗勤⑦；询其制，长兴末秦王修之而弗至⑧。人神玄感⑨，属在兴运。今居守佐相太原武公⑩，自许下之抚三川也。登鄂坂⑪，望太室，且曰："兹邑也，周公测景

---

① 飨庙食：谓死后立庙，受人奉祀，享受祭飨。云台：汉宫中高台名。汉明帝时因追念前世功臣，图画邓禹等二十八将于南宫云台，后用以泛指纪念功臣名将之所。

② 矧（shěn）：况且，而且。山椒：山顶。《文选》谢庄《月赋》："洞庭始波，木叶微脱；菊散芳于山椒，雁流哀于江濑。"李善注："山椒，山顶也。"

③ 宰树：坟墓上的树木。

④ 埏（yán）：墓道。

⑤ 伊注：伊水流注。逝川：一去不返的江河之水。语本《论语·子罕》："子在川上曰：'逝者如斯夫！不舍昼夜。'"

⑥ 潺湲（chán yuán）：水流貌。

⑦ 中和：唐僖宗之年号，881年7月—885年2月，共5年。

⑧ 长兴：后唐明宗李亶的年号，930年2月—933年，共计4年。

⑨ 玄感：冥冥中的感应、感觉。玄，《洛阳龙门志》作"元"，据《全唐文》改。

⑩ 佐相太原武公：即武行德（908—979），并州榆次（今山西晋中榆次区）人。家贫，樵采自给。体伟力大，石敬瑭召入帐内留用。后晋天福初，授奉国都头，改控鹤指挥使，宁国军都虞候。刘知远起兵太原，即称河阳都部署，奉表劝进。广顺初，加兼侍中，迁河南尹、西京留守。周世宗即位，兼中书令，进封邢国公。入宋，加中书令，进封韩国公，再授忠武军节度使，改封魏国公。以本官致仕。侍中被称为左相，故此处"佐相"当为"左相"。

⑪ 鄂坂（bǎn）：在今河南登封东南三十里，为洛阳东南门户。

之地，土圭在焉^①。吾当正厥躬，临甸民^②，以报天子。"既下车，辟污莱以实仓廪^③，宽狱市以处豪猾^④。繇是十一之税均^⑤，三千之条省。暇日巡魏阙，过天街^⑥，又曰："兹地也，成王定鼎之郊^⑦，王气犹属。吾当寻旧地，举坠典，以壮皇居。"遂上法象纬以严端门^⑧，构鸿梁而跨洛水。繇是知拱辰之位肃^⑨，朝天之路通。三载陟明^⑩，我无惭德。广顺三祀^⑪，岁在癸丑，暮春之初，予因

---

① "兹邑也"三句：西周初，周公在阳城（今河南登封）用土圭测度日影，以推算岁时节候。今登封嵩山有周公测影台遗址。土圭，古代用以测日影、正四时和测度土地的器具。《周礼·地官·大司徒》："以土圭之法，测土深，正日景以求地中。"贾公彦疏："'土圭尺有五寸'，周公摄政四年，欲求土中而营王城，故以土圭度日景之法测度也。度土之深，深谓日景长短之深也。"

② 甸（diàn）：田野。

③ 莱（lái）：指丛生的杂草。仓廪（lǐn）：贮藏米谷的仓库。廪，粮仓。

④ 狱市：指狱讼以及市集交易。豪猾：指强横狡猾而不守法纪的人。

⑤ 繇（yóu）：通"由"。

⑥ 天街：东都洛阳城定鼎门街。

⑦ 定鼎：旧传禹铸九鼎，以象九州，历商至周，作为传国重器，置于国都，因称定立国都为"定鼎"。《左传·宣公三年》："成王定鼎于郏鄏。"郏鄏（jiá rǔ），在今河南洛阳。

⑧ 象纬：象数谶纬，亦指星象经纬，谓日月五星。端门：宫殿的正南门。又，太微垣南藩二星，东曰左执法，西曰右执法，左、右执法之间叫"端门"，为太微垣的南门。《后汉书·李固传》："加近者月食既于端门之侧。"注："端门，太微宫南门也。"《晋书·天文志上》："太微，天子庭也……南蕃中二星间曰端门。"

⑨ 拱辰：拱卫北极星。语本《论语·为政》："为政以德，譬如北辰，居其所而众星共（拱）之。"后因以喻拱卫君王或四裔归附。

⑩ 陟（zhì）明：谓进用贤能。语本《尚书·舜典》："黜陟幽明。"陟，提拔。

⑪ 广顺三祀：后周太祖郭威广顺三年，953年。祀，岁，年。

芟除入洛^①，获谒拜上公^②。趋魏绛之庭^③，金石在列；入亚夫之户^④，棨戟生风^⑤。初戢我以升降^⑥，视之礼也；复接我以酒浆，观予志也。始三揖而进，终百拜而退。既予旋轸^⑦，相访政事。对曰："河桥破虏之勋，有京观在^⑧；溥水御守之略，有金汤在^⑨。虽三尺童子，尽能知之，予无可述。"因以白公影堂为说。公曰：

> ① 芟（shān）：除草，引申为删除。
> ② 上公：公爵的尊称，亦泛指高官显爵。
> ③ 魏绛（？—前552）：即魏庄子，春秋时晋国大夫。初任中军司马，旋任新军之佐，后任下军之将。晋悼公欲伐戎狄，魏绛力主和好，晋悼公采纳后，八年之中，九合诸侯。晋悼公为表奖赏，以郑人所献乐师女乐之半以赐庄子。其中有歌钟一件。苏轼在《石钟山记》中所提魏庄子之歌钟即指此。
> ④ 周亚夫（？—前143）：周勃次子，西汉沛（今属江苏徐州）人。文帝时，任河内守，封条侯。文帝后元六年（前158）任将军，军细柳（今陕西咸阳西南），备匈奴。治军严谨，迁中尉。文帝临死时嘱咐太子，如即有缓急，周亚夫可任将兵。及景帝即位，为车骑将军。景帝前元三年（前154），以太尉率军平定吴楚七国之乱。越五年，迁丞相。后因谏废栗太子等诸事触犯景帝，梁孝王又数言其短，致遭猜忌。景帝后元元年（前143），其子被人告发盗卖官器。因受牵连，召诣廷尉，绝食五日，呕血而死。
> ⑤ 棨（qǐ）戟：有缯衣或油漆的木戟。古代官吏所用的仪仗，出行时作为前导，后亦列于门庭。《汉书·韩延寿传》："功曹引车，皆驾四马，载棨戟。"《后汉书·舆服志上》："公以下至二千石，骑吏四人，千石以下至三百石，县长二人，皆带剑，持棨戟为前列。"
> ⑥ 戢（jí）：收敛，收藏。
> ⑦ 旋轸（zhěn）：还车，回车。轸，车。
> ⑧ 京观：古代战争中，胜者为了炫耀武功，收集敌人尸首，封土而成的高冢。《左传·宣公十二年》："君盍筑武军，而收晋尸以为京观。"
> ⑨ 金汤：金城汤池，金属造的城，沸水流淌的护城河，形容城池险固。

"我武臣也，惟干戈是执①。昧俎豆之事②，幸为我序白氏政绩，及修葺之义③，俾后之闻者，足以勤为善而向令名④，是吾志也。虽百金不吝，矧土木乎？"予曰："彼白公，服则儒士也，位则文人也。当官隶事，烈有丈夫志。祗于批逆鳞⑤，刺权幸⑥，塞左道⑦，履平坦。镇阳拒命也⑧，指中人为制将⑨，救日月之蚀，则战士心悦。武相遇盗也，责京尹讨贼，犯雷霆之怒⑩，则奸臣股

---

① 惟干戈是执：执干戈。惟……是，宾语前置标志。

② 昧（mèi）：暗，不明。俎（zǔ）豆：谓祭祀，奉祀。俎和豆是古代祭祀、宴飨时盛食物用的两种礼器。

③ 修葺（qì）：修理（建筑物）。葺，用茅草覆盖房屋。

④ 令：美，好。

⑤ 批逆鳞：传说龙喉下有逆鳞径尺，有触之必怒而杀人。常以喻弱者触怒强者或臣下触犯君主等。语本《战国策·燕策三》："秦地遍天下，威胁韩、魏、赵氏，则易水以北，未有所定也，奈何以见陵之怨，欲批其逆鳞哉？"

⑥ 权幸：亦作"权倖"，指有权势而得到帝王宠爱的奸佞之人。

⑦ 左道：邪门旁道，多指非正统的巫蛊、方术等。《礼记·王制》："执左道以乱政，杀。"郑玄注："左道，若巫蛊及俗禁。"孔颖达疏："卢云'左道谓邪道。地道尊右，右为贵……故正道为右，不正道为左。'"

⑧ 镇阳拒命：指王庭凑阴谋策动镇州军叛乱，杀田弘正事件。

⑨ 中人：宦官。

⑩ "武相遇盗也"三句：武相指武元衡（758—815），唐代诗人、政治家，字伯苍，缑氏（今河南偃师区东南）人。武则天曾侄孙。建中四年（783），登进士第，累辟使府，至监察御史，后改华原县令。德宗知其才，召授比部员外郎，一岁，迁司郎中，寻擢御史中丞。顺宗立，罢为右庶子。宪宗即位，复前官，进户部侍郎。元和二年（807），拜门下侍郎、平章事，充剑南西川节度使。十年（815），早朝被平卢节度使李师道遣刺客刺死。白居易上书要求严缉凶手，因此得罪权贵，被贬为江州司马。京尹，京兆尹，官名，汉代管辖京畿地区的行政长官，职权相当于郡太守，唐以后亦作京都地区的行政长官惯称。雷霆，对帝王或尊者的暴怒的敬称。

栗①。杭州救旱，因农隙而积湖水。龙门通险，出家财而凿八滩。着策数十篇，尽王佐之才②。有文七十卷，导平生之志。向使得其位而且久，行其道而不疑，以宪宗之神武③，可继文皇也④。元和之刑政⑤，自同太宗也。必当华夏宅心⑥，上东封之书⑦；蛮夷屈膝，纳藁街之贡⑧。岂直擒吴定蜀平一蔡州而已哉⑨！"言粗毕，公耸身长揖而言曰："异乎昔之所闻。若此则白公之才美，实辅相之英者，岂徒丈夫耶！子其行矣！"予果得修之。子归朝未

---

① 股栗：大腿发抖，形容恐惧之甚。

② 王佐：王者的辅佐，佐君成王业的人。

③ 宪宗：唐宪宗李纯（778—820），805—820年在位。唐顺宗长子，初名淳。贞元四年（788）封广陵郡王，二十一年初，立为太子，改名纯。八月即位。宪宗即位以后，励精图治，重用贤良，改革弊政。宪宗在位15年间，勤勉政事，力图中兴，从而取得了元和削藩的巨大成果，重振了中央政府的威望，史称"元和中兴"。后为宦官陈弘志（一作弘庆）等人谋杀，享年43岁，死后谥号为"昭文章武大圣至神孝皇帝"。

④ 文皇：唐太宗李世民初谥"文皇帝"。

⑤ 元和：唐宪宗李纯的年号，806—820年，共15年。

⑥ 宅心：归心，心悦诚服而归附。《汉书·叙传下》："项氏畔换，黜我巴汉，西土宅心，战士愤怨。"颜师古注引晋灼曰："西土，关西也。高祖入关，约法三章，秦民大悦，皆宅心高祖。"

⑦ 东封：汉司马相如临终前作《封禅文》，盛颂汉德宏大，请武帝东幸封泰山、禅梁父，以彰功业。相如卒后八年，武帝从其言，东至泰山行封禅事。事见《史记·司马相如列传》。后因以"东封"谓帝王行封禅事，昭告天下太平。南朝陈后主《入隋侍宴应诏》诗："太平无以报，愿上东封书。"

⑧ 藁（gǎo）街：汉时街名，在长安城南门内，为属国使节馆舍所在地。

⑨ 岂直：岂止。擒吴定蜀平一蔡州：宪宗继位后，先后平定了西川支度副使刘辟、镇海节度使李琦的叛变，招降了魏博节度使田弘正，任用名将李愬消灭了淮西节度使吴元济，使其他藩镇相继降服。

再旬，邸吏捧公书^①，相授具报讫事。谷乏口才，加之性懒，蟠桃拂汉，非尺棰可量^②，直以与公问答疏之如右^③，别刊贞珉^④。

——清嘉庆内府刻本《全唐文》

---

① 邸吏：古代地方驻京办事机构的官吏。

② 尺棰（chuí）：一尺之棰。语本《庄子·天下》："一尺之棰，日取其半，万世不竭。"棰，木杖。

③ 疏：分条记录。

④ 贞珉（mín）：石刻碑铭的美称。珉，似玉的美石。

赵 恒

　　赵恒（968—1022），即宋真宗，宋代第三位皇帝。太宗太平兴国八年（983）封韩王，端拱元年（988）改封襄王，淳化五年（994）封寿王，任开封府尹。至道元年（995）立为皇太子，三年即位。当政前期较勤于政事，号为治世。景德元年（1004）辽军南下，从寇准计亲征，订澶渊之盟。后用王钦若、丁谓等人，政治日趋腐败。能诗文。在位时辅臣编其集近三百卷（见《玉海》卷二八），今存表奏之作有《玉京集》六卷。其诗作，《宋诗纪事》卷一从《石林燕语》等辑有七首。其中《赐杨亿判秘监》《赐苏州节度使丁谓》等言君臣之谊，《海棠》秋华艳丽等，多为平庸无味之作。生平事迹见《宋史·真宗本纪》卷六至卷八。

伊阙铭[①]

　　夫结而为山，融而为谷。设险阻于地理，资守距于国都，足以表坤载之无疆[②]，示神州之大壮者也。矧复洪源南

---

① 伊阙铭：今《宋真宗御书碑龙门铭碑》残碑位于龙门石窟看经寺北侧摩崖。该碑为北宋大中祥符四年（1011），宋真宗祭汾阳，过龙门御书并篆额。明袁褧《枫窗小牍》卷下载："真宗皇帝祀汾而还，驾过伊关，亲洒宸翰为铭勒石，文不加点，群臣皆呼万岁。"
② 坤载：谓大地能负载万物。《易·坤》："坤厚载物，德合无疆。"孔颖达疏："以其广厚，故能载物。"

导^①，高岸中分。夏禹浚川，初通阙塞。周成相宅，肇建王城。风雨所交，形势斯在。灵葩珍木接畛而扬芬^②，盘石槛泉奔流而激响。宝塔千尺，苍崖万寻^③。秘等觉之真身，刻大雄之尊像^④。岂独胜游之是属，故亦景贶之潜符。躬荐两圭^⑤，祝汾阴而祈民福；言旋六辔^⑥，临雒宅而观土风。既周览于名区，乃刊文于真石铭。曰：高阙巍峨，群山迤逦。乃固王城，是通伊水。形胜居多，英灵萃止。螺髻偏摩^⑦，雁塔高峙^⑧。奠玉河滨^⑨，回舆山趾。鸣跸再临^⑩，贞珉斯纪。

——清海山仙馆丛书本《宋四六话》

① 矧（shěn）：况且。

② 畛（zhěn）：田间分界的小路，泛指田地。

③ 寻：古代长度单位，一般为八尺。

④ 大雄：梵文 Mahavīra（摩诃毗罗）的意译，原为古印度耆那教对其教主的尊称，佛教亦用为释迦牟尼的尊称。

⑤ 荐：献上。圭（guī）：古代帝王诸侯朝聘、祭祀、丧葬等举行隆重仪式时所用的玉制礼器，长条形，上尖下方，其名称、大小因爵位及用途不同而异。

⑥ 六辔：古一车四马，马各二辔，其两边骖马之内辔系于轼前，谓之靷，御者只执六辔。《诗·秦风·小戎》："四牡孔阜，六辔在手。"孔颖达疏："四马八辔，而经传皆言六辔，明有二辔当系之。马之有辔者，所以制马之左右，令之随逐人意。骖马欲入，则逼于胁驱，内辔不须牵挽，故知纳者，纳骖内辔系于轼前，其系之处以白金为镳也。"后以指称车马或驾驭车马。辔，缰绳。

⑦ 螺髻：古代妇女发式之一，形似螺壳的发髻。宋辛弃疾《水龙吟·登建康赏心亭》："遥岑远目，献愁供恨，玉簪螺髻。"偏：同"遍"。摩：摩天之省称，接触，接近。

⑧ 雁塔：唐玄奘《大唐西域记·摩揭陀国下》："有苾刍经行，忽见群雁飞翔，戏言曰：'今日众僧中食不充，摩诃萨埵宜知是时。'言声未绝，一雁退飞，当其僧前，投身自殒。苾刍见已，具白众僧，闻者悲感，咸相谓曰：'如来设法，导诱随机，我等守愚，遵行渐教……此雁垂诫，诚为明导，宜旌厚德，传记终古。'于是建窣堵波，式昭遗烈，以彼死雁，瘗其下焉。"后因指佛塔。峙（zhì）：耸立。

⑨ 奠玉：以玉祭天。

⑩ 跸（bì）：指帝王的车驾。

尹 洙

尹洙（1001—1047），字师鲁，河南（今河南洛阳）人。宋仁宗天圣二年（1024）进士，历任渭州（今甘肃陇西县）、庆州（今甘肃庆阳）、晋州（今山西临汾）知州，官至起居舍人直龙图阁。博学有识度，渴望富国强兵，其文多论西北军政，主张"武备不可弛"，要求严明赏罚，充实兵力，以抗击西夏政权的攻掠。"其为兵制之说，述战守胜败之要，尽当今之利害"（欧阳修《尹师鲁墓志铭》）。知者称其有经世之才，但累遭贬谪，最后死于贬所。对以欧阳修为首所倡导的宋初古文运动起了先导作用。著有《河南先生文集》。

张氏会隐园记

河南张君清臣创园于某坊①，其兄上党使君名曰"会隐"②。清臣固隐矣。其曰"会"者，使君亦有志于隐欤？

夫驰世利者，心劳而体拘。唯隐者能外放而内适，故两得焉③。

---

① 河南：指宋代河南府，治今河南洛阳。
② 使君：汉时称刺史为使君，后以之尊称州郡长官。
③ 两得：指心与体二者均能得其本。

有志者虽体未得休，而心无他营，不犹贤乎哉！张氏世卿大夫[1]，清臣独以衣冠为身污[2]，湔洗奋去[3]，目不视势人。洛阳城风物之嘉，有以助其趣者，必留连忘归。

　　始得民家园，治而新之。水竹树石，亭阁桥径，屈曲回护，高敞荫蔚。邃极乎奥，旷极乎远，无一不称者。日与方外之士傲然其间，乐乎哉隐居之胜也。

　　予既美清臣能享其乐，又嘉使君之有志于是也，故为之作记。凡池亭使命以名，附之于后云。

　　　　　　　　　　——四部丛刊景春岑阁旧钞本《河南集》

---

[1] 卿大夫：卿和大夫，后借指高级官员。
[2] 衣冠：衣和冠，古代士以上戴冠，因用以指士以上的服装。代称缙绅、士大夫。
[3] 湔（jiān）洗：洗涤。湔，洗。

富 弼

　　富弼（1004—1083），字彦国，河南（今属河南）人。年少既受范仲淹、晏殊赏识，晏殊以女妻之。北宋天圣八年（1030）举茂才异等，累擢开封府推官、知谏院。庆历二年（1042）出使契丹，以增加岁币为条件，拒绝契丹的割地要求。次年任枢密副使，与范仲淹等推行"庆历新政"。至和二年（1055），与文彦博同任宰相。在位七年，无所兴革。神宗时因反对王安石变法而罢相，出判亳州，又因拒不执行青苗法，改判汝州，随即告老还乡，退居洛阳，封韩国公，上疏要求废除新法。卒谥"文忠"。富弼一生刚直，多次坚辞朝廷加官。两度出使契丹，义正辞严，契丹上下为之折服。宦海沉浮，使得他转而不思改革，唯务守成。神宗问边事，曾以"愿二十年口不言兵"作答。著作今存《富郑公诗集》。

燕堂记①

　　佐著作乐君宰福昌②，筑室署下，走使问名于余，且揭地圆以来谒辞为志。按图，福昌古宜阳地，战国韩所都，西压秦境。二国争胜相攻取，此为兵冲③。西南有山，极高，似熊耳，汉樊贼委甲齐之④，是则古斗壤也⑤。二京往来，南路近出县侧，人甚嚣坌⑥。世以迂，故径取崤渑为东西道⑦，由是此路遂僻。今人举

------

① 题下原注："明道二年十一月。"明道二年，宋仁宗明道二年，1033 年。

② 佐著作：官名。三国魏明帝太和（227—233）中置，隶中书省，协助著作郎修撰国史及起居注。"佐郎职知博采，正郎资以草传。"（《史通·史官建置》）初置一人，后增为三人，七品。西晋惠帝元康二年（292），改隶秘书省，员八人。除修史外，亦整理秘书所藏典籍。东晋哀帝兴宁元年（363）减为四人，孝武帝宁康元年（373）复置八人。由秘书监选任，无秘书时，由吏部选用。到任后，须撰写名臣传一篇。因系职闲廪重的清官，故多为贵势所争，很少凭才学选人。南朝宋改称"著作佐郎"。宰：作县令。福昌：唐武德二年（619）改宜阳县置，为福昌县，治所在今河南宜阳县西五十四里福昌村。《元和郡县志》卷六："取县西隋宫为名。"开元初属河南府，五代后唐改为福庆县，北宋复为福昌县。熙宁五年（1072）省入寿安县，元祐元年（1086）复置福昌县。金改属嵩州，元初并入宜阳县。

③ 兵冲：军事要冲。《三国志·魏书·荀彧传》："颍川，四战之地也。天下有变，常为兵冲。"

④ "西南有山"四句：《后汉书·刘盆子传》："樊崇乃将（刘）盆子及丞相徐宣以下三十余人肉袒降……积兵甲宜阳城西，与熊耳山齐。"樊贼，即樊崇（？—27），字细君，琅邪郡（今山东诸城）人，西汉末年赤眉军首领。熊耳，山名，秦岭东段支脉，在河南宜阳县。《尚书·禹贡》："导洛自熊耳。"孔传："在宜阳西。"

⑤ 斗壤：争斗、战斗之地。

⑥ 嚣坌（bèn）：犹嚣尘，喧闹扬尘。坌，尘埃。

⑦ 崤渑：崤山、渑池。

洛都寰内邑，历历独福昌居胜绝。二山夹起，迤逦西去，崄耸
如峙①，河流在中。乡人浚其流以莳稻②，横斜潴亩③，枝鹜脉散，
为畦为陇，为沟浍④，为堤塍⑤，方方如棋者愈数万计。厥田膏沃，
多丘陵原冈。厥植多竹，多松柏，于近水多蒲荚蕙芷。厥兽多
熊，多麝麇麋，厥鸟多鹭鹊鹏鹋。山水重叠，气色秀润，不假
御桴舟、驰惊澜而坐见江山⑥。又风俗富腴，人情舒闲，耕者渔
者，或旁山趾，或临水溪，与野物杂居，不识斗争。乐君长于
治剧⑦，至是法令罕任，收志静虑而已。

　　一日得厅背露地，诛丛薄⑧，发石磔⑨，成为洁壤。乃作是室，
以纳休燕。林木透邃，左右回合。前有池，纵广裁百尺⑩，水色
溶漾，风去如鉴，飞梁跨越，渴虹下饮。池中有亭曰"凝碧"。
后倚山曲折而上，凡数十步。胁间有亭曰"凌云"。周旋环视，
群峰插天，相连无间。噫，不出户庭而所得之景如游千万里外。
思水则临前池，思山则登后亭。登临既倦，于是止而憩，偃而
寐，起而吟咏以笑，图书琴瑟，玩好古器，莫不具在。熙熙融
融，不知景物之怡乎性也。娱燕如此，命名曰"燕堂"。堂东

---

① 崄：古同"险"。

② 莳（shì）：移栽，种植。

③ 潴（zhū）：水积聚的地方。

④ 浍（kuài）：田间的水沟。

⑤ 塍（chéng）：田间的土埂子。

⑥ 假：借助。桴（fú）：小筏子。

⑦ 治剧：谓处理繁重难办的事务。

⑧ 丛薄：茂密的草丛，丛生的草木。

⑨ 磔（zhé）：此处指碎石。

⑩ 裁：通"才"。

西五楹，南北五椽，任材之质，不以藻画。自始兴工至毕，凡二十日。明道二年冬日记。

——明正德五年刻本《［正德］汝州志》

欧阳修

　　欧阳修（1007—1072），字永叔，号醉翁，晚年又号六一居士，庐陵（今江西吉安）人。少孤家贫，以荻画地学书。北宋天圣八年（1030）进士，试南宫第一，授西京推官。庆历元年（1041）召知谏院，知制诰。时杜衍、韩琦、范仲淹、富弼相继罢官，修上疏极谏，被出知滁州，徙扬州、颍州，后还，为翰林学士。在翰林八年知无不言，嘉祐五年（1060）拜枢密副使，六年迁参知政事，与韩琦协力辅政。神宗熙宁元年（1068）为观文殿学士，刑部尚书，知亳州，二年迁兵部尚书，知青州。卒谥"文忠"。文学上提倡诗文革新，为"唐宋八大家"之一。并积极奖掖后进，成为北宋文坛的领袖人物。有《欧阳文忠公文集》。另史学成就卓著，与宋祁合修《新唐书》，自撰《新五代史》。

送陈经秀才序①

伊出陆浑②，略国南③，绝山而下，东以会河。山夹水东西，北直国门，当双阙。隋炀帝初营宫洛阳，登邙山南望，曰："此岂非龙门邪！"世因谓之"龙门"，非《禹贡》所谓导河自积石而号龙门者也④。然山形中断，岩崖缺呀⑤，若断若镵⑥。当禹之治水九州，披山斩木⑦，遍行天下，凡水之破山而出之者，皆禹凿之，岂必龙门？

然伊之流最清浅，水溅溅鸣石间。刺舟随波⑧，可为浮泛⑨；钓鲂㨨鳖⑩，可供膳羞⑪。山两麓浸流中，无岩崭颓怪盘绝之险⑫，

① 本篇作于明道元年（1032）。当时欧阳修在洛阳任西京推官。陈经，据《续资治通鉴长编》卷一三四附注，本姓陆，其母改嫁于陈见素，改随后父姓。后父死，又改回原姓。字公适，海州（今江苏连云港）人。曾官县令，开馆讲学。年四十卒。时陈经因游学而途经洛阳。

② 陆浑：古地名。也称瓜州，原指今甘肃敦煌一带。春秋时秦晋二国使居于其地之"允姓之戎"迁居伊川，以陆浑名之。汉置县，五代废，故城在今河南嵩县东北。

③ 略：经过。国：古代诸侯国的都城也称国，此指洛阳。

④《禹贡》所谓导河自积石而号龙门：《尚书·禹贡》云："导河积石，至于龙门。"导：疏导。积石：山名，即阿尼玛卿山。在青海省东南部，黄河流经其东南侧。

⑤ 缺呀：缺口开张貌。

⑥ 镵（chán）：凿。

⑦ 披山：开山。

⑧ 刺舟：撑船。

⑨ 浮泛：在水上或空中飘浮，引申为乘舟漫游。

⑩ 鲂（fáng）：鱼名，鳊鱼的古称。北朝杨衒之《洛阳伽蓝记》载时谣曰："洛鲤伊鲂，贵于牛羊。"此句用其典。㨨（chuò）：戳，刺。

⑪ 膳羞：美味的食品。

⑫ 崭（zhǎn）：高峻，突出。颓（tuí）：倾倒。

而可以登高顾望。自长夏而往①，才十八里，可以朝游而暮归。故人之游此者，欣然得山水之乐，而未尝有筋骸之劳②，虽数至不厌也。

然洛阳西都③，来此者多达官尊重④，不可辄轻出⑤。幸时一往，则驺奴、从骑、吏属遮道⑥，唱呵后先⑦，前傧旁扶⑧，登览未周⑨，意已怠矣。故非有激流上下、与鱼鸟相傲然徙倚之适也⑩。

然能得此者，惟卑且闲者宜之。修为从事⑪，子聪参军⑫，应之主县簿⑬，秀才陈生旅游⑭，皆卑且闲者。因相与期于兹。夜宿

----

① 长夏：洛阳东城门之一。

② 筋骸（hái）：犹筋骨。骸，骨。

③ 西都：洛阳宋时为西都，又称西京。

④ 尊重：尊贵显要之人。

⑤ 辄：每每，总是。

⑥ 驺（zōu）奴：旧时驾驭车马的奴仆。驺，古时掌管养马并管驾车的人。从骑：骑马的随从。吏属：所管属的官吏，下属官吏。遮道：这里是遮蔽道路之意。

⑦ 呵（hē）：责骂，呵斥。

⑧ 傧（bīn）：指侍从的人。

⑨ 周：一遍。

⑩ 徙倚：犹徘徊、逡巡。

⑪ 从事：宋之前的一种官名，系州府僚属，宋代已废。此指欧阳修当时所任的西京推官之职。

⑫ 子聪：指扬愈，字子聪，时任河南府户曹参军。参军：即参军事，本参谋军务之称。唐参军一般为七品或八品，也有低至从九品下的。

⑬ 应之：指张谷，字应之，与欧阳修同年中进士，时任河南县主簿。主县簿：即担任县的主簿。主簿是古代官名，是各级主官属下掌管文书的佐吏。

⑭ 旅游：羁旅漫游，此处指游学。

西峰，步月松林间，登山上方^①，路穷而返。明日，上香山石楼，听八节滩。晚泛舟，傍山足夷犹而下^②，赋诗饮酒，暮已归。后三日，陈生告予且西。予方得生^③，喜与之游也，又遽去^④，因书其所以游以赠其行。

游大字院记^⑤ 天圣九年

六月之庚^⑥，金伏火见^⑦，往往暑虹昼明，惊雷破柱，郁云蒸雨，斜风酷热，非有清胜不可以消烦炎^⑧，故与诸君子有普明后园之游。

春笋解箨^⑨，夏潦涨渠，引流穿林，命席当水^⑩，红薇始开，影照波上，折花弄流，衔觞对弈。非有清吟啸歌，不足以开欢情，故与诸君子有避暑之咏。

....

① 上方：上方阁，在洛阳香山。北宋王谠《唐语林》："洛东龙门香山寺上方，则天时名望春宫。"

② 夷犹：同"夷由"，犹豫，迟疑不前。

③ 生：指陈经。

④ 遽（jù）：仓促，匆忙。

⑤ 大字院：见本书所录李格非《洛阳名园记》（节选）。

⑥ 庚：通"更"，变。旧历以夏至后第三庚日为初伏始，第四庚日为中伏，亦称庚伏，简称"庚"。

⑦ 金：指秋天的景象。古人以五行配四时，秋属金。火：指夏季的景象。夏属火。见：同"现"。

⑧ 清胜：清幽佳美之地。

⑨ 箨（tuò）：即笋壳。包干笋外，竹竿生长过程中逐渐脱落。

⑩ 命席：摆设酒筵。席，筵席。当：临。

太素最少饮^①，诗独先成，坐者欣然继之。日斜酒欢，不能遍以诗写，独留名于壁而去。他日语且道之，拂尘视壁，某人题也。因共索旧句，揭之于版^②，以致一时之胜，而为后会之寻云。

伐树记 天圣九年

署之东园，久莆不治^③。修至，始辟之，粪瘠溉枯，为蔬圃十数畦，又植花果桐竹凡百本。春阳既浮，萌者将动。园之守启曰："园有樗焉^④，其根壮而叶大。根壮则梗地脉，耗阳气，而新植者不得滋；叶大则阴翳蒙碍，而新植者不得畅以茂。又其材拳曲臃肿，疏轻而不坚，不足养，是宜伐。"因尽薪之。明日，圃之守又曰："圃之南有杏焉，凡其根庇之广可六七尺，其下之地最壤腴，以杏故，特不得蔬，是亦宜薪。"修曰："噫！今杏方春且华，将待其实，若独不能损数畦之广为杏地邪？"因勿伐。

既而悟且叹曰："吁！庄周之说曰^⑤：樗、栎以不材终其天年，桂、漆以有用而见伤天。今樗诚不材矣，然一旦悉翦弃；杏之最坚密，美泽可用，反见存。岂才不才各遭其时之可否邪？"

---

① 太素：张太素，常与作者往还吟咏的文士。
② 揭：标明，标记，这里意思是书写。版：名册。
③ 莆（fú）：野草塞路，野草太多。
④ 樗（chū）：即臭椿。
⑤ 庄周之说：见《庄子·逍遥游》。

他日，客有遇修者，仆夫曳薪过堂下，因指而语客以所疑。客曰："是何怪邪？夫以无用处无用，庄周之贵也。以无用而贼有用，乌能免哉！彼杏之有华实也，以有生之具而庇其根，幸矣。若桂、漆之不能逃乎斤斧者，盖有利之者在死，势不得以生也，与乎杏实异矣。今樗之臃肿不材，而以壮大害物，其见伐，诚宜尔，与夫才者死、不才者生之说又异矣。凡物幸之与不幸，视其处之而已。"客既去，修然其言而记之。

丛翠亭记 明道元年

九州皆有名山以为镇①，而洛阳天下中，周营汉都②，自古常以王者制度临四方，宜其山川之势雄深伟丽，以壮万邦之所瞻。由都城（西）而南以东，山之近者阙塞、万安、辕辕、缑氏③，以连嵩室④，首尾盘屈逾百里。从城中因高以望之，众山靡迆，或见或否，惟嵩最远、最独出。其崭岩耸秀，拔立诸峰上，而不可掩蔽。盖其名在祀典⑤，与四岳俱备天子巡狩望祭⑥，其秩甚

---

① 镇：古称一方之主山为镇。
② 周营汉都：指周代营造洛邑，汉代建都于洛。
③ 阙塞：即伊阙山。万安：万安山，又名大石山，在今伊滨区南。辕辕、缑氏：皆在今河南偃师区南。
④ 嵩室：指嵩山。以其有太室、少室二山，故名嵩室。
⑤ 祀典：记载祭祀仪礼的典籍。《国语·鲁语上》："凡禘、郊、祖、宗、报，此五者国之典祀也……非是，不在祀典。"
⑥ 望祭：遥望而祭。《尚书·舜典》："望于山川，遍于群神。"孔传："九州名山、大川、五岳、四渎之属，皆一时望祭之。群神谓丘陵坟衍，古之圣贤皆祭之。"

尊，则其高大殊杰当然。城中可以望而见者，若巡检署之居洛北者为尤高。巡检使、内殿崇班李君[1]，始入其署，即相其西南隅而增筑之[2]，治亭于上，敞其南北向以望焉。见山之连者、峰者、岫者，骆驿联亘[3]，卑相附，高相摩，亭然起[4]，崒然止[5]，来而向，去而背，颓崖怪壑，若奔若蹲，若斗若倚，世所传嵩阳三十六峰者[6]，皆可以坐而数之。因取其苍翠丛列之状，遂以"丛翠"名其亭。

亭成，李君与宾客以酒食登而落之[7]，其古所谓居高明而远眺望者欤！既而欲纪其始造之岁月，因求修辞而刻之云。

---

① 巡检使：官名。宋朝置于诸州及沿边诸寨，路当险要处亦或置。又有都巡检使、同都巡检使、同巡检使等名目。掌巡检州邑、捕诘盗贼及查禁私贩茶盐之事，以阁门祗候以上至诸司使、将军或内侍充任。若供奉官以下及三班使臣任职，则不称使。领一州或数州，或从道路便宜不限境土，各因其地以为名。内殿崇班：官名。宋太宗淳化二年（991）置，为武臣阶官，七品。神宗元丰（1078—1085）改制，改为正八品。徽宗政和二年（1112）重定武臣阶官名，改为修武郎。
② 相：选择。
③ 骆驿：通"络绎"。
④ 亭：直立，耸立。
⑤ 崒：同"猝"。
⑥ 嵩阳三十六峰：即少室三十六峰。东十三峰分别是：迎霞、朝岳、太阳、少阳、明月、连天、紫霄、天德、檀香、丹砂、玉华、药堂、白道。南十一峰分别是：宝柱、卓剑、清凉、宝胜、紫薇、紫盖、翠华、琼璧、凝碧、瑞应、金牛。西十二峰分别是：望洛、石城、石笋、香炉、系马、钵盂、七佛、罗汉、灵隐、来仙、白鹿、白云。
⑦ 落：指举办落成典礼。

非非堂记 明道元年

权衡之平物①，动则轻重差，其于静也，锱铢不失。水之鉴物，动则不能有睹，其于静也，毫发可辨。在乎人，耳司听，目司视，动则乱于聪明，其于静也，闻见必审。处身者不为外物眩晃而动，则其心静，心静则智识明，是是非非，无所施而不中。夫是是近乎谄，非非近乎讪，不幸而过，宁讪无谄。是者君子之常是之何加一以观之未若非非之为正也。

予居洛之明年，既新厅事②，有文纪于壁末。营其西偏作堂，户北向，植丛竹，辟户于其南，纳日月之光。设一几一榻，架书数百卷，朝夕居其中。以其静也，闭目澄心，览今照古，思虑无所不至焉。故其堂以非非为名云。

东斋记 明道二年

官署之东有阁以燕休③，或曰斋，谓夫闲居平心以养思虑，若于此而斋戒也，故曰斋。河南主簿张应之居县署④，亦理小斋。

---

① 权衡：称量物体轻重的器具。权，秤锤。衡，秤杆。
② 厅事：古作"听事"，指官署视事问案的厅堂。
③ 燕休：闲居，休息。
④ 主簿：各级主官属下掌管文书的佐吏。

河南虽赤县①，然征赋之民户才七八千，田利之入率无一锺之亩。人稀，土不膏腴，则少争讼。幸而岁不大凶，亦无逋租。凡主簿之所职者甚简少，故未尝忧吏责，而得优游以嬉。应之又素病羸，宜其有以闲居而平心者也。

应之虽病，然力自为学，常曰："我之疾，气留而不行，血滞而流逆，故其病咳血。然每体之不康，则或取六经，百氏，若古人述作之文章诵之，爱其深博闳达、雄富伟丽之说，则必茫乎以思，畅乎以平，释然不知疾之在体。因多取古书文字贮斋中，少休，则探以览焉。

夫世之善医者，必多畜金石百草之物以善其疾，须其瞑眩而后瘳②。应之独能安居是斋以养思虑，又以圣人之道和平其心而忘厥疾，真古之乐善者欤。傍有小池，竹树环之，应之时时引客坐其间，饮酒言笑，终日不倦。而某尝从应之于此，因书于其壁。

——四部丛刊景元本《欧阳文忠公集》

---

① 赤县：唐、宋、元各代京都所治的县。唐李白《赠宣城赵太守悦》诗："赤县扬雷声，强项闻至尊。"王琦注："《通典》：大唐县有赤、畿、望、紧、上、中、下七等之差。京都所治为赤县，京之旁邑为畿县，其余则以户口多少、资地美恶为差。"

② 瘳（chōu）：病愈。

徐无党

徐无党（1024—1086），永康（今浙江永康）人。北宋皇祐（1049—1054）中进士，官至郡教授，曾注《新五代史》。曾随欧阳修学古文词。皇祐末至嘉祐初（1050—1064）任渑池县令。

小龙门记

予尝登香山寺以望龙门、伊川之处①，而爱其奇秀，以为洛阳虽山川可佳，而无如此也。有渑池小吏自其旁为予言，邑中亦有此，曰"小龙门"也，以人迹之不可到，故无闻焉。

予后因吏事至洪河漘②。初缘崖下，间蹑栈阁，得小径下，入凌涧中行，而两岸皆石壁峭立。行约五十里，望见两山裂开可百余步，势皆嵚崟③，而水声激激流其中。有怪石甚丑，堕在

---

① 香山寺：在今龙门东山，与龙门石窟隔河相望。始建于北魏熙平元年（516），武则天称帝时重修该寺，并常亲驾游幸，留下了"香山赋诗夺锦袍"的佳话。白居易曾捐资六七十万贯，重修香山寺，并撰《修香山寺记》，使得寺名大振。清康熙年间再次重修，乾隆皇帝曾巡幸香山寺，称颂"龙门凡十寺，第一数香山"。
② 吏事：政事，官务。洪河：即洪阳河，在今河南渑池县境内。漘（chún）：水边。
③ 嵚崟（qīn yín）：高大，险峻。

洞中。其一自上而下瞰，若将急垂手援之然，而状皆可骇。予曰："此岂非所谓小龙门耶？"因憩息于其下，而旁有石室，可容百数十人。其它洞穴，处处亦有之，若所谓佛龛者，皆可爱。其土沃壤，宜桑枣。有野人十余家，悉引渠激流水为硙[1]。问其人之姓氏与其年几许，皆不能道也。又问今何时，云亦不能知也。

然予尝闻，昔之有独行君子，其为人疾世污俗，多好扶携其妻子，与俱入山林，长谢而不顾者，惟恐人迹之可及，故虽远而不惮、虽深而不厌也。今凌涧之道，皆束在两山间，其崖下处非栈阁不能通。行百余里，凡蓦涧东西者，涉七十有二云，则是人之迹已邈而不可及也。然小龙门之处独可居，而有民家长子孙不知其岁之多少与世之谁何[2]，岂非昔之疾世污俗、长谢而不顾之徒乎！

予入石室中，上绝顶，欲深求古碑文而可考者，不可得也。因自书其所为文，而命僧惠仙者镌于石而藏于西岩之洞穴间，且以记予之偶来寻得其处，而又以备后之隐君子欲访求于此地而居者之人也。

——清嘉庆十五年刻本《［嘉庆］渑池县志》

---

① 硙（wèi）：石磨。
② 长：抚育。

司马光

司马光（1019—1086），字君实，号迂叟，陕州夏县（今属山西）涑水乡人，世称涑水先生。北宋宝元元年（1038）进士。历任天章阁待制兼侍讲知谏院、龙图阁直学士、翰林学士。初与王安石私谊甚厚，同在"嘉祐四友"之列，同为翰林学士，后反对王安石变法，为旧党领袖，被贬，出知永兴军。熙宁四年（1071）判西京御史台，退居西京（治今河南洛阳），以刘攽、刘恕、范祖禹等为属官，全力编史，历时十九年，编成巨著《资治通鉴》。元丰八年（1085）哲宗即位，高太后临朝后，以旧党领袖上台执政。后拜尚书左仆射、兼门下侍郎，主朝政，尽废新法。赠太师、温国公，谥"文正"。著述甚丰，有《司马文正公集》《稽古录》《涑水纪闻》等。

独乐园记

孟子曰："独乐乐，不如与人乐乐；与少乐乐，不若与众乐乐[1]。"此王公大人之乐，非贫贱所及也。孔子曰："饭疏食饮水，

---

[1] "独乐乐"四句：出自《孟子·梁惠王下》。

曲肱而枕之，乐在其中矣①。"颜子"一箪食，一瓢饮"②，"不改其乐"。此圣贤之乐，菲愚者所及也。若夫"鹪鹩巢林，不过一枝；偃鼠饮河，不过满腹"③，各尽其分而安之，此乃迂叟之所乐也。

　　熙宁四年，迂叟始家洛。六年，买田二十亩于尊贤坊北，辟以为园④。其中为堂，聚书至五千卷，命之曰"读书堂"。堂南有屋一区，引水北流，贯宇下。中央为沼，方深各三尺。疏水为五派，注沼中，状若虎爪。自沼北伏流出北阶，悬注庭下，状若象鼻。自是分而为二渠，绕庭四隅，会于西北而出，命之曰"弄水轩"。堂北为沼，中央有岛，岛上植竹。圆周三丈，状若玉玦。揽结其杪，如渔人之庐，命之曰"钓鱼庵"。沼北横屋六楹，厚其牖茨⑤，以御烈日。开户东出，南北列轩牖，以延凉

----

① "饭疏食饮水"三句：出自《论语·述而》。饭疏食，饮水，指吃粗粮，喝冷水。饭，吃。疏食，粗粮。水，文言文中称冷水为"水"，热水为"汤"。曲肱（gōng），即弯着胳膊。肱，胳膊从肩至肘的部分，这里指胳膊。

② 颜子：指颜回（前521—前481），春秋时期儒者，孔丘弟子。字子渊，鲁国人。天资聪睿，贫而好学，以德行著称。孔丘称他"不迁怒，不贰过"，"一箪食，一瓢饮，在陋巷，人不堪其忧，回也不改其乐"；并说他"其心三月不违仁"。颜回死后，孔丘极悲恸。后世儒家尊为"复圣"。一箪（dān）食，一瓢饮：出自《论语·雍也》。箪，古代盛饭用的竹器。

③ 鹪鹩巢林，不过一枝；偃鼠饮河，不过满腹：出自《庄子·逍遥游》。鹪鹩，是一类小型鸣禽。偃鼠，一种哺乳动物，体矮胖，长10余厘米。

④ "六年"三句：独乐园遗址今人或以为在洛阳城东南伊洛河间司马街村。该村清《重修关帝庙并金妆神像碑记》："今洛阳城东南常安村（即司马街），乃司马温公独乐园故址也。"《园记》中所说："在尊贤坊北。"村人传说：古时村南有"尊贤坊"石牌坊，以此印证。1935年出版之李健人《洛阳古今谈》，亦云独乐园故址在此，明时毕亨曾于遗址上筑园，称毕中丞园。

⑤ 茨（cí）：用茅或苇覆盖房子。

飔^①。前后多植美竹，为清暑之所，命之曰"种竹斋"。沼东治地为百有二十畦，杂莳草药，辨其名物而揭之。畦北植竹，方径丈，状若棋局。屈其杪，交相掩以为屋。植竹于其前，夹道如步廊，皆以蔓药覆之。四周植木药为藩援，命之曰"采药圃"。圃南为六栏，芍药、牡丹、杂花各居其二。每种止植两本，识其名状而已，不求多也。栏北为亭，命之曰"浇花亭"。洛城距山不远，而林薄茂密，常若不得见。乃于园中筑台，作屋其上，以望万安、轩辕，至于太室。命之曰"见山台"。

迂叟平日多处堂中读书，上师圣人，下友群贤，窥仁义之原，探礼乐之绪。自未始有形之前，暨四达无穷之外，事物之理，举集目前。所病者，学之未至，夫又何求于人，何待于外哉！志倦体疲，则投竿取鱼，执衽采药，决渠灌花，操斧剖竹，濯热盥手，临高纵目，逍遥相羊，唯意所适。明月时至，清风自来，行无所牵，止无所柅^②，耳目肺肠，悉为己有，踽踽焉、洋洋焉^③，不知天壤之间复有何乐可以代此也。因合而命之曰"独乐园"。

或咎迂叟曰："吾闻君子所乐必与人共之，今吾子独取足于己，不以及人，其可乎？"迂叟谢曰："叟愚，何得比君子？自乐恐不足，安能及人？况叟之所乐者，薄陋鄙野，皆世之所弃也，虽推以与人，人且不取，岂得强之乎？必也有人肯同此乐，则再拜而献之矣，安敢专之哉！"

——四部丛刊景宋绍兴本《温国文正公文集》

---

① 飔（sī）：凉风。

② 柅（nǐ）：阻止。

③ 踽踽：小步慢行貌。

苏　辙

苏辙（1039—1112），字子由，眉山（今属四川）人。北宋嘉祐二年（1057）与其兄苏轼同登进士科，又同策制举。初授商州军事推官。神宗时，反对王安石新法，熙宁五年（1072），出任河南推官。哲宗时，召为右司谏，劾蔡确、韩缜、章惇去位，迁御史中丞，拜尚书右丞，进门下侍郎。后因事落职，贬知汝州、雷州安置、移循州。徽宗立，徙永州、岳州，后复太中大夫致仕，筑室于许，自号颍滨遗老。他与父洵兄轼，并称"三苏"，都被列入唐宋八大家。有《栾城集》《龙川略志》《古史》《老子解》等。

洛阳李氏园池诗记

洛阳古帝都，其人习于汉唐衣冠之遗俗，居家治园池，筑台榭，植草木，以为岁时游观之好。其山川风气，清明盛丽，居之可乐。平川广衍，东西数百里，嵩高少室，天坛王屋[①]，冈

---

① 天坛：王屋山的绝顶，相传为黄帝礼天处。唐杜甫《昔游》诗："王乔下天坛，微月映皓鹤。"仇兆鳌注引地志："王屋山绝顶曰天坛。"宋陈师道《谈丛》卷十八："王屋天坛，道书云黄帝礼天处也。"

峦靡迤①，四顾可挹，伊、洛、瀍、涧，流出平地。故其山林之胜，泉流之洁，虽其间阎之人与公侯共之②。一亩之宫，上瞩青山，下听流水，奇花修竹，布列左右，而其贵家巨室园囿亭观之盛③，实甲天下。

　　若夫李侯之园，洛阳之所以一二数者也。李氏家世名将，大父济州④，于太祖皇帝为布衣之旧，方用兵河东，百战百胜。烈考宁州⑤，事章圣皇帝⑥，守雄州十有四年⑦，缮守备，抚士卒，精于用间⑧，其功烈尤奇。

　　李侯以将家子，结发从仕⑨，历践父祖旧职，勤劳慎密，老而不懈，实能世其家。既得谢，居洛阳，引水植竹，求山谷之乐，士大夫之在洛阳者，皆喜从之游，盖非独为其园也。凡将以讲闻济、宁之余烈⑩，而究观祖宗用兵任将之遗意，其方略远

....

① 靡迤（yǐ）：绵长貌，连续不绝貌。
② 间阎：里巷内外的门，后多借指里巷，泛指民间。
③ 观（guàn）：楼台。
④ 大父：即太父，祖父。济州：指李谦溥（915—976），字德明，盂县（今山西阳泉盂县）人，五代、北宋将领。北宋建立之后，于开宝三年（970）改济州团练使。济州，今山东济宁。
⑤ 烈考：对死去的父亲的尊称。宁州：指李允则（953—1028），字垂范，盂县人。北宋将领，济州团练使李谦溥之子。宋真宗时，任宁州防御使。宁州，治所在今甘肃宁县。
⑥ 章圣皇帝：指宋真宗赵恒（968—1022），宋朝第三位皇帝（998—1022年在位）。
⑦ 雄州：今河北雄县。
⑧ 用间：指做间谍、情报工作。
⑨ 结发：束发。古代男子自成童开始束发，因以指初成年。
⑩ 余烈：遗留下的功业。

矣^①。故自朝之公卿，皆因其园而赠之以诗，凡若干篇。仰以嘉其先人，而俯以善其子孙。则虽洛阳之多大家世族，盖未易以园囿相高也^②。

熙宁甲寅^③，李侯之年既八十有三矣，而视听不衰，筋力益强，日增治其园而往游焉。将列诗于石，其子遵度官于济南，实从予游，以侯命求文以记。予不得辞，遂为之书。熙宁七年十一月十七日记。

——四部丛刊景明嘉靖蜀藩活字本《栾城集》

---

① 方略：计谋策略。

② 相高：相互比较高低。

③ 熙宁甲寅：熙宁七年，1074年。

李格非

李格非（约1045—约1105），字文叔，齐州章丘（今山东济南章丘区）人，李清照之父。早年用意经学，北宋熙宁九年（1076）进士第一。元祐中，为太学博士，以文章受知于苏轼。绍圣时，通判广信军。后召为校书郎，迁著作佐郎、礼部员外郎、提点京东刑狱。建中靖国元年（1101），罢职，入元祐党籍。工于词章。为文主张"诚"。尝言："文不可以苟作，诚不著焉，则不能工。"必须"字字如肺肝出"（《宋史·李格非传》）。著《礼记说》至数十万言。此外，尚撰有《永洛城记》一卷，《史传辨志》五卷，今俱佚。仅《洛阳名园记》一卷传世。

洛阳名园记（节选）

富郑公园①

洛阳园池，多因隋唐之旧，独富郑公园最为近辟，而景物最胜。游者自其第东出探春亭，登四景堂，则一园之景胜可顾

----

① 富郑公：即富弼，北宋大臣，因封郑国公，故称。

览而得。南渡通津桥，上方流亭，望紫筼堂而还，右旋花木中有百余步，走荫樾亭[1]，赏幽台，抵重波轩而止。直北走土筼洞，自此入大竹中。凡谓之洞者，皆斩竹丈许，引流穿之而径其上。横为洞一，曰土筼；纵为洞三：曰水筼，曰石筼，曰榭筼。历四洞之北有亭五，错列竹中，曰丛玉，曰披风，曰漪岚，曰夹竹，曰兼山。稍南有梅台。又南有天光台，台出竹木之杪。遵洞之南而东还有卧云堂。堂与四景堂并南北，左右二山背压通流，凡坐此，则一园之胜可拥而有也。郑公自还政事归第，一切谢宾客。燕息此园[2]，几二十年，亭台花木，皆出其目营心匠，故透迤衡直[3]，闿爽深密[4]，皆曲有奥思。

董氏西园

　　董氏西园亭台花木，不为行列，区处周旋景物，岁增月葺所成，自南门入，有堂相望者三。稍西一堂，在大地间。逾小桥有高台一。又西一堂，竹环之中有石芙蓉，水自其花间涌出。开轩窗，四面甚敞。盛夏燠暑[5]，不见畏日。清风忽来，留而不去。幽禽静鸣，各夸得意。此山林之景，而洛阳城中遂得之。于此小路抵池，池南有堂，面高亭。堂虽不宏大，而屈曲深邃。

---

① 樾（yuè）：路旁遮阴的树、树阴凉儿。
② 燕息：安息，语出《诗·小雅·北山》："或燕燕居息。"毛传："燕燕，安息貌。"
③ 衡直：横纵。
④ 闿（kǎi）爽：开阔，开朗。
⑤ 燠（yù）：热。

游者至此，往往相失，岂前世所谓迷楼者类也^①。元祐中有留守^②，喜宴集于此。

环溪

环溪，王开府宅园^③，甚洁。华亭者，南临池，池左右翼而北过凉榭，复汇为大池，周围如环，故云然也。榭南有多景楼，以南望，则嵩高少室，龙门大谷，层峰翠巘，毕效奇于前。榭北有风月台，以北望，则隋唐宫阙楼殿，千门万户，岧峣璀璨^④，延亘十余里。凡左太冲十余年极力而赋者^⑤，可瞥目而尽也。

---

① 迷楼：隋炀帝所建楼名，故址在今江苏扬州西北郊。

② 元祐：宋哲宗赵煦的第一个年号。共九年（1086—1094）。留守：官名。留守官有临时性的，如皇帝巡幸或出征时所置留守；陪都行都等所置留守，则为长期性的。皇帝出征或巡幸，以亲王或重臣镇守京城，得以便宜行事，称京城留守；其他陪都、行都有常设留守或间设留守。北宋于西京洛阳置留守。

③ 王开府：即王拱辰（1012—1085），北宋大臣。字君贶，开封咸平（今河南通许）人。原名拱寿，19岁时举进士第一，仁宗赐名拱辰，通判怀州，入直集贤院，历盐铁判官，修起居注、知制诰。庆历元年（1041）为翰林学士。权知开封府，拜御史中丞，除枢密使。因坐事，出知郑州，徙澶、瀛、并三州，数年还为学士承旨兼侍读。至和三年（1056）复拜三司使，出使契丹。积官至吏部尚书。神宗即位，迁太子少保。王安石为参知政事，出为应天府。熙宁八年（1075）入朝，为中太一宫使。元丰初，再判大名，改武安军节度使。哲宗立，徙节彰德，加检校太师。卒赠开府仪同三司，谥"懿恪"。

④ 岧峣（tiáo yáo）：山高峻貌。

⑤ 左太冲十余年极力而赋者：晋左思作《三都赋》，构思十年始成，豪贵之家竞相传抄，洛阳为之纸贵。见《晋书·左思传》。左太冲，即左思（约250—305），字太冲，临淄（今山东临淄区）人。西晋著名诗人、辞赋家。

又西有锦厅、秀野台。园中树松桧花木千株①，皆品别种列除。其中为岛坞，使可张幄次，各待其盛而赏之。凉榭、锦厅，其下可坐数百人，宏大壮丽，洛中无逾者。

天王院花园子

洛中花甚多种，而独名牡丹曰花王。凡园皆植牡丹，而独名此曰花园子。盖无他池亭，独有牡丹数十万本。凡城中赖花以生者，毕家于此。至花时，张幄幄②，列市肆，管弦其中。城中士女，绝烟火游之。过花时，则复为丘墟，破垣遗灶相望矣。今牡丹岁益滋，而姚黄魏紫，一枝千钱。姚黄无卖者。

水北胡氏园

水北胡氏二园，相距十许步。在邙山之麓，瀍水经其旁，因岸穿二土室，深百余尺，坚完如埏埴③，开轩窗其前，以临水上。水清浅则鸣漱，湍瀑则奔驶，皆可喜也。有亭榭花木，率在二室之东。凡登览徜徉俯瞰而峭绝。天授地设，不待人力而巧者，洛阳独有此园耳。但其亭台之名，皆不足载。载之且乱，实如其台。四望尽百余里，而嵩伊缭洛乎其间。林木荟蔚，烟云掩映，高楼

---

① 树：种植。
② 幄：古同"幕"。
③ 埏埴（shān zhí）：出自《道德经》，指用水和粘土揉成可制器皿的泥坯，亦指陶器。

曲榭，时隐时见。使画工极思不可图，而名之曰"玩月台"。有庵在松桧藤葛之中，辟旁牖则台之所见①，亦毕陈于前。避松桧，骞藤葛，的然与人目相会②，而名之曰"学古庵"。其实皆此类。

大字寺园

大字寺园，唐白乐天园也。乐天云："吾有第在履道坊③。五亩之宅，十亩之园。有水一池，有竹千竿是也。"今张氏得其半，为会隐园，水竹尚甲洛阳，但以其图考之，则某堂有某水，某亭有某木。其水，其木至今犹存，而曰堂曰亭者，无复仿佛矣。岂因于天理者可久，而成于人力者不可恃邪？寺中乐天石刻存者尚多。

独乐园

司马温公在洛阳自号迂叟④，谓其园曰独乐园。园卑小不可与他园班。其曰读书堂者，数十椽屋。浇花亭者，益小。弄水，种竹轩者，尤小。曰见山台者，高不过寻丈。曰钓鱼庵、曰采

---

① 牖（yǒu）：窗户。

② 的然：明显貌。

③ 履道坊：亦称履道里，始建于隋朝，位于隋唐洛阳城外郭城的东南隅。引伊水自南入城的河渠，流经坊西、坊北，又向东流入伊水。风光秀丽，引人入胜。皇亲国戚、达官贵族，多于此造府建园。隋文帝的长女乐平长公主和隋东都洛阳城的设计及督建者宇文恺都在履道里建有宅园，白居易府第也在履道里。太和三年（829）白居易以刑部侍郎告病归洛阳，长期居此。白居易有《池上篇》及序记其胜，见本书白居易《池上篇序》。

④ 司马温公：即司马光，因封温国公，故称。

药圃者，又特结竹杪①，落蕃蔓草为之尔。温公自为之序，诸亭台诗，颇行于世。所以为人欣慕者，不在于园耳。

吕文穆园②

伊、洛二水，自东南分注河南城中，而伊水尤清澈。园亭喜得之，若又当其上流，则春夏无枯涸之病。吕文穆园在伊水上流，木茂而竹盛。有亭三：一在池中，二在池外，桥跨池上相属也。

洛阳又有园池中有一物特可称者，如大隐庄梅；杨侍郎园流杯；师子园师子是也。梅盖早梅，香甚烈而大。说者云："自大庾岭移其本至此。"流杯，水虽急，不旁触，为异。师子，非石也，入地数十尺，或以地考之，盖武后天枢销铄不尽者也③。舍此，又有嘉猷、会节、恭安、溪园等，皆隋唐官园。虽已犁为良田，树为桑麻矣，然宫殿池沼与夫一时会集之盛，今遗俗故老犹有识其所在，而道其废兴之端者。游之亦可以观万物之无常，览时之倏来而忽逝也。

——明古今逸史本《洛阳名园记》

....

① 杪（miǎo）：树梢。
② 吕文穆：即吕蒙正（944—1011），字圣功，河南洛阳人。太平兴国二年（977）进士第一，通判升州。五年（980）知制诰。李昉罢相，拜中书侍郎兼户部尚书、平章事，监修国史。淳化中，坐事罢为吏部尚书。真宗即位，进左仆射。咸平中，同平章事，旋加司空兼门下侍郎。景德二年（1005），上表请归洛阳，怡然自得，善知人，荐任夷简于真宗，识富弼于髫龄。卒，赠中书令，谥"文穆"。
③ 武后天枢：延载元年（694）武则天所立自纪功德的柱子。开元初诏令毁之。

晁说之

晁说之（1059—1129），字以道，又字伯以，晁补之的四弟。济州钜野（今属山东）人。景慕司马光的为人，因司马光号迁叟，所以他自号景迁生。北宋元丰五年（1082）中进士，曾任兖州（今属山东）司法参军等职。元符三年（1100）应诏上书，指责社会弊端，被列入"邪籍"，贬监嵩山中岳庙，后复官任成州知州等。钦宗朝，召为著作郎、中书舍人，因主张抗金被免官。北宋亡后流离南方，建炎三年（1129）死于漂泊途中。有《嵩山文集》。

王氏双松堂记

昔夏后初都阳城[①]，南逾洛阳百里而远。成汤迁亳[②]，殷东逾洛阳五十里而近。皆舍洛阳而不都。周兴，武王既定鼎郏鄏。厥后召公宅洛邑，周公营成周，其意盛矣。而成王卒不果迁，

---

① 阳城：在今河南登封东南告成镇附近。《孟子·万章上》："禹避舜之子于阳城。"《汉书·地理志》颍川郡阳翟县注引《世本》称："禹都阳城。"

② 亳（bó）：商代都城。传有三亳：（1）南亳，在今河南商丘东南，相传汤曾居此。（2）北亳，在今河南商丘北，相传诸侯于此拥戴商汤为盟主。（3）西亳，在今河南偃师区。《史记·殷本纪》："自契至汤八迁，汤始居亳。"此指西亳。

逮夫宣王中兴^①，自镐之洛^②，狩于圃田^③，及于敖山^④，因以朝诸侯《车攻》之诗作焉。岂不欲成周、召之欲欤？且宣王尝狩于岐，而《石鼓》之诗亦伟矣。夫子乃舍而不录^⑤，得非岐之狩为常^⑥，而东都之狩非常乎？惜夫宣王卒亦不果迁也。至平王是迁而周衰矣^⑦。尚复何言？唯是三代之盛所遗而不飨者，气象镠辖^⑧，轮囷郁然^⑨，发而不施。山含辉而余秀，川澄渊而轶润，草木得之异态日新。其在风俗，逸豫安舒，特宜搢绅先生潜养之适也。

　　盖自李耳为周柱下史而来，风流高矣。而远不胜道，姑以近世三人者识之。唐卢仝之隐^⑩，不资嵩高少室之雄而近在

① 宣王中兴：指周宣王姬静即位后，任用召穆公、周定公、尹吉甫等大臣，整顿朝政，使王道已衰落的周朝王室得到一时的复兴，因此史家以"宣王中兴"称之。

② 镐：即镐京，在今陕西长安区西北镐京村附近。《帝王世纪》："武王自丰居镐，诸侯宗之，是为宗周。"

③ 圃田：在今河南郑州一带。

④ 敖山：在今河南荥阳北。《尚书·序》："仲丁迁于嚣。"《史记·殷本纪》："帝中丁迁于隞。"《索隐》："隞亦作'嚣'，并音敖字。"《诗经·小雅·车攻》："搏兽于敖。"《左传》：宣公十二年（前597），"晋师在敖、鄗之间"。《水经·济水》："济水又东径敖山北……其山上有城，即殷帝仲丁之所迁也。"秦置敖仓于此。

⑤ 夫子：指孔丘，古人认为其曾编订《诗经》。

⑥ 岐：在今陕西岐山东北，《诗经·大雅·緜》中周先祖"古公亶父，来朝走马，率西水浒，至于岐下"即此。

⑦ 是迁：迁是。

⑧ 镠辖（jiāo gé）：纵横交错，广大深远。

⑨ 轮囷：盘曲，硕大。

⑩ 卢仝（约796—835）：唐济源（今属山东）人，祖籍范阳（今河北涿州）。初隐少室山，自号玉川子。后居洛阳。时韩愈为河南令，厚遇之。仝曾作《月蚀诗》以刺时政，为愈所称。好饮茶，为《茶歌》，句多奇警。甘露之变时，因留宿宰相王涯家，被误杀。有《玉川子诗集》。

城阙之中，草屋数间，闭门不出者，以岁纪论微，韩愈殆莫知其贤。哀帝时，宰相杨涉之子凝式①，于学无不通，尝谏其父亡唐而复臣相梁不得志，因阳狂一时，终五代贤者诛戮不自保之际，逸乐白首其中，盖有大过人者。观其丹青遗像，知其为伟丈夫，而笔墨之妙，凛然生气犹在也。自庆历来②，康节先生邵尧夫贫居天津之南，独明先圣之道，不老不释，卓然振千古之绝学，颇苦志著书，而精深难窥矣。天子尝命之官，不得辞而身不出，公卿、大夫乐从之游，而莫能名其器，既死而名益高。夫此三人者，唯洛阳之宜也。所谓逸豫安舒之风，盖可观已。

呜呼！名有帝王山川之胜，而实宜夫高人处士之奉。坐通四海九州之凑，何其盛哉！以故公卿、大夫功成，得谢危楼杰观，水竹花卉之丽甲天下而不以为侈。绳枢瓮牖之生③，终日欣然，亦自以为得孰非所宜者。

----

① 杨涉：五代时华阴（今属陕西）人，杨严子。唐末举进士，昭宗时为吏部尚书，哀帝时为相，为人谦静、端重，有礼法。唐亡仕后梁，再居相位。在位三年，无所施为，罢为左仆射。后数年卒。凝式：杨凝式（873—954）：五代时华阴（今属陕西）人，字景度，号虚白、癸巳人、希维居士等，杨涉子。幼颖悟，富有文藻，大为时辈所推。唐天祐进士，迁秘书郎，直史馆。后历仕后梁、后唐、后晋、后汉、后周，官至太子太保，人称杨少师。以心疾致仕。长于歌诗，善于笔札，尤工行草，得欧阳询、颜真卿笔法。洛川寺观蓝墙粉壁上，题记殆遍，时人以其纵诞，有"杨风子"之号。有《步虚词》等。
② 庆历：宋仁宗赵祯的年号，1041年11月—1048年，共计不到8年。
③ 绳枢瓮牖：用绳子系门，来代替转轴，用（没底的）破瓮做窗户，形容住房条件十分简陋，多指贫穷人家。亦作"瓮牖绳枢"。

王君圣徒庭鲤，世为洛人，躬筑别墅建春门里^①，植双松以自见其志，因以双松名其堂，日与平生故人徜徉图画壶觞之乐，四方之宾客如归焉。靡不适可，且自叹曰："吾老矣，恐不得如吾松之寿也。而吾之志，则不可不著之异日。"于是恳予文以记于石。予因道古今之所以然者书之，使后之游者得以赏焉。崇宁四年四月十七日嵩山晁说之记。

——四部丛刊续编景旧钞本《嵩山文集》

---

① 建春门：隋唐洛阳城的东城门之一。隋唐洛阳城规模很大，仅外郭城就有8个城门，其中东墙有3个门，自南向北为永通门、建春门（隋名建阳门）、上东门。

张 挺

张挺：宋政和年间任永安县尉。

浮丘公庙灵泉记

嵩高之下曰缑氏山[①]，昔周灵王太子晋吹笙之地也[②]。子晋受道于浮丘公[③]，公接仙去。距山不远，遗冢具存，民俗呼为浮丘藏剑之所，即其巅构祠以祀焉。俯瞰道周，更为立庙，里民岁时以昭祈报。

逮政和三年夏六月[④]，有泉出庭下，澄澈如鉴，醴甘过饴[⑤]，

---

① 缑氏山：即缑山，又名覆釜堆、抚父堆，在今河南偃师区南。《列仙传》卷上：王子乔见柏良曰，"告我家七月七日待我于缑氏山巅"，即此。《水经注·洛水》：休水"北历覆釜堆东，盖以物象受名矣。……又东届灵星坞，水流潜通。重源又发侧缑氏原，《开山图》谓之缑氏山也。……俗亦谓之为抚父堆。堆上有子晋祠"。

② 周灵王（？—前545）：春秋时周代国君。姬姓，名泄心，简王子，在位二十七年。王子晋：一作王乔。传为春秋周灵王太子，名晋，又称王子晋。以直谏被废。相传好吹笙作凤凰鸣，有浮丘生接晋至嵩高山。三十余年后，预言于七月七日见于缑氏山巅。至期，晋乘白鹤至山头，举手以谢时人，数日而去。

③ 浮丘公：或称浮丘子，或曰即壶丘子，郑国黄老学家。传说中远古神仙，一说黄帝时人。

④ 政和三年：宋徽宗政和三年，1113年。

⑤ 醴（lǐ）：甜美的泉水。饴（yí）：糖。

映带清流。人初易之①。俄②，鸥凫泳者辄死，众乃惊语，始识为功德福水。病者请祷，饮之即愈。于是相与谋甃以文砖③，疏为方沼，藻饰丹艧④，祈响云来。

洪惟永安授邑⑤，肇自大宋。圣祖弓剑所闭，而嵩高之岳，坐镇中土介邑之间。真仙所宅，灵显辈出，宜有福泽，惠施于民。稽考传记，实表国之祥。彼年而来，朝廷清明，百度修举，综名核实，礼制乐成，海晏河清，芝禾并秀，木石荐祉⑥，元善奇功，珍符嘉瑞，史不绝书。盖有黄天眷佑，上德昭明，格致休美⑦，以懋大业，顾不伟与！而儒学之士，竟为词章，揄扬盛事，备诸声诗，以荐清庙，实惟时也。

今灵泉出于福地，神异焯然⑧，莫之殚载⑨。挺虽不才，承乏州县⑩，睹兹嘉会，歌咏圣德。矧臣子之职，敢以非陋而辞？谨著大略，已告来者。其辞曰：

嵩山之阳，复岫重冈。山维缑氏，坐镇其旁。蒸为卿云⑪，

---

① 易之：指视其为平常。

② 俄：俄尔。

③ 甃（zhòu）：砖砌的井壁。此用作动词，用砖砌井壁。文砖：有图案花纹的砖。

④ 丹艧（huò）：涂饰色彩。

⑤ 永安：指永安县。北宋景德四年（1007）升永安镇置，属河南府，治所在今河南巩义西南芝田镇。金贞元元年（1153）改为芝田县。

⑥ 祉（zhǐ）：福。

⑦ 格致：风格气韵。休美：美善。

⑧ 焯（zhuō）：明白透彻。

⑨ 殚：尽。

⑩ 承乏：承继空缺的职位，后多用作任官的谦词。

⑪ 卿云：即庆云，一种彩云，古人视为祥瑞。

舒成景光①。仙圣之宅，其神无方。在昔帝子，系自周王。浮丘挹袖，降阙抚将。夜月吹笙，乘云帝乡。鹤驭莫返，风吟松篁。遗宫庙食，宝剑珍藏。后千余年，醴泉其唐。蠲疴疗疾②，起痼愈尪③。惟神之惠，表国之祥。帝德广运，修明馨香。地不爱宝，天锡会昌。年谷顺成，降福穰穰④。本支百事，万寿无疆。如山之崇，如泉之长。小臣作颂，德音不忘。

——明万历刻本《嵩书》

....

① 景光：犹祥光。
② 蠲（juān）：除去，免除。疴（kē）：病。
③ 痫（xián）：癫痫。尪（wāng）：跛或脊背骨骼弯曲。
④ 穰（rǎng）穰：形容五谷丰饶。

王 廷

王廷，金大定前后人，生平不详。

陶公寿堂记①

老子曰："大道甚夷②，而民好径③。"孟子曰："道在迩④，而求诸远。"圣贤之言，若合符节⑤。今夫学道之人，多坠于旁门小道，穷年兀兀⑥，了无所得，良可叹哉！

先生姓陶氏，名复朴，道号曰冲子，东莱人⑦。自幼入道，云游四方，于大宋中尝至是邑，爱其山水清秀，慨然有卜筑之志⑧。自以年尚少，参同未广，复去。至覃怀⑨，遇米真人而道益振⑩。内

---

① 题下原注："贞祐四年。"金宣宗贞祐四年，1216年。
② 夷：平坦。
③ 径：崎岖偏斜的小路。
④ 迩：近。
⑤ 符节：古代符信之一种。以金玉竹木等制成，上刻文字，分为两半，使用时以两半相合为验。
⑥ 兀兀：勤奋刻苦的样子。典出韩愈《进学解》："恒兀兀以穷年。"
⑦ 东莱：今山东半岛的龙口、莱阳等市以东地区。
⑧ 卜筑：择地建筑住宅，即定居之意。
⑨ 覃（qín）怀：河南沁阳市、温县一带。
⑩ 真人：道教所说修行得道的人。

丹外药，两得其传。大安初①，由永宁来②，遂定居作终焉计。

　　一日语众曰："县稍东锦屏山半有古洞③，予昔尝居焉，卜日可同为一游。"众如其约，既至，有石洞三：西曰紫云，东曰悬空，其上曰玉芝，可容数十人。悬空者，旧名也。紫云、玉芝，先生命之也。皆天造地设，非人力所能及。有翠崖苍壁，珍木异草，并立丛生；有云腴石髓④，琼浆玉液，饥食而渴饮。绿阴四合，瑞霭氤氲⑤，耳万籁以忘机，目长川而久视。恍惚变化，莫能名状，真神仙窟宅也。虽邑人，有至老不能到者，亦其分也⑥。

　　梯石而下，有一小石窟，形如卧虎，先生指之曰："予年七十有八，生死无常，欲卜此以为将来藏骨之所，公等当为我成之。"众诺，且命仆预为之文。仆应之曰："有生必有死，死者数之终也。虽自古登真之士⑦，亦所不免。况生者，死之根；死者，生之根。不生不死，其惟神乎，形何预焉？列子曰：'精神者，天之分；骨骸者，地之分。在天清而散，在地浊而聚。'先生可谓得造化之原，了死生之事，练神以为仙，岂以死为忌哉？"既承命，安敢固拒？谨秉心稽首而为之辞。其辞曰：

----

① 大安：金卫绍王完颜永济的年号，1209—1211 年。

② 永宁：旧县名。大业十四年（618）以熊耳县改名，治永固城（今河南洛宁县东北），属宜阳郡。

③ 锦屏山：在今河南宜阳县城南。《新唐书·地理志》寿安县："有锦屏山，武后所名。"

④ 云腴：传说中的仙药。石髓：即石钟乳，古人用于服食，也可入药。

⑤ 霭（ǎi）：云气，雾气。氤氲（yīn yūn）：形容烟或云气浓郁。

⑥ 分：缘分。

⑦ 登真：犹登仙，成仙。古亦用作称人死亡的婉辞。

大道无形，体用幽元①。唯我陶公，深得其传。名以复朴，号以日冲。轩辕宗派②，太清家风③。其肆不替④，其居不择。进退自如，游真之客。把握造化，提携阴阳。剑吼锤鸣，神应无方。离有入无，离无入有。有无相生，炉飞鼎走。日宫产兔⑤，月殿生乌⑥。放去放来，照海玄珠。择得其人，付以口诀。总总相传，黄芽白雪⑦。生必有死，死必有时。道无所忌，预为之辞。

贞祐丙子仲夏⑧，门人段体道等立石⑨。

隘秦堂记

长安者，古帝都也。襟山带河，有百二之险⑩。若夫潼关，

---

① 体用：中国古代哲学的一对范畴，体指世界的本原，用指体的表现和产物。幽元：即"幽玄"，幽深玄妙。

② 轩辕：黄帝的名字，道教以信仰黄老之道而著称。

③ 太清：三清之一。道教谓元始天尊所化法身道德天尊所居之地，其境在玉清、上清之上，唯成仙方能入此，故亦泛指仙境。

④ 肆：练习，学业。替：衰落。

⑤ 兔：传说中月中有兔。

⑥ 乌：传说中日中有神乌。

⑦ 黄芽：亦作"黄牙"，道教称从铅里炼出的精华。

⑧ 贞祐丙子：即贞祐四年，1216年。贞祐，金宣宗的第一个年号（1213—1217）。仲夏：夏季的第二个月，即农历五月。

⑨ 按，据旧志，陶公尝自题其洞中云："高峰入云，清流见底。两岸石壁，五色交辉。青林翠竹，四时俱备。晓雾将歇，猿鸟乱鸣。夕日欲颓，沉鳞竞跃。实欲界之仙都，自康乐以来，未复有能与其奇者。"语出南朝陶弘景《答谢中书书》。

⑩ 百二：以二敌百，一说百的一倍。后以喻山河险固之地。《史记·高祖本纪》："秦，形胜之国，带河山之险，县隔千里，持戟百万，秦得百二焉。"

实居其要。一卒当关，众莫能破。自关而东不二十里，有县曰阌乡[1]，由来久矣。其邑虽小，其地颇重。南距商虢[2]，北控大河。环之以柳营，以戒不虞[3]。土脉膏腴，五谷之种无不美者。人物豪迈，上古之风犹存。东西两京，相去数百里。县处其中，士庶商旅，车马往来，路由此出。街衢绵络，市肆阛阓[4]。

在城东南，其地高阜，突然壮立，周广数百步。四壁垂绝，其形如削。县署着其上。面荆山[5]，背中条[6]。左鼎湖[7]，右太华[8]。流烟岚于远岫[9]，涨寒碧于平溪。观其奇花异卉，随四时而芬芳。

---

① 阌（wén）乡：古县名。初为西汉湖县之乡，故址在今河南灵宝西北文乡。北周置阌乡郡，唐改作阌乡县，属虢州。金贞祐二年（1214），割虢州为陕州支郡。

② 商：商州，北周宣政元年（578）改洛州置，治所在上洛县（今陕西商州区）。虢（guó）：中国周代诸侯国名。东虢在今河南荥阳西北，西虢在今陕西宝鸡凤翔区。

③ 虞（yú）：预料。

④ 阛阓（huán huì）：街市，街道。

⑤ 荆山：又称覆釜山，在河南灵宝南，海拔1556米。相传黄帝采首山之铜，铸三鼎于荆山之阳。

⑥ 中条山：古称条山，在山西南部、黄河涑水间。《读史方舆纪要》：中条山"其山小狭，而延袤甚远，因名"。《太平寰宇记》：山东西一百二十里。《大清一统志》："山狭而长，西华岳东太行，此山居中，故曰'中条'。"

⑦ 鼎湖：位于今河南灵宝。《史记·封禅书》云："公孙卿曰：……'黄帝采首山铜铸鼎于荆山下。鼎既成，有龙垂胡髯，下迎黄帝。黄帝上骑，群臣后宫从上者七十余人。龙乃上去，余小臣不得上，乃悉持龙髯，龙髯拔，堕，堕黄帝之弓。百姓仰望黄帝既上天，乃抱其弓与胡髯号，故后世因名其处曰鼎湖，其弓曰乌号。'"古代传说黄帝在鼎湖乘龙升天，位于小秦岭之北、荆山脚下，现河南灵宝阳平镇所在地。

⑧ 太华：即今陕西华阴南十里华山，号为西岳。以西有少华，故曰太华。

⑨ 岫（xiù）：山。

瞰茂林修竹兮，堆万顷之苍翠。山川之秀，风物之盛，纳于几席间①。彼得其偏，此得其全也。

郡守通奉纥石烈公②，乃名相之后。胸次了达，万万常庸。早岁擢进士第，年当强仕，数立殊阶，临事果决，小节不拘，绰有古大丈夫之风。旌轩所至，吏民之心无不畏爱。前膺纶命③，提师出疆。往讨不轨，功速捷报。文谋武略，可谓兼资而有者也。以提控推排④，驻马公廨⑤，徘徊周览，心地宽舒，眼界明朗，豁然无碍，有足嘉者。登兹厅事，恶其无名，因榜曰隘秦，良有以也。夫名者，实之宾也。斯名也，真破其敌，使登斯堂者于未名之前觉有增大壮丽之势。此一名之力，非更修而再造矣。但地虽卑，而其志则广。堂虽小，而其气益壮。不啻吞云梦者八九，然后知堂不虚得矣，亦无忘公之用心，岂不伟欤！

——清光绪二十一年重刻本《金文最》

① 几席：几和席，为古人凭依、坐卧的器具。
② 通奉：通奉大夫，文散官名，宋太平兴国元年（976）改通议大夫为通奉大夫。元丰三年（1080）废。大观二年（1108）以寄禄官右正议大夫改置，从三品。金亦置通奉大夫，秩从三品中。元升为从二品宣授，明制通奉大夫为从二品升授之阶。清代为从二品封赠。郡守：郡的长官，主一郡之政事。秦废封建设郡县，郡置守、丞、尉各一人，守治民，丞为佐，汉景帝时更名太守，魏晋时为郡太守代称。宋以后郡改府，知府亦称郡守。纥石烈：女真姓，复姓。
③ 膺（yīng）：接受，承当。纶命：天子的诏命。
④ 提控：宋元时官名或吏目的尊称。《金史·章宗纪四》："中路兵马提控、平南抚军上将军纥石烈贞以宋贼臣韩侂胄、苏师旦首献。"推排：排斥，排挤。
⑤ 廨（xiè）：官署，旧时官吏办公处所的通称。

杨 英

杨英（1186—1255），即杨奂。字焕然，号紫阳。元姚燧《牧庵集》卷三十一《跋张梦卿所藏紫阳杨先生墨迹》云："初名焕，后由上金季主《河朔中兴颂》，季主壮之，置红箧中。黄龙战北，红箧为我元所获，恐踪迹物色姓名获戾，宜避更为奂。及后受我太宗简文制，误奂为英，遂不敢私更，始就名英。"乾州奉天（今陕西乾县）人。金末举进士不中，教学于乡里。金亡，投冠氏帅赵寿之门下。元初，抵鄠县柳塘，创紫阳阁，隐居讲道授徒，门生百余人，人称紫阳先生。蒙古太宗九年（1237）以儒生就试东平，两中赋论第一，授河南路征收课税所长官，兼廉访使。招用名士，简约政务，裁减盐课，"时论翕然"。忽必烈分藩关中，他应召参议京兆宣抚司事。史称他"博览强记"，作文务去陈言，关中士人无出其右者。著作有《还山集》六十卷、《正统书》六十卷等。卒，谥"文宪"。

梦游轩记

坦叟病于陕，梁兄寿之徒步而至者再。比归，叟告之曰："阌乡，汉弘农也。外祖程员外故宅可考也，今主簿署是也。

君我同出诸程，卜居何如？"寿之不答。久而曰："敝里界乎两京之间，境小而望重，地灵而物秀，故骚人词客乐焉而轩之，益彰西轩之本。孰谓不可？相其面势，莫环翠若也。环翠，确先生道院也。西则潼亭^①，东则鼎湖，南则荆山，北则大河。徘徊四顾，犹藩墙也。客为子屡数之。北三百许步曰锦堤，露葵烟草，触目绚烂。当霁色浮天，夕阳欲下，兰舟桂楫，荡漾于平波浅霭中，有足观也。东南十里，横原莽苍，危台突兀，此汉武帝之思其子也。西址曰戾园，园之冢五，而股水萦纡，昼夜呜咽，似泣似诉，有足感也。迤逦而西，曰石姥。断崖绝壁，上下惟石，悬流溅沫，冰雪怒斗。六月大暑，凉气逼人，有足骇也。阒谷之前曰玉涧，一曰玉溪，滨西城入于河。南北二十里，水轮星飞，蔬圃棋布，灌汲之利，有足恃也。县南二里，曰法云。唐武后国师万回寺也^②。临涧西北曰皇天原，原南曰方庠渠^③，派于筐泉^④，注于东，复折以北。泉

---

① 潼亭：即今陕西潼关县秦东镇四知村所在的地方，东汉杨震葬于此。《后汉书·杨震传》："（震）以礼改葬于华阴潼亭，远近毕至。先葬十余日，有大鸟高丈余，集震丧前，俯仰悲鸣，泪下沾地，葬毕乃飞去。"

② 万回寺：今不存。唐皎然《万回寺》诗曰："万里称逆化，愚蠢性亦全。紫绂拖身上，妖姬安膝前。见他拘坐寂，顾我是眠禅。吾知至人心，杳若青冥天。"

③ 方庠渠：即现在的双杨渠，自河南灵宝豫灵镇西双桥村至杨家村。

④ 筐泉：即铁沟，为潼关四大名沟之一。其地有白龙寺，其他有远望沟、禁沟、列斜沟。有白龙寺，附近小溪旁有泉数眼，疑即筐泉。

北曰邬东聚①，蜀邬真人隐所也②。原之岭曰凌空观③，邬真人上升之地，人以为遇也不遇。开元、天宝将泯泯乎？北胁曰阿对泉④，以杨太尉家僮而名⑤，人以为得所依也。见吴融诗⑥。泉清白而甘，宜烹宜酿，而作糜则红，未易晓也。融，唐昭宗时翰林学士，墓在原北营门右。好事者寒食、清明则祭之。讲堂碑，集右军书也⑦。三鳣之后应也⑧。堂有三，曰草堂、曰影堂、曰井堂，君家旧物也。后并为佛舍。影堂在关之东店，井堂在道

----

① 邬东聚：现为灵宝市豫灵镇古东村。

② 邬真人：蜀真人邬元崇。太上老君成仙后，经过此地，通过邬元崇给唐玄宗传话，将董社原改为皇天原了。

③ 凌空观：今古东村南有古东观，现为小学所在，疑即此。相传，邬元崇死后，在皇天原之巅，据说是邬元崇升天的地方，修建凌空观。原：据乾隆十二年《阌乡县志》载，皇天原，在县西南四十五里，即董社原也。《通鉴》载隋杨元感起兵，与宇文述尝战于此。世传，唐元（玄）宗时，有白发黄冠过此，谓邬元崇曰："我是太上老君，汝帝元祖也。"因更名"皇天原"。

④ 阿对泉：汉杨震家僮阿对尝引此泉灌蔬，故名。

⑤ 杨太尉：即杨震（？—124），东汉名儒，字伯起，弘农华阴（今陕西华阴东）人。少时好学，博览群经，有"关西孔子"之称。年五十始举茂才，后官至荆州刺史、东莱太守、司徒、太尉等职。为官廉洁，不受私谒。曾多次上书反对安帝乳母王圣骄横，中常侍樊丰等专权，因而遭宦官诬告免官，自杀，时年七十余。后世子孙多任高官，"弘农杨氏"成为东汉有名的世家大族。

⑥ 吴融诗：吴融《阌乡寓居·阿对泉》诗："五陵年少如相问，阿对泉头一布衣。"自注："阿对是杨伯起家僮，尝引泉灌蔬。泉至今在。"吴融，字子华，越州山阴（今浙江绍兴）人。龙纪元年（889）进士。历任侍御史、左补阙，拜中书舍人，进户部侍郎。凤翔劫迁，客居阌乡。后召还翰林，迁承旨，卒。有《唐英集》三卷。

⑦ 右军：晋王羲之曾任右军将军，后称羲之为"右军"。

⑧ 三鳣（zhān）：东汉杨震明经博览，屡召不应，有鹳雀衔三鳣鱼飞集讲堂前，人谓蛇鳣为卿大夫服之象；数三，为三台之兆。后果位至太尉。事见《后汉书·杨震传》。后每用以为典，指登公卿高位的吉兆。

北一里，草堂即讲堂也。及北二十步，养鱼池也。耳目之所染如此，然则先生何人也？先生姓夹谷氏，古之有道之士也。食于力不食于人，交以义不交以势，虽行旅之徒，诵无虚口，而先生之心，若以为当然也。"

叟奋而作曰："得之晚矣！富贵驰骋，溺于嗜好，所同也。恬澹寂嘿[1]，乐其性情，是所独也。天德人欲，不相为谋久矣。就有所夺，吾其神游乎？四海一榻，万古一枕，傅岩、周公皆梦也[2]。握之浑沦[3]，何物不有。它日玉宇无尘，风清月朗，山头见双鹤盘桓而不去者，必焕然子从确然子游也。否则，拨置黄粱[4]，依托白云，扣君门，升君堂，握手一笑，少慰乎平素之思也[5]。敢问此时，孰为宾，孰为主？林鸟溪禽，实闻斯言，姑俟之。"

寿之曰："是以先生之心，请募以为《梦游轩记》。使千百年后与仁智明秀相后先也。"

是为记。

——清光绪二十年刻本《［光绪］阌乡县志》

---

[1] 寂嘿：寂寞。

[2] 傅岩：地名。传说因在此从事版筑，被武丁起用。《书·说命上》："说筑傅岩之野。"孔传："傅氏之岩在虞虢之界，通道所经，有涧水坏道，常使胥靡刑人筑护此道。说贤而隐，代胥靡筑之以供食。"即今运盐道也。

[3] 浑沦：道教名词之一，义同"混沌""太极""无极"等形容道之初始状态的名词。

[4] 黄粱：原比喻人生虚幻，后比喻不能实现的梦想。典出唐李泌《枕中记》："卢生欠伸而寤，见方偃于邸中，顾吕翁在旁，主人蒸黄粱尚未熟，触类如故，蹶然而兴曰：岂其梦寐耶？"

[5] 少：稍。

元好问

元好问（1190—1257），字裕之，号遗山，太原秀容（今山西忻州）人，元德明之子。七岁能诗，从陵川郝天挺学，六年而业成。下太行，渡大河，撰《箕山》《琴台》等诗，赵秉文（1159—1232）以为同代无诗作能与之比，因此名震京师。金兴定五年（1221）登进士第，仕至行尚书省左司都事员外郎，入翰林知制诰。金亡不仕，筑亭于家，一心著述。又赴顺天张万户家，取金源历代实录，晨夕抄集，欲成一代信史。抄至百余万言，惜未全部完成而卒。工诗文，名重一时。好问生长北方，天禀豪侠之气，又怀亡国隐痛，故歌诗多慷慨悲凉。善书翰，清劲端丽。著有《遗山诗集》二十卷、《遗山乐府》五卷、《续夷坚志》四卷、《壬辰杂编》等。编有金代文献《中州集》。

竹林禅院记

竹林寺在永宁之白马原①。其初为佛屋，居人以修香火之供。既废矣，乡豪麻昌及其族弟㖞稍完葺之②，以龙门僧广居焉。广，

---

① 白马原：位于今河南洛宁县涧口乡白马涧一带。
② 㖞：音 jié。

解梁人①。自言白云杲之徒，居而安之。即以兴造自任，兴定中请于县官②，得今名。乃为殿、为堂、为门、为斋厨、为库厩，凡三年而寺事备。南原当大川之阴，壤地衍沃，分流交贯，嘉木高荫，良谷美稷，号称河南韦杜③。而寺居其上游。东望女几，地位尊大，居然有岳镇之旧④。偎劫立，莫可梯接。仙人诸峰，颜行而前。如进而侍，如退而听，如敬而慕，如畏而服。重冈复岭，络脉下属。至白马则千仞突起，朗出天外，俨然一敌国之不可犯。金门、乌啄⑤，奔走来会。小山累累，如祖龙之石⑥，随鞭而东。云烟杳霭，浓淡覆露。朝窗夕扉，万景岔入。广一揽而洛西之胜尽。

盖尝叹焉。佛法之入中国，至梁而后大，至唐而后固。寺无定区，僧无限员。四方万里，根结磐互。地穷天下之选，寺当民居之半。而其传特未空也。予行天下多矣。自承平时，通

---

① 解梁：解州古称解梁，今山西运城盐湖区。

② 兴定：金宣宗的第二个年号，1217—1222年，共六年。

③ 韦杜：指长安城南的韦曲、杜曲，唐望族韦氏、杜氏世居于此。山青水秀，林木繁茂，为当时游览胜地。后亦借指风景秀丽之地。

④ 岳镇：名山。

⑤ 金门：即金门山，在河南洛宁县陈吴乡，以山形似金字，故名。乌啄：民国六年《洛阳县志》卷一《山川》作"鸟喙"，云："金门山之东有鸟喙山，俗呼笔架山。又东为神顶山，是为神顶寨。"

⑥ 祖龙石：在山东蓬莱，相传秦始皇寻仙曾至此。祖龙，指秦始皇。《史记·秦始皇本纪》："（三十六年）秋，使者从关东夜过华阴平舒道，有人持璧遮使者曰：'为吾遗滈池君。'因言曰：'今年祖龙死。'"裴骃集解引苏林曰："祖，始也；龙，人君象。谓始皇也。"

都大州^①，若民居、若官寺，初未有闳丽伟绝之观。至于公宫侯第，世俗所谓动心而骇目者，校之传记所传，曾不能前世十分之一。南渡以来，尤以营建为重。百司之治，或侨寓于编户细民之间。佛之徒则不然，以为佛功德海大矣。非尽大地为塔庙，则不足以报称。故诞幻之所骇，坚苦之所动，冥报之所眷^②，后福之所徼^③，意有所向，群起而赴之。富者以赀^④，工者以巧，壮者以力。咄嗟顾盼^⑤，化草莱为金碧。撞钟击鼓，列坐而食。见于百家之聚者，乃如此。其说曰："以力言者佛为大，国次之。"吁，可谅哉！

正大庚辰^⑥，予闲居空空^⑦。广因进士康国仲宁以记请。仲宁为予言，广业专而心通，且喜从吾属游。其进也，有足与之者。"因为记其事，并著予之所以感。四月望日^⑧，前内乡县令元某记。

——四部丛刊景明弘治本《遗山集》

---

① 通都：四通八达的都市。

② 眷（zhé）：惧怕，丧胆，震慑。

③ 徼（yāo）：通"邀"，招致，求取。

④ 赀：通"资"。

⑤ 咄嗟：呼吸之间，谓时间迅速。顾盼：顾盼之间，谓时间迅速。

⑥ 庚辰：疑误。正大年号起甲申止辛卯，中间无庚辰，但有庚寅、壬辰。

⑦ 空空：四库本作"空上"。

⑧ 望日：十五日。

戴表元

戴表元（1244—1310）字帅初，一字曾伯，自号剡源先生，奉化榆林（今浙江奉化区）人。从师王应麟。南宋咸淳七年（1271）进士，授迪功郎、建康府教授等职。元兵南下，避难天台、鄞县、杭州等地，以授徒卖文为生。元至元二十九年（1292）受聘任奉化养正堂师，大德八年（1304）任信州教授。后归里，读书吟诗以终。学识渊博，善书法，以散文名重一时，被誉为"东南文章大家"之一。著有《剡源集》等。

洛阳独乐书堂记

司马温文正公居洛阳，以道德、文章、功业，为中原纯儒名臣。当升平之时，享谦静之福。所与游如文潞公、邵尧夫、二程夫子、苏子瞻之徒①，又皆一时天下妙选②。而其独乐园者，蕞然在诸豪贵间③，几不可比。数人以公故，亦屡喜游之。窃计洛阳虽名区，去之千百年，欲复求时遇其人，似不可再得。公没未几何，事果有不可言。凡昔之王侯将相，华榱绣户④，文轩畅毂⑤，弦歌钟鼓，衣冠玉帛，相与动心荡目、以为承衍之娱

⸻⸻⸻⸻⸻⸻⸻

① 文潞公：即文彦博（1006—1097），字宽夫，汾州介休（今属山西）人。天圣五年（1027）进士。历枢密副使、参知政事，至和二年（1055）拜同中书门下平章事。因反对王安石变法，出判河阳等地。司马光复相后，为平章军国重事，以太师致仕。前后历仕四朝，任将相达五十年，封潞国公。其诗承西昆，学温李，注重藻饰，多用典故。著有《潞公集》。邵夫子：即邵雍（1012—1077），字尧夫，自号安乐先生、伊川翁等，范阳（今河北涿州）人，北宋哲学家。居洛阳数十年，名所居曰安乐窝。与司马光、吕公著等从游甚密，屡被召，皆不赴，卒谥"康节"。其诗随手而成，不拘诗法声律，堪称道学家诗人之代表。著有《皇极经世》《伊川击壤集》。二程：指宋代理学家程颢（1032—1085）、程颐（1033—1107）兄弟两人，洛阳人。颢字伯淳，世称明道先生。嘉祐二年（1057）进士，历官主簿、太子中允、监察御史里行，哲宗时召为宗正丞，未行而卒。少年时与弟颐俱学于周敦颐。泛涉儒、释、道诸学，精解六经，倡言天即理，"识仁"，"诚敬"。在洛阳讲学，听者皆谓"如坐春风"。颐字正叔，世称伊川先生。历任崇政殿说书、西京国子监管勾监事等职。治学以《大学》《论语》《孟子》《中庸》为指归，而达于六经，以穷理为本。讲学三十余年，门人众多。后人辑二程之作为《二程全书》，包括《二程遗书》《二程外书》《明道先生文集》《伊川先生文集》《伊川易传》《经说》《二程粹言》等。苏子瞻：即苏轼（1037—1101），字子瞻，号东坡居士，眉山（今属四川）人，苏洵子，北宋文学家、书画家，为"唐宋八大家"之一。嘉祐进士，历官翰林学士、礼部尚书，追谥"文忠"。著有《东坡七集》等。

② 妙选：指中选的精品或出色的人物。

③ 蕞（zuì）：形容小（多指地区）。

④ 榱（cuī）：椽子。

⑤ 毂（gǔ）：车轮的中心部分，有圆孔，可以插轴。代指车子。

者①，举一转而为荒蓁茂草②，独其山川犹存，不过寒螫野兔之往来吊劳穷寂而已③。而行人过客，樵夫里老，下及儿童妇女，道及洛阳故实，则诵司马公之德不衰。夫一司马公，生而状貌无以逾人，虽为相，居位之日浅，被服清苦④，无异穷书生，不知何以能得人之叹慕若是然耶！

大德丙午岁，余遇卫君用于信州幕府⑤。君用洛阳人，问其故，曰："洛阳之事，则既然矣。抑独乐园，亦不得为司马物。吾图之百端，幸而仅有之。顾吾家自高、曾、大父以来，世世知读司马公之书，且知慕公之为人。今驱驰北南，发渐种种⑥，洛阳之俗，犹为近朴。欲以其地为祠塾，仍榜曰'独乐'，以存先贤之化。又他日更有余力，则买田赋粟，以供诸生之稍食⑦，庶里中后生小子，可以共学。"

於戏！兹非司马公之遗风休泽，所以罩被其后人者乎⑧？士大夫患无志，不患无位。君用清勤谨恪⑨，知体要⑩，敦雅实，是

---

① 承衍：指连续承接。

② 蓁（zhēn）：丛生的草木或荆棘。

③ 吊劳：吊祭存问。

④ 被服：指被子、衣服之类。

⑤ 信州：唐乾元元年（758）分饶、衢、建、抚四州地置，治上饶县（今江西上饶西北），辖境相当今江西贵溪以东、怀玉山以南地区。两宋属江南东路，元至元十四年（1277）升为信州路。幕府：旧时将帅办公的地方，因将帅出征时住帐幕，故名。

⑥ 发渐种种：指渐有白发。

⑦ 稍食：古代指官府按月发给的俸禄。

⑧ 罩（qín）被：普遍施及。

⑨ 恪：谨慎而恭敬。

⑩ 体要：体统，纲要。

真能学司马公者。后有道龙门、嵩少而来言独乐之役①，将见堂庐告成，深衣释菜②，重席养老③。使洛中之人，长者兴慈，幼者知孝，雍雍于于④，复还盛时旧规，皆君用之赐也。因书以为记。

——四部丛刊景明本《剡源集》

······························

① 役：事。
② 深衣：起源于虞朝的先王有虞氏，把衣、裳连在一起包住身子，分开裁但是上下缝合，因为"被体深邃"，因而得名。古代诸侯、卿大夫的常服。释菜：亦作"释采"，古代入学时祭祀先圣先师的一种典礼。
③ 重（chóng）席：层迭的坐席。古人席地而坐，以坐席层迭的多少表示身份的高低。《左传·襄公二十三年》："季氏饮大夫酒，臧纥为客，既献，臧孙命北面重席，新尊絜之。"杨伯峻注："重席，二层席。古代席地坐，席之层次，依其位之高低。《仪礼·乡饮酒礼》云：'公三重，大夫再重。'则重席，大夫之坐。"
④ 雍雍：和冶貌，和乐貌。于于：自得貌。

高　凝

高凝，元至元二十一年（1284）前后人，生平不详。与姚
燧、畅师文等同为许衡门人，活动于至元大德年间。

古道观记

新安西南三十里有古道观一区①，原隰秀润②，形势亢爽③，傍
曰子贡之谷④，盖世俗相传，与书无据也。壬辰兵间⑤，荡为灰烬。
逾一纪，至甲辰而后⑥，有道者超然刘公，挈其徒数人，来自中

---

① 古道观：位于今河南洛阳新安县铁门镇陈村。
② 原隰（xí）：广平与低湿之地，泛指原野。秀润：秀丽滋润。
③ 亢爽：谓地势高旷。
④ 子贡（前520—前456）：孔子弟子，复姓端木，名赐，字子贡，也作子赣，亦称
卫赐，春秋卫国人。善于辞令，具有外交才能，被孔子誉为"瑚琏"之器（宗庙
重器）。曾任鲁、卫相，游说齐、吴、越、晋等国。善于审时度势，利用矛盾使
各国互相牵制，有"子贡一出，存鲁，乱齐，破吴，强晋而霸越"之说。善经
商，"家累千金"，是当时著名富商。所至之处，与诸侯分庭抗礼，竭诚维护孔
子威望。孔子死后，子贡结庐墓旁，守丧六年始去。晚年居齐。子贡受到后代统
治者的推崇，被封为黎公。其事迹见于《史记·仲尼弟子列传》。孟子称子贡"善
为说辞"，其"智足以知圣人"。
⑤ 壬辰兵间：壬辰是金哀宗天兴元年（1232），是年正月蒙古军队围攻金国都城汴京
（今河南开封），金哀宗亲自出征河朔，行至黄河北岸，因军事失利而逃奔归德。
⑥ 甲辰：蒙古乃马真皇后称制三年，1244年。

南，结茅故址，其历叙山中四时之乐者，粗尝概见。惜其遗文逸坠，于道渊源基承统绪阙焉无见也。

其曰：干戈甫定，民物息肩[1]。弥天劫火，俱为瓦砾之区；遍地兵尘，尽作虎狼之圈。万里繁华，一风吹尽。此皆感慨流离，百念灰冷。其尽道之心，盖已确然见于言外矣。

又曰：吾徒披荆棘，新殿宇，翼以亭槐，植以松竹。引清泉于药圃，耘秀谷于石田。当其花气浓酣，鸟声喧碎，境闲人静，丽日舒迟，虽山阴之盛事莫追，殆沂上之风云可拟[2]。至若南薰畏日，殿阁生凉，有山水之清淑，绝城闉之蒸溽[3]。云峰迭𪩘[4]，重见层出。秋风一披，万类改色。素灏清商[5]，景气萧瑟。咀菊蕊之芬香，灿山容之组绣[6]。悠然雅趣，言味莫穷。方冬严寒，猿受日暄[7]。山木瘦枯，万籁俱闻。被褐块然[8]，与时消息[9]。杳不知为古为今，奚荣奚辱也[10]。

其序山川观览之胜则曰：东连洛邑，眷惟旧都。百玉迭据，

⸺⸺⸺⸺⸺⸺⸺⸺

① 息肩：卸去负担。

② 沂（yí）上之风云：语本《论语·先进》："（曾点）曰：'暮春者，春服既成，冠者五六人，童子六七人，浴乎沂，风乎舞雩，咏而归。'"沂，水名，发源于山东，流入江苏。

③ 蒸溽（rù）：闷热而潮湿。溽，指夏日天气的湿热。

④ 𪩘（yǎn）：山，山顶。

⑤ 灏：同"颢"，明净。

⑥ 组绣：华丽的丝绣服饰。

⑦ 暄（xuān）：温暖。

⑧ 被褐：穿着粗布短袄。块然：安然。

⑨ 消息：变化。晋张天锡《遗郭瑀书》："心与至境冥符，志与四时消息。"

⑩ 奚（xī）：何。

如彼传区。其北则天坛、王屋，积翠浮空，高依天际。回睨黄
河砥柱，奔湍怒激。飞流万顷，瞬息千里。其西则荆山、太华，
仙人所庐。寻真访道，兹惟奥居。南望锦屏如几，森列门闼。
洛水秋风，渔歌互答。与因时而选新，每相接于顾挹。又不知
天台、武陵，奚往而奚适也。

　　观公此言，其殆遗世独立，漠然风尘之表者欤！公蜀之重
庆人，家世豪右，殖产不赀，成童业进士举。甫弱冠，罹兵，
为关右丁姓者所俘。已而馆门下，授诸儿句读。三十岁，去家
入道，受业终南，成道观。又十年，云游诸方，因新安旧家樊
姓者留居此地。观复兴，度门人杨素等凡若干，羽化于至元甲
申①，春秋六十有七。

　　　　　　　　　　——清乾隆三十一年刻本《[乾隆]新安县志》

- -

① 至元甲申：元世祖至元二十一年，1284年。

萨都剌

萨都剌（约1272—1355），亦作"萨都拉"，字天锡，号直斋，回族人，其祖父、父以世勋镇守云、代，遂居雁门（今山西代县）。曾远游吴、楚，元泰定四年（1327），进士及第。授镇江路录事司达鲁花赤（掌印正官）。后任翰林国史院应奉文字。晚年寓居武林（今浙江杭州）。后入方国珍幕府，终年八十余。为诗俊逸洒脱，清新自然。文章雄健，亦擅书画。有《雁门集》三卷《集外诗》一卷。

龙门记

洛阳南去二十五里许，有两山并高，东西对峙，崖石壁立，曰龙门。伊水中出，北入洛河，又曰伊阙。禹排伊阙[①]，然黄河亦有龙门谓禹凿，龙门恐此非是，而谓排伊阙，即此是也。

两山下，石罅迸出数泉[②]，极清冷；惟东稍北二泉，冬月间温，曰温泉。西稍北，岸河下一潭，极深，相传有灵物居之，

---

① 禹排伊阙：北魏郦道元《水经注·伊水》："伊水又北入伊阙。昔大禹疏以通水，两山相对，望之若阙，伊水历其间北流，故谓之伊阙矣。春秋之阙塞也。"

② 罅（xià）：裂缝，缝隙。

曰黑龙潭。

两崖间，昔人凿石为大洞，为小龛①，不啻千数②。琢石像诸佛相、菩萨相、大士相、阿罗汉相、金刚相、天王护法神相③。有全身者，有就崖石露半身者。其极巨者身及丈六，极细者三四寸余。趺坐者、立者、侍卫者④，又不啻万数。然诸石像旧有裂璺及为人所击⑤，或碎首，或损躯，其鼻、其耳、其手足或缺一二，或半缺、全缺。金碧装饰悉剥落⑥，鲜有完者。惟东大洞，有佛一身，金采自如，乃别琢石成置其中，故非若他就崖石琭者，山气相阴，两润湿颜，色易脱，或丝石与他石异，而然殆不可知。

旧有八寺，无一存者。但东崖巅有垒石址两区，余不可辨。有数石碑，多仆，其立者仅一二。所刻皆佛语，字剥落不可读，未暇详其所始。意者金身感梦，白马驮经，此其权舆。今观其创作，似非出于一时。其工力财费，不知几千万计。盖其大者，必作自国君，次者必王公贵戚，又其次者必富人而后能有成也。

然予虽不知佛书，抑闻释迦乃西方谓之圣人，生自王宫，

---

① 龛（kān）：供佛像、神位的小阁子。

② 不啻（chì）：不止。

③ 菩萨：释迦牟尼未成佛时的称号，后也指修行到了一定程度、地位仅次于佛的人。大士：佛教对菩萨的尊称。也作对高僧的敬称，或特指观音菩萨。阿罗汉：也称罗汉，梵语音译，即得道者、圣者。释迦牟尼有弟子十六人称为罗汉，后增加到五百人。金刚：亦称金刚力士，佛的侍从力士。天王：印度宗教传说中的天界之王，佛教称护法神为天王。

④ 趺（fū）坐：盘腿坐。

⑤ 璺（wèn）：缝隙，裂痕。

⑥ 金碧：指装饰佛像的泥金、石青和石绿等颜料。

为国元子①，去尊纲而就卑辱②，舍壮观而安僻陋，弃华丽而服朴素，厌浓鲜而甘淡薄，苦身修行，以证佛果③。且其言曰"无人我相"，曰"色即是空"，曰"寂灭为乐"。其心若浑然无欲，又奚欲费人之财，殚人之力，镌凿山骨，斫丧元气，而假像于顽然之石④，饰金施采，以惊世骇俗为哉！

是盖学佛者习妄迷真，先已自惑，谓必极其庄严，始可耸人瞻敬，报佛功德。又揉之以轮回果报之说，谓人之富贵、贫贱、寿夭、贤愚，一皆前世所自为，故今世受报如此。今世若何修行，若何布施，可以免祸于地狱，徼福于天堂⑤，获报于来世。前不可见，后不可知，迷人于恍惚茫昧之涂。而好佛者溺于其说，不觉信之深，而甘受其惑，至有舍身、然臂、倾赀施财⑥，至为此穷极之功。

设使佛果夸耀于世，其成之者，必获善报，毁之者必获恶报，则八寺岿然，诸相整然，朝钟暮鼓，缁流庆赞⑦，灯灯相续于无穷⑧，又岂至于芜没其宫，残毁其容，而荒凉落寞如此哉！

....

① 元子：长子，太子。
② 尊纲：尊贵的统治者地位。纲，纲纪，掌握国家政治的意思。卑辱：低下的屈辱地位。
③ 证：佛教语，参悟，修行得道。佛果：佛教认为成佛是持久修行所得之果，故名之为"佛果"。
④ 假：借。
⑤ 徼（yāo）：求得。
⑥ 然臂：佛教的一种苦修方法。《妙法莲华经》："药王菩萨，先以然身，后以然臂供佛舍利。"然，同"燃"。
⑦ 缁（zī）流：僧人。僧尼多穿黑衣，故称。缁，黑色。庆赞：谓赞颂佛的恩德。
⑧ 灯：佛教以为灯能指明破暗，因用以喻佛法。

殊不知佛称仁王，以慈悲为心，利益众生，必不徇己私而妄加祸福于人，亦无意于衒色相以欺人也。

予故记其略，复为之说，以祛好佛者之惑，又以戒学佛者毋背其师说以求佛于外，而不求佛于内。明心见性，庶乎其佛之徒也。

——清文渊阁四库全书本《［雍正］河南通志》

王　翰

王翰，字时举，禹州（今河南禹州）人。元代末年隐居中条山，明代曾任周王长史、翰林院编修、廉州教授等职。著有《梁园寓稿》《敝帚集》等。

游三门记

三门集津在平陆县治东六十里①。道由东西延至黄堆，循河东下，再行十里，至其处。河南山脊峻下②，其尾属于北山。凿山作三门以通河流。南者为鬼门，中为人门③，次北为神门，又次北及开元新开河④，又以中为夜叉门，北为金门。新开河为公主河，未详其说也。鬼门迫窄，水势极峻急。人门水稍平缓，直东可十五步，中流有小山，乃其砥柱也⑤。东又

---

① 三门：三门山，即"砥柱山"，在河南三门峡陕州区与山西平陆之间黄河中。以中有神门、南有鬼门、北有人门得名。集津：三门山东面仓名。平陆：县名，在黄河北岸，今属山西，元代县治在今县治西约三十华里处。

② 峻下：山势陡峭，直上直下。

③ 鬼门、人门：《陕州志》云："人门修广，可行舟；鬼门尤险，舟筏入者，罕有得脱。"

④ 开元：唐玄宗年号，共二十九年（713—741）。

⑤ 砥柱：即砥柱山。《水经注·河水四》："河水分流，包山而过，山见水中，若柱然，故曰砥柱也。"

十步，其水潆回①，谓之海眼，深不可测。神门最修广，水安妥，盖唐、宋漕运之道。山岩上有阁道②，且牵泐石深尺许③。正南下五十步，有石耸起，侧视若香炉然。东又三十步，一峰可高数丈，不甚奇。新开河南北广约计二丈，其岸石如鳌，又如绳之取直者④，行百余步与神门水合。其南一峰壁立，度二百尺许，极奇秀，石纹青黄相杂，其巅多鹄鹳巢⑤，垒石为炉形，非飞举者不可至，不知其始，或谓老君炼丹炉，盖神之也。新开河左，就岩石下刻宋、金人题名并诗，且刻"翠阴禹功"⑥。二岩稍东，刻"忠孝清慎"四字，字画若颜鲁公书者⑦，其南山上有石，巉然如鸱蹲者⑧，人号为挂鼓石，盖禹用以节时齐力也。

自新开河东口涉水上山，旧有开化寺，今不存。有小祠象龙神者。前碑剥落不可模⑨，不知何时立。祠檐下二石，其状如碑，无字，上作三窍。一碑盖金源兴定十二年修禹庙之

---

① 潆回：即"潆洄"，水流回旋的样子。

② 阁道：栈道。

③ 泐（lè）石：纹路裂开的山石。泐，雕凿。

④ 绳之取直：以绳横竖取直，形容有规则。

⑤ 鹄（hú）：天鹅。鹳（guàn）：鹤类禽鸟。

⑥ 禹功：大禹治水的功绩。《元和郡县志·河南道二》："禹治洪水，山陵当水者，破之以通河。三穿既决，河出其间，有似于门，故亦谓之三门。"

⑦ 颜鲁公：即颜真卿，唐代大书法家，因封鲁郡公，故称。

⑧ 巉（chán）：山势高峻。鸱（chī）：猫头鹰的一种。

⑨ 不可模：看不出字的样子。模，通"摹"，临摹。

记也①。回至西可二里，上山谒禹庙而还。

　　所至处皆用小律诗记之。偕行者生员张恭、马喜、王兴也②。时洪武十七年二月二十八日记③。

——四部丛刊景明本《明文衡》

....

① 金源：指女真族政权金国。本为水名，即今黑龙江阿城一带的阿什河。女真完颜氏发源于此，国又称金源。兴定十二年：实为金哀宗正大五年（1228）。兴定，金宣宗年号。兴定共六年，中经元光（共二年），立碑人不知更改年号，由兴定顺推。

② 生员：习惯称秀才，指经考试入府、州、县学的读书人。

③ 洪武十七年二月二十八日：公元1384年3月20日。洪武，明太祖朱元璋年号。

薛 瑄

薛瑄（1389—1464）字德温，号敬轩，河津（今山西运城）人。明永乐十九年（1421）进士，除御史。正统初，为山东提学佥事，进大理左少卿，因忤中官王振，下狱论死，寻得释。景泰帝嗣位，召为大理寺丞，迁南京大理寺卿。英宗复位，拜礼部右侍郎，兼翰林院学士，入阁参预机务。时权臣石亨当朝，托病乞归。早年聪慧老成，年十二，能诗赋。后受业魏希文、范汝舟等儒者，习经史百家、周程张朱的著作，认定伊洛之学为孔孟正传，自此究心理学。薛瑄为诸学者所宗奉，称为河东学派，为明代儒学重要派别。著有《河汾集》《读书录》等。

祯槐堂记

洛城之东有槐郁然于庭者，进士子仪房君之居也[1]。子仪为洛之故家，其先世皆有隐德，蓄而未发，至子仪之先君子，将营居室而一木忽拆甲于庭，视之则槐也。识者曰："凡木之生，

---

[1] 子仪房君：房子仪，即房威，字子仪，河南府洛阳县（今洛阳市）人。宣德二年（1427）进士。宣德八年八月，擢为广东道监察御史。正统六年（1441）二月，授直隶保定府涞水县（今属河北）知县。

必旷原深谷、山巅水涯，人迹所罕到者，而后始得以遂其性。否则，必完根厚植，易土深种，而始克有以获其生。今房氏所居，当市郭阛阓之间，而朝夕之所游履，既匪幽闲之地，又非人力之勤，气化所难施，雨露所难息，而槐乃自生。此必房氏德善所致，为异日子孙兴盛之兆不诬矣。"

于是其先君子因为阑槛以护其周，增水土以养其本，自毫末而拱把，而寻丈，久则乔柯上耸，密叶四布，逮今将三十年。而子仪自校庠一举而为宣德纪元之乡魁①，明年遂登第为名进士。及奉恩旨还家，则见槐阴满庭，于是徘徊瞻顾，因思其累世积德之深，先人封培之勤，而己得蒙其庇荫，乃有今日之光荣，遂扁其堂曰"祯槐"，所以志不忘厥初也。

又明年春，余赴京师，道经于洛，因获登子仪之堂。子仪指庭槐而语以故，且求为记。余以谓凡德善之积，无有不报。但时之希阔疏远②，有似乎落落而难信者③。及夫天定胜人，则若合符契于左右手，盖无丝毫之爽焉④。昔王祐手植三槐于庭⑤，曰："吾后世子孙，必有为三公者。"已而至其子

---

① 宣德：明宣宗朱瞻基的年号，1426—1435 年。纪元：即元年（1426）。乡魁：旧时科举考试，乡试考中者为举人。中乡魁，即考中举人。

② 希阔：长久。

③ 落落：稀疏，零落。

④ 爽：差。

⑤ "昔王祐手植三槐于庭"四句：《宋史·王旦传》："王旦字子明，大名莘人。……父祐，尚书兵部侍郎，以文章显于汉、周之际，事太祖、太宗为名臣。尝谕杜重威使无反汉，拒卢多逊害赵普之谋，以百口明符彦卿无罪，世多称其阴德。祐手植三槐于庭，曰：'吾之后世，必有为三公者，此其所以志也。'"

旦^①，大拜^②，此盖人以事而必之天也。子仪之先君子未尝手植是槐而有所期，必而槐乃自生，此盖天以祯吉之兆示诸人也。究槐之生，逮今将三十年，而始克有合，如识者之言，则所谓德善之报，又岂终于希阔疏远而落落难信乎？然则世之为善者可以无怠矣。子仪年力方富，而尤笃于进修，积德行义，方自此始。吾意其先世为善之报尚未已也。请姑书此于壁以俟^③。

拙巢记

　　自七情炽而混沌凿^④，人之横奔竞骛者，非私智无所为尚。由是巧伪日滋，而斯道日隐矣。濂溪周元公挺生南服^⑤，悼末

---

① 其子旦：即王旦（957—1017）：字子明，大名莘（今山东莘县）人。太平兴国进士，以著作佐郎预编《文苑英华》。历知制诰、同判吏部流内铨、知考课院、中书舍人、给事中、同知枢密院事等。咸平四年（1001），以工部侍郎参知政事。景德三年（1006），拜工部尚书、同中书门下平章事，监修《两朝国史》。后以疾罢相，卒，赠太师、尚书令、魏国公，谥"文正"。

② 大拜：指拜相。

③ 姑：姑且。

④ 七情：人的七种感情或情绪。《礼记·礼运》："何谓人情？喜、怒、哀、惧、爱、恶、欲，七者弗学而能。"混沌凿：古代传说中央之帝混沌，又称浑沌，生无七窍，日凿一窍，七日凿成而死。

⑤ 濂溪周元公：即周敦颐（1017—1073）：字茂叔，原名敦实，号濂溪，道州营道（今湖南道县）人。历官州县，颇有政绩。熙宁元年（1068），知郴州。他博学力行，著《太极图说》，究明万物之本原，提出无极、太极、阴阳、五行及"无极而太极""万物生生而变化无穷"。对人性之善恶，主张以"中正""仁义"为立人之道，又著有《通书》。程颢、程颐皆为其弟子。后以疾求知南康军，卒于任，谥"元公"，封汝南伯。

流之若兹，一刮群巧，作《拙赋》以见意。当时豪杰，若程若张①，相与翕然尊尚之②，而斯道大明。呜呼盛哉！

曹均表正，世家河南渑池，自少读书，即有求道之志。遂即关洛以上溯濂溪，因以"拙巢"名其读书之室，盖取元公赋意以自勉也。其后均名荐书，典郡铎，所至必以是扁其寓室，以示不忘其初之志。

今年秋，均自蒲庠来河津③，因语余以名巢之意，且属余记。余谓颟乎顺处，不挠其初，不汩其流④，使大本完而七情节⑤，此众所谓迂僻迟钝而拙于事者也。抑孰知顺事厥天，不以小知害之⑥，而可以为终身安宅也？舞智笼物，骋诈轧人，机变层出，莫测端倪，此众所谓辩敏儇捷而工于计者也⑦。然诈穷智屈，自婴其弊⑧，又岂可一朝安其身哉！

....

① 程：指宋代二程，即程颢和程颐。他们的学说称为"洛学"。张：指宋代张载（1020—1077），字子厚，凤翔郿县（今陕西眉县横渠镇）人。其学说称为"关学"。

② 翕然：一致貌。

③ 蒲：指蒲县。隋大业二年（606）改蒲子县置，属隰州。唐武德二年（619）移治今蒲县，为昌州治。贞观元年（627）改属隰州。金兴定五年（1221）升为蒲州。元至元三年（1266）废，三十一年复置蒲县，属隰州。明洪武二年（1369）改属平阳府。清属隰州。民国初属山西河东道。1959年后，为今山西蒲县，隶临汾市。河津：旧县名。北宋宣和二年（1120）改龙门县置，属河中府。金、元因之，明属蒲州。清初属平阳府，雍正二年（1724）改属绛州。1994年撤销，改设河津市。

④ 汩（gǔ）：扰乱，沉没。

⑤ 大本：根本，事物的基础。《荀子·强国》："故为人上者，必将慎礼义务忠信然后可，此君人者之大本也。"完：完整。节：节制。

⑥ 知：通"智"。

⑦ 辩敏：谓能言善辩，才思敏捷。儇（xuān）捷：灵巧敏捷。

⑧ 婴：触，缠绕。

今曹均慕元公之学，以"拙"名巢，其可谓能择所处，而知所戒者矣。则其进道之心，又曷有穷极哉！虽然，余亦拙者徒也。他日倘获登均之巢，尚当辟混沌以广均之居室，疏七情以通均之户牖，举酒相属而诵元公之赋，已而忘言相对，身巢两忘，复不知巧拙为何物也。是为记。

——清文渊阁四库全书补配清文津阁四库全书本《敬宣文集》

周 叙

　　周叙（1392—1453），字公叙，号石溪，吉水（今属江西）人。明永乐十六年（1418）进士，历编修、侍读，迁南京侍讲学士。宣德元年（1426）春三月，曾奉诏祭宋陵，假道嵩阳。有《石溪集》。

游嵩阳记

　　宣德丙午三月十五日^①，予在巩祀宋陵毕，瞻望嵩少诸山，慨然想其胜，与广文宜春吴公逊志约游焉^②。行李仆御已戒^③，至期，闻有达官至，吴君不果行。越二日，予遂携邑庠生王庸、刘清、李暄同往^④。

　　行二十五里，至黑石渡^⑤，沿洛阳南至河，水清，驶水滨，

---

① 宣德丙午：明宣宗宣德五年，1430年。

② 广文：儒学教官。宜春：今属江西。

③ 御：驾车的人。戒：准备。

④ 庠（xiáng）生：科举时代称府、州、县学的生员，明清时为秀才的别称。庠，古代的学校。

⑤ 黑石渡：洛水渡口之一，因山上多黑色岩石而得名，位于河南巩义康店镇南部洛河西岸黑石关村。

山石荦确^①。下步行二里余，午食将军赵仁家。又行半舍许地^②，曰漫流冈。上有郭汾阳庙^③，环庙古柏数百株，苍翠蔚然可爱。有碑二通。一金元光二年天党赵琢撰^④，云：汾阳尝领兵清河上，至是，索刍粟，不获。里人告以是邦西南冈尝出毒雾为灾，故田谷不秋，无以供饷。汾阳乃旋军登其上以压之，毒因以息。里人遂立庙祀之。相传祠下有洞，时有声隆隆然，盖毒雾所出处。予惟古人称扫清氛祲^⑤，汾阳之谓矣。一则缑山东老人所题^⑥，老人逸其名，必宋元显者。夜宿原良村王庸家。自巩至是十七里余。翌日^⑦，遵赵城陟辕辕道^⑧，石径崎岖，盘回以上。中有关名鄂岭^⑨，老卒数人守之。时天旱，邑人祈祷甚久。忽微雨从西北来，予顾谓二生曰："今日之游，固乐，天复雨，又乐之

---

① 荦（luò）确：怪石嶙峋貌。

② 舍：古代以三十里为一舍。许：大约。

③ 郭汾阳庙：在巩义市回郭镇。郭汾阳，郭子仪（697—781），字子仪，华州郑县（今陕西渭南华州区），唐朝中兴名将，政治家、军事家。以平定安史之乱，封汾阳王，故称。

④ 元光二年：金宣宗元光二年，1223年。

⑤ 祲（jìn）：日旁云气，古时迷信，认为此由阴阳二气相互作用而发生，能预示吉凶。常指妖气，不祥之气。

⑥ 缑（gōu）山：即缑氏山，在河南偃师南。

⑦ 翌日（yì）：明天。

⑧ 辕（huán）辕：指辕辕山。《元和郡县志》载："辕辕山，山路险阻，十二曲道，将去复回，故曰辕辕。"有辕辕关，东汉洛阳八关之一，位于偃师与登封、巩义交界处的辕辕山上，为洛阳通往许、陈的捷要之冲。关处鄂岭坂，在太室山和少室山之间，道路险隘，有弯道十二，回环盘旋，将去复还，故称辕辕关。

⑨ 鄂岭：辕辕关南边的鄂岭口，又有一关，为宋时偃师县知县马仲甫佣工所凿，道路轩敞，人便其利，当地人称鄂岭口，也叫新辕辕关。

尤也。"

　　转南，仅五里，入少林寺。竹木蔽翳，仰不见日，花草余香，郁郁袭人。寺在五乳峰麓，少室山当其南，隐若屏列。奇僧闻客至，迎迓甚恭①。佛殿后为讲堂，堂后有立雪亭，则佛徒惠可受法于达摩处②。惠可尝侍达摩，雪深至腰不去，竟得其法。予因叹曰："昔游定夫、杨中立立雪于程门③，卒传其道；惠可学佛法亦然。使世之为弟子者皆若此，其学讵有不成者邪？"因观历代所建碑刻，其文最旧则有梁武帝御制《达磨大

····································

① 迓（yà）：迎接。

② 慧可（487—593）：又名僧可，俗姓姬，名光，号神光，洛阳虎牢（今河南荥阳西北）人，是汉传佛教禅宗的二祖。他少为儒生时，博览群书，通达老庄易学。出家以后，精研三藏内典。年约四十岁时，遇天竺沙门菩提达摩在嵩洛游化，即礼他为师，得达摩衣钵真传。智炬《宝林传》卷八载唐法琳所撰《慧可碑》文，记载慧可向达摩求法时，达摩对他说：求法的人，不以身为身，不以命为命。于是慧可乃立雪数宵，断臂表示他的决心。

③ 游定夫、杨中立立雪于程门：《宋史·道学传二·杨时》载："（时）一日见颐，颐偶瞑坐，时与游酢侍立不去。颐既觉，则门外雪深一尺矣。"事亦见《二程语录》卷十七引侯仲良《侯子雅言》。游定夫，即游酢（1053—1123），字定夫，建州建阳（今福建建阳区）人，游醇弟。宋元丰六年（1083）进士，历知和州、汉阳军、舒州、濠州。罢归，在历阳（今安徽和县）安家。著有《诗二南义》、《论语杂解》、《孟子杂解》、《游定夫遗文遗诗》、《荆斋诗集》、《游定夫先生集》六卷、《易说》、《录二程先生语》等。杨中立，即杨时（1053—1135），字中立，南剑将乐人（今属福建），宋代著名理学家。熙宁九年（1076）进士，历知浏阳、余杭、萧山三县，召为秘书郎。钦宗立，兼国子祭酒。高宗朝，以龙图阁直学士提举洞霄宫，卒谥"文靖"。学者称龟山先生，有《龟山集》。

师赞》①，前刻欧阳圭斋序②。余皆唐宋以下文字。

又向西北循山崖深入三里许，攀援而上，山势岈然环抱，视寺之台殿，山之林壑，若在席下，是为达磨面壁庵。庵有石影，云："达磨面壁九年之遗迹也。"③时雨止云收，烟雾澄霁，幽鸟玄蝉，鸣声上下，倏然有尘外之想。僧云："西南八里巅有惠可庵，有卓锡泉④。"以榛莽蒙翳，不果上。寺主僧二人，曰圆宗、林之廷者，甚能言，相与论辩亹亹⑤，亦自可敬。

饭毕，启行，逾十里，则嵩山、少室东西对屹，山色掩映，苍翠如滴。路循深洞，滩石儡魂⑥。按辔徐行，毛发森竖。俄经一小土神祠南，忽有一赤衣童子急趋道左，令导途者索之，弥久不见。窃自念曰：连月旱暵，而赤色者南方朱火之象也，是岂旱魃之流欤！因相与名其地曰赤童子山。又行十里，憩邮亭

----

① 梁武帝：萧衍（464—549），南朝梁的建立者，502—549年在位。字叔达，南兰陵（今江苏丹阳西北）人。乘齐内乱，起兵夺取帝位。极度崇信佛教，大建寺院，三度舍身出家。多才艺，长于文学、乐律、书法、骑射，嗜弈棋。后侯景叛乱，引兵渡江，攻破都城，他饥渴而死。

② 欧阳圭斋：即欧阳玄（1283—1357），字原功，号圭斋、平心老人、霜华山人，先祖居庐陵（今江西吉安），后迁居浏阳，故为浏阳（今湖南浏阳）人，欧阳修之后。善词章，通理学。延祐进士。文宗时，修《经世大典》。顺帝时，修宋、辽、金三史，官至翰林学士承旨。著有《圭斋文集》。

③ 达磨面壁：《五灯会元·东土祖师·初祖菩提达磨大师》："当魏孝明帝孝昌三年也，寓止于嵩山少林寺，面壁而坐，终日默然。人莫之测，谓之壁观婆罗门。"

④ 卓锡：卓，植立；锡，锡杖，僧人外出所用，因谓僧人居留为卓锡。

⑤ 亹亹（wěi wěi）：谓诗文或谈论动人，有吸引力，使人不知疲倦。

⑥ 礧魂（lěi kuǐ）：高低不平貌。

中。亭后一里，有寺名会善，刻元雪庵所书《茶榜》[1]，字径三寸许，遒伟可观。观毕即出，晚至登封，假馆学宫[2]。自原良至是，又六十里。

明日，同广文刘仲武、司训吴永庸谒中岳神祠[3]，且默祷久旱，祈赐雨泽。礼毕，而县丞李政继至。祠在县东八里嵩山之阳。中原壤地平旷，有山亦培塿[4]，不奇崛，唯嵩山蜿蜒磅礴，骑奔云矗，绵长数十里，屹然在天地之中。诸山环列，势若星拱，盖乾坤秀粹所钟[5]，宜神灵之宅也。

祠规制极宏壮峻极。殿南为降神殿，三面皆图申甫像，丹青颇剥落，而笔意苍古，督李丞命画工模之。宋、金以来石刻以百数，唯王曾奉敕撰者，碑最穹壮，字体虽甚劲丽，又漫灭不可读，并命诸生用纸墨模搨，以考其旧。

既出，李具酒肴于道士方丈，相与宴饮甚欢。丈室后有竹数百竿，微风度之，铿然有声，如击金石，此又洛中之仅见也。

又明日，与仲武、永康循北门游嵩阳观[6]。观久废，惟古柏三株存。大者围几三丈，高两倍之。相传汉武帝封为大将军，有石刻识其下。次者亦几二丈围，云皆封次将军。望之，如张

----

① 雪庵：元代僧溥光，俗姓李，字玄晖，号雪庵和尚。经赵孟頫推荐，特封昭文殿大学士，赐号玄悟大师。画家、书法家，工山水墨竹，善真行草书。

② 假馆：借用馆舍。

③ 司训：明清时县学教谕的别称。

④ 培塿（lǒu）：小土丘。

⑤ 钟：汇聚，集中。

⑥ 嵩阳观：道观名。北魏太和八年（484）建，名为嵩阳寺，为佛教寺院，在今河南登封北。隋时改为嵩阳观，北宋改为天封观，元至元间改为嵩阳宫。

帷幄，如拥车盖，风动又闻如丝竹之音。相对倚久之，不能去。惟朝廷方取材川蜀，以资梁栋。此木近在河洛，似独遗弃，岂造物者固有以庇之？抑以孤处僻远，不见知于世邪？前有天宝三载《纪圣德感应碑》[①]，高大异常制，书法极妙。

　　又从东度涧涧，寻崇福宫[②]，即太乙观。林深，从者迷失道，往返数四，始达。宫亦屡废，惟三清殿存，亦至元间重修者。旁屋近毁于野火，道官依殿以居。旧有弈棋、樗蒲、泛觞三亭，今惟九里池存。有泉名太乙，岁久亦湮，则泛觞亭之故址也。二宫观俱汉唐宋以来天子巡幸暨王公卿士宴游之所。方其盛时，珠宫琳馆，金碧交映。銮舆所至，草木生辉。及其废也，荒烟断础，鞠为丘墟[③]。樵人牧竖，得而辱焉。

　　噫！方外之流，恒自视其道与天地长久永存。今既若此，岂非物之兴废，固自有时哉！升高以望远，则箕颍诸山川，隐

----

① 天宝三载：唐玄宗天宝三年，744年。《纪圣德感应碑》：全称《大唐嵩阳观纪圣德感应之颂碑》，简称《嵩阳观记》。李林甫撰文，裴迥篆额，徐浩书。唐天宝三年二月刻，碑高9米，宽2.04米，厚1.05米。隶书25行，行53字。碑今在河南登封嵩阳书院，碑阴刻有宋熙宁辛亥张琬等名家题名。清王澍《虚舟题跋》说："唐人隶书之盛无如季海，隶书之工，亦无如季海。"季海即徐浩。

② 崇福宫：位于河南登封市区北部，嵩山太室山南麓万岁峰下，距市中心2公里。初名万岁观，创建于西汉元封元年（前110），唐高宗时在万岁观内建太乙祠，因祈雨有验，改万岁观为太乙观。五代间废毁。宋真宗时把观提升为宫，更名曰崇福宫，对宫院大加整修，并由宫廷管理，到仁宗天圣年间（1023—1032）宫内建筑达一千余间。元朝建立后，崇福宫演化为纯正的道教场所，建有七真堂等，成为全真教道场。为河南省现存最早的皇家园林建筑。2019年10月7日，登封崇福宫入选第八批全国重点文物保护单位名单。

③ 鞠：通"鞫"，穷尽。

然如画，追想巢由之高风①。西则少室三十六峰，绮绾绣错，高插霄汉，深悲李山人之陈迹②。目与景接，心契神会，超然若御灏气③，游鸿蒙④，而不知其所止也。

稍东有启母石⑤，云涂山氏所化⑥，其说怪诞不经。极西有法王寺⑦，亦名刹，殿宇颓圮，惟浮屠巍然。南下，则有周公测影、

---

① 巢由：巢父和许由。巢父，传说为尧时的隐士。汉王符《潜夫论·交际》："巢父木栖而自愿。"晋皇甫谧《高士传·巢父》："巢父者，尧时隐人也，山居不营世利，年老以树为巢而寝其上，故时人号曰巢父。"许由，传说中的隐士。相传尧让以天下，不受，遁居于颍水之阳箕山之下。尧又召为九州长，由不愿，洗耳于颍水之滨。事见《庄子·逍遥游》《史记·伯夷列传》一说巢父为许由之号。宋韩淲《涧泉日记》卷中："谯周《古史考》曰：'许由夏常居巢，故一号巢父。'"世多不采其说。

② 李山人：指李渤（773—831），字濬之，河南洛阳人，少与兄李涉偕隐庐山白鹿洞。贞元十九年（803）隐嵩山。元和初征为右拾遗，不赴，移家洛阳。元和九年（814）九年应召入仕。历官著作郎、给事中、桂管观察使。

③ 灏气：弥漫在天地间之气。

④ 鸿蒙：高空。

⑤ 启母石：夏启母所化之石，古代神话传说夏禹妻涂山氏生启而化为石。《汉书·武帝纪》："朕用事华山，至于中岳，获驳麃，见夏后启母石。"颜师古注："应劭曰：'启生而母化为石。'文颖曰：'在嵩高山下。'师古曰：'启，夏禹子也。其母涂山氏女也。禹治洪水，通轘辕山，化为熊，谓涂山氏曰："欲饷，闻鼓声乃来。"禹跳石，误中鼓。涂山氏往，见禹方作熊，惭而去，至嵩高山下化为石，方生启。禹曰："归我子。"石破北方而启生。事见《淮南子》。'"

⑥ 涂山氏：传说夏禹妻为涂山氏。

⑦ 法王寺：位于登封嵩山之太室山南麓，嵩岳寺之东北。相传建于汉明帝永平十四年（71）。

观星二台废址①。北顾嵩高二十四峰②，舒奇献秀，历历可指。并山顶而东，则又有所谓卢鸿岩、投龙洞③，皆嵩阳胜处，拟次日再约往游。

是夕，予冒风寒，颇不怿，且疲于登陟，遂不果。而顾予先后之所已赏者，其所得亦可谓富矣。因累书其事于简，以识予是游之勤，并各书一通，一以遗巩邑广文吴公，俾想见兹游之胜；一以留登封学宫，以备他日好游者之故实云。是为记。

——四部丛刊景明本《明文衡》

---

① 周公测影、观星二台：周公测景台，在河南登封东南告成镇周公庙内。据清乾隆二十年（1755）碑载，台建于东周，现已不存。今台为唐开元十一年（723）为纪念周公于此以土圭测景而建。观星台：亦在告成周公庙内，为元代天文学家郭守敬所建。

② 嵩高二十四峰：嵩山有二十四峰，曰青童、黄盖、浮邱、三鹤、遇圣、万岁、玉镜、狮子、虎头、起云、凤凰、金壶、华盖、元龟、卧龙、会仙、子晋、玉柱、老翁、玉人、玉女、独秀、积翠、太白。

③ 卢鸿岩：在太室山东南，削壁千仞，瀑布飞流而下，景甚奇，是唐人卢鸿隐居之地。卢鸿，一名鸿一，字浩然，一作颢然，本范阳（今北京）人，居洛阳，隐居嵩山。开元六年（718）召为谏议大夫，固辞还山，号其草堂曰"宁极"。工书法，善画。投龙洞：即"嵩洞"，亦名"龙简洞"。

阎禹锡

阎禹锡（1426—1476），字子与，洛阳人。博涉群书，明正统九年（1444）领乡荐，授昌黎训导，以母丧归。闻薛瑄讲学，遂罢公车往受业。后任开州训导，以其所学为教，四方从学者日众。天顺元年（1457），为大学士李贤荐，任国子学正。严国子监学规，戒奔竞，复设武学，培养军事人才。后迁南京国子监丞，掌京卫武学。所教诸生，举进士、任将官者甚多。官至监察御史，卒于任上。居官三十年，每去任时，囊无一钱。著述甚富，有《自信集》《晦庵要语》《二程全集》《薛文清公读书录》《孙子选注》《武学词范》等。

环翠亭记

洛阳山水甲天下。三涂横于南[1]，岳鄙亘于北[2]，东则首阳，西则函谷，中围四水[3]，瓜分相入。

---

[1] 三涂：山名，在河南嵩县西南，伊水之北，亦称崖口，又称水门。《左传·昭公四年》："四岳、三涂、阳城、大室、荆山、中南，九州之险也。"

[2] 岳鄙：接近山岳的边鄙城邑。《史记·周本纪》："我南望三涂，北望岳鄙。"

[3] 四水：即伊、洛、瀍、涧。

邑处士李维恭自少有气节①，晓畅时务。宣德初②，为山西临汾幕僚，人忌其能，遂拂衣归。归而卜筑瀍水之上，构一亭，聚书数百卷，分区艺蔬，疏渠灌药，或投竿取鱼，足迹未尝至市井，惟教子读书为事。

适余以瓜期拜松楸③，获登斯亭。临高纵望，洛之山水皆罗几席下。幽丽寂寥，心爽目豁，恍然尘世若遗也。维恭请所以名斯亭者，余谓之曰："余与若试观乎四围，山之远者若修眉、若寸碧、若云盖、若画屏，峰之孤者若排剑、若列戟、若玉笋、若瑶簪。其峰之萃崒相累而下者若马牛之饮于溪④，峥嵘相争而上者若虎豹之登于山。莫不联岚含辉，献奇呈秀。而伊、洛、瀍、涧之流乎其间，往来不息。潺然之声可以清人之耳，澄然之色可以静人之神。山四围而水合流，虽昔人所谓千岩万壑，殆不是过。盍名之曰环翠？"

维恭跃而起曰："此吾之志也。夫请即以是为记。"余曰："未也。夫耸然而峙者，孰不知其为山乎？冷然而流者，孰不知其为水乎？然以物观物，则万物统为一物。今夫山，包藏发育，其安重不迁，其静也动而无动，其理与仁者相符也。今夫水，渊深不测，其静也昼夜不舍，其动也静而无静，其理与知者相

---

① 处士：本指有才德而隐居不仕的人，后亦泛指未做过官的士人。
② 宣德：明宣宗朱瞻基年号（1426—1435）。
③ 瓜期：语出《左传·庄公八年》："齐侯使连称、管至父戍葵丘。瓜时而往，曰：'及瓜而代。'期戍，公问不至。"原指戍守一年期满，后用以指官吏任届满。
　松楸：松树与楸树，墓地多植，因以代称坟墓。特指父母坟茔。
④ 崒崅（zú lù）：山高峻的样子。

契也。坐斯亭者，俯而读，仰而思，对山而静仪刑，则必起安于义理之心，不以玩而替。谨观水而触不息，则必思达于事理之念，不以荒而废。勤持久，渐明知仁合一，所谓知周万物者，在于斯道，济天下者在于斯环翠云乎哉？"维恭谢曰："敢不勉勉！"

乡进士杜纲、潘觐①，维恭所延，偕其子读书亭中者，实与闻乎斯言，当不以为迳庭也②。维恭之子曰祥、曰珍、曰珆、曰琼。

——清同治六年刻本《［同治］河南府志》

---

① 乡进士：明清称举人。
② 迳庭：门外小路和庭院，因以喻相距甚远或有差距。

郑　安

郑安（1427—1492），字康民，海阳（今广东潮州）人。自幼"敏悟绝人，经史一览成诵"（嘉靖《潮州府志》），以治《春秋》。明正统十二年（1447）解元（乡试第一名），景泰五年（1454）进士。七年三月，考选为南京试监察御史。天顺元年（1457）六月，实授南京河南道御史。成化二年（1466）二月，升陕西按察副使。

伊阙观澜亭记

昔禹凿龙门，已通伊水，断一山为两，其中阙然，而伊水出，故名伊阙，在洛阳南二十五里许，古形胜之地也。故贤士大夫往往喜于登临赋咏者，爱其山盘礴而水潺湲，指顾之间，快心畅目，倏然有出尘之想，则伊阙山水之佳丽无不遂其游观，而开其怀抱，其四方闻之者，咸愿身造而目睹之[①]，过者不以事而废游也。

天顺辛巳之十二月乙巳[②]，是日天朗气清，山明水秀，太守

---

① 造：到。
② 天顺辛巳：明英宗天顺五年，1461年。天顺，明英宗复辟后的年号，1457—1464年，共八年。

虞公廷玺政事之暇①，将穷一日之乐，而观览山川地理之实。自郡城南涉洛水，谒康节邵先生安乐窝祠堂毕②，从小径出汉光武山城，过午桥③，南行至伊阙下，两山石壁，峻峭雄列，东西对峙，伊水中出，自南而北折，转东驰，演迤平浦④，流入于洛。山隙之下，有数泉，或涌出、或垂出、或穴出，其中有寒凉者，有温暖者，泓渟漫流⑤，饮之，清冽而甘，清冷可爱。山石高下凿为大洞，为龛其中，琢诸佛像⑥。有坐者，有立而侍者。有极钜者寻丈⑦，极细者寸余，或全或缺，亿万之多，不可胜数。旧有八寺，得名奉先、香山，今皆废毁，无一存者。又有断碣残碑，湮没磨灭，而弃于山墟草莽之间。多偃而仆者，其立者仅得一二。所刻皆佛语，字剥落，摩挲不可读。事远而无所从质⑧，莫详始于何代也。太守俯仰今昔，徘徊顾瞻，不能无慨焉。已而浮小舟之八节滩⑨，过东山，吊唐居士白乐天墓。次金佛洞，

① 虞公廷玺：虞廷玺（1410—？），字宗玉，陕西南郑（今陕西南郑区）人。正统四年（1439）进士。景泰年间曾任河南知府。
② 康节邵先生：即邵雍，谥"康节"，故称。
③ 午桥：在洛阳之南，为唐裴度清闲游乐的别墅。
④ 演迤（yǐ）：绵延不绝貌。浦：水边。
⑤ 泓渟（tíng）：水深貌。渟，（水）深。
⑥ 琢（zhuó）：泛指雕刻加工其他物品。
⑦ 钜：大，巨大。寻：古代长度单位。一般为八尺。
⑧ 质：对质、验证；询问、就正。
⑨ 八节滩：唐白居易《开龙门八节石滩诗二首·序》："东都龙门潭之南，有八节滩、九峭石。船筏过此，例及破伤。舟人楫师，推挽束缚。大寒之月，裸跣水中，饥冻有声，闻于终夜。予尝有愿，力及则救之。会昌四年，有悲智僧道遇，适同发心，经营开凿。贫者出力，仁者施财。於戏！从古有碍之险，未来无穷之苦，忽乎一旦尽除去之。"

适教授黎浩①、训导李时显携酒至②。就河干唤渔人买小鲜烹之③。设樽俎④，杂山肴野蔌陈于前⑤。太守与客饮觞酌酒，觥筹屡交⑥。歌太平既醉之诗，效王逸少故事⑦，写兰亭"一觞一咏"之乐⑧，尽欢而罢。是时，日将西行，浮小舟过山，诣锣鼓洞⑨。凭高以眺，坐石以息，观水深缓之状，可以游目；闻水潺湲之声，可以盈耳。遂欲筑亭于斯，因事倥偬不克就⑩。明年壬午春⑪，亭乃落成。太守取孟子"观水有术，必观其澜"以名其亭，求中书汪公景昂书之⑫。予以陪行，故属记岁月，刻石于亭之右。予惟孟轲氏之所以观夫水者，不在水也。水之前者逝，后者续。前

① 教授：学官名。宋代除宗学、律学、医学、武学等置教授传授学业外，各路的州、县学均置教授，掌管学校课试等事，位居提督学事司之下。元代诸路散府及中州学校和明清的府学亦置教授。

② 训导：学官名，明清府、州、县儒学的辅助教职。

③ 河干：河边，河岸。

④ 樽俎（zǔ）：古代盛酒食的器皿，樽以盛酒，俎以盛肉。亦指宴席。

⑤ 蔌（sù）：蔬菜的总称。

⑥ 觥筹（gōng chóu）：酒器和酒令筹。觥，盛酒或饮酒器。

⑦ 王逸少：即王羲之（321—379），字逸少，琅琊临沂（今山东临沂）人，后世居会稽郡山阴（今浙江绍兴）。其书法自六朝来为人所重，世称"书圣"，与子王献之并称"二王"。

⑧ 兰亭：位于浙江绍兴西南兰渚山下，亭以山名。晋永和九年（353）农历三月三日，王羲之与友人孙统、孙绰、王彬之、谢安、郗昙、王蕴、释支遁及子献之等四十二人（一说四十一人），在此修禊作诗。王羲之作《兰亭集序》记其盛。

⑨ 诣（yì）：前往，到。锣鼓洞：在龙门西山。

⑩ 倥偬（kǒng zǒng）：事情纷繁迫促。克：能。就：完成。

⑪ 明年壬午：明英宗天顺六年，1462年。

⑫ 中书：明朝时中书舍人的省称。洪武九年（1376）由直省舍人改，掌缮写诏敕。汪公景昂：即汪景昂，萧山人。正统元年（1436）以楷书命为国子监生，授顺天府照磨。累官尚宝卿，太常少卿。成化末致仕。

乎千万载不见其始，后乎千万载不见其终者，以其源之有本也。水之有本如是，道之所寓，亦犹是也。夫道原于天，寓于人，无往而不在，无时而不然。世有古今，道贯古今而不息；有天地，道塞天地而无间；道之有本，因水之有源而可见也。然太守之所以名亭而取孟子"观澜"之意者，亦犹吾夫子观川水之流见夫道体之无穷欤？后之来游于斯亭之下者，可遨可嬉，可啸可歌，以临以眺，以坐以休，而自乐其乐、与人乐其乐者，其庶乎有所考而知立亭之所始云①。是为记。

——清嘉庆十八年刻本《［嘉庆］洛阳县志》

---

① 庶：希望，但愿。

都　穆

都穆（1459—1525），字玄敬，号南濠先生，明诗文家、学者，吴县（今江苏苏州相城区）人。弘治十二年（1499）进士，授工部主事。官至礼部主客司郎中、太仆寺少卿。都穆以学问该博、用意精勤知名于时。虽不以诗文著称，但于诗学颇为留意，所著《南濠诗话》在七子诗派兴起之前较有影响。文章以简约练达见长，是较典型的明代笔记作家。著有《听雨纪谈》《奚囊续要》《都公谈纂》，另著有《壬午功臣爵赏录》《史外类抄》《周易考异》等。生平事迹见明张千垒《名山藏》卷九五、《国朝献征录》卷七二。

游砥柱记

砥柱在陕州东五十里，黄河之中。以其形似柱，故名。《禹贡》谓导河东至于砥柱①，即此。癸酉五月②，道陕，会金宪段君文济饮间言及③，跃然欲与之游，以使事不果。十月，予回至陕，

---

① 《禹贡》谓导河东至于砥柱：《尚书·禹贡》载禹"导河积石，至于龙门，南至于华阴，东至于砥柱"。
② 癸酉：明武宗正德八年，1513年。
③ 金宪：明代监察官金都御史的代称。

则段君已先我游，遂决意而往。

乙卯，知州事颜君如环命州学生熊釜、张崇勉从予，离州二十里午食，又二十里循河行，十里至三门集津。三门者，中曰神门，南曰鬼门，北曰人门。其始特一巨石，而平如砥，想昔河水泛滥，禹遂凿之为三。水行其间，声激如雷。而鬼门尤为险恶，舟筏一入，鲜有得脱，名之曰鬼，宜矣。三门之广，约二十丈。其东北五十步，即砥柱。崇约三丈，周数丈。相传上有唐太宗碑铭^①，今不存。

蔡氏《书传》以三门为砥柱^②，《州志》亦谓砥柱即三门山：皆未尝亲临其地，故谬误如此。又按《隋书》载大业七年^③，砥柱山崩壅河，逆流数十里。砥柱，今屹然中流，上无土木，而河之广仅如三门，奚有崩摧而壅河逆流至数十里之远？盖距河两岸皆山，意者当时或崩，人遂以为砥柱，而史氏书之也。孟子曰："尽信《书》，不如无《书》。"有以哉！

——清光绪十八年刻本《［光绪］山西通志》

游王乔洞记

新安有王乔洞，洞在县西二十里，石皆土所成，取而破之，

---

① 唐太宗碑铭：原文为："仰临砥柱，北望龙门。茫茫禹迹，浩浩长春。"
② 蔡氏《书传》：指宋蔡沈《尚书集传》。《尚书·禹贡》："砥柱、析城，至于王屋。"
　蔡沈注曰："底柱石，在大河中流，其形如柱，今陕州陕县三门山是也。"
③ 大业七年：隋炀帝大业七年，611年。

木叶之形交错，其间文理具在，若雕刻者，尽山石皆然。洞之上二木，亦皆化石，而复产枝叶，与凡木类，予见之乃大骇，以为穷壤间之所未有。使人谓予，安能信？今试以语人，人非予，亦未必不以为妄。吁，何其异邪！碑言昔神仙大丹之成，土木皆化为石，其说似为得之。第不可与俗人道耳^①。

按王乔有三，其一乃周灵王太子，其一汉叶县令^②，其一蜀之益都人^③，俱有仙术。今未知孰是。或又谓此即烂柯山，而以晋王质之事实之^④。烂柯山在今衢州^⑤，衢旧名信安。岂新安之与信安声相近而误称邪？然此亦何足辨？神仙之事，在昔固有之矣。

游伊阙记

伊阙在洛阳西南三十里，癸酉仲冬二十九日^⑥，进士路君

---

① 第：只是。

② 汉叶县令：东汉河东人，明帝时为叶令。相传有神术，每月朔望，常自县来朝。帝怪其来数，而不见车骑，令太史伺之。其至，辄有双凫从东南飞来，举罗张之，得一舄，乃所赐尚书履。

③ 蜀之益都人：传为犍为武阳（今四川彭山区）人。《淮南子·齐俗训》注云："王乔，蜀武阳人也。为柏人令，得道而仙。"《益州记》曰："县有王乔仙处。王乔祠今在县，下有彭祖冢，上有彭祖祠。"

④ 南朝梁任昉《述异记》卷上："信安郡石室山，晋时王质伐木，至，见童子数人棋而歌。质因听之。童子以一物与质，如枣核。质含之，不觉饥。俄顷，童子谓曰：'何不去？'质起，视斧柯烂尽。既归，无复时人。"

⑤ 衢州：唐武德四年（621）置，治信安县（咸通中改名西安，今浙江衢州）。辖境约今浙江衢州、常山、江山、开化及江西玉山等市县地（后玉山改属信州）。

⑥ 癸酉：明武宗正德八年，1513年。仲冬：冬季之第二个月，即十一月。

敬夫陪予往游①。离城五里，经天津桥②，桥久圮③，石悉为有力者取去④，今易以木。二里至邵子祠⑤，即所谓安乐窝⑥，中为塑像，瞻拜而出。二十三里至伊阙，其得名以两岩对峙，而伊水出其间，俗又名龙门。谓两岩为禹所凿，司马温公尝辩之⑦，以为天之所为，而禹特治之⑧，非凿也。予考之，龙门在今山西之夏津县，乃诚禹迹，则此固非矣。上西岩，登五龙祠，沿崖行，入潜溪寺。寺皆石洞为之，盖遍岩内外石佛，大小以千万计，传昔拓跋魏胡后崇佛，命工所凿。与敬夫午酌，出寺东行，石罅时有流泉，惟稍北三泉四时常温，名温泉。二里渡伊水，折而东南半里，至东岩，一巨石中裂，老僧云："此龙门也，昔有龙自此而出，鳞鬣之形⑨，宛然石上。"乃知世俗之说又似非诬。盖游人往往止于西岩间，无有指示东

······························

① 路君敬夫：指路直。清龚松林乾隆《洛阳县志》卷八《人物》："路直，字敬夫，正德辛未进士，以兵部郎出知大名府。洛阳志创始于直，后之踵修者悉本之。"

② 天津桥：唐李吉甫《元和郡县志》载："隋炀帝大业元年初造此桥，以架洛水。用大缆维舟，皆以铁锁钩连之。南北夹路，对起四楼，其楼为日月表胜之象。""天津晓月"为旧时洛阳八大景之一。

③ 圮（pǐ）：毁坏，坍塌。

④ 为：据《天下名山记钞》补。

⑤ 邵子：即邵雍，北宋哲学家。见前注。

⑥ 安乐窝：邵雍自号安乐先生，隐居苏门山名其居为"安乐窝"，后迁洛阳天津桥南仍用此名。曾作《无名公传》自况："所寝之室谓之安乐窝，不求过美，惟求冬燠夏凉。"

⑦ 司马温公尝辩之：司马光有《禹凿龙门辨》。

⑧ 特：但，仅，只是。

⑨ 鬣（liè）：鱼鳍。

岩者，故未尝见此，虽温公之辩，但谓非禹所凿，则其他可知矣。行六十步，有石将堕，旁留虎迹，名虎托石。又十三步得凤凰石，其迹大几一尺，五爪一距①，深入石理②，与虎迹皆涉于异，有似伪为。然予观今之图凤者，惟一距三爪，未闻其爪之五，使真有伪，曷不效图之形③，则又疑其真也。敬夫曰："兹游也，得识龙门、辨凤爪，皆平生之所未及，愿书以裨郡乘之缺④。"遂书之。

——明嘉靖四十四年庐陵吴炳刻本《古今游名山记》

---

① 距：雄鸡、雉等腿的后面突出像脚趾的部分。

② 石理：石头的脉络纹理。

③ 曷（hé）：代词，表示疑问，相当于"何"。

④ 乘（shèng）：春秋时晋国的史书。《孟子·离娄下》："晋之《乘》、楚之《梼杌》、鲁之《春秋》，一也。"赵岐注："乘者，兴于田赋乘马之事，因以为名。"后用以称一般史书。

李 文

李文（1471—1545），字载道，号洛南，峄县（今山东峄城区）人。明正德十二年（1517）与同里王邦瑞同榜进士。次年，授陕西咸宁县令。历官刑部四川司主事、刑部员外郎、楚雄推官、太原同知、南京户部郎中、户部云南司郎中等。

重修凤凰亭记

邑西十里许有灵山，山腹有寺名报忠。寺之东偏，其源混混，即凤凰泉也。先是泉四旁皆荒芜不治。弘治丁巳[①]，维扬胡公以御史论权要谪知吾邑[②]，庶政维和[③]，尤式崇化本，乃于寺之泉南为亭三楹。简郭子朝仪、杨子宗器辈七人[④]，使于是而丽泽

---

① 弘治丁巳：明孝宗弘治十年，1497 年。
② 维扬：扬州。御史：春秋战国时期列国皆有御史，为国君亲近之职，掌文书及记事。秦设御史大夫，职副丞相，位甚尊；并以御史监郡，遂有纠察弹劾之权，盖因近臣使作耳目。汉以后，御史职衔累有变化，职责则专司纠弹，而文书记事乃归太史掌管。
③ 庶政：各种政务。
④ 简：选。

之①。定课程限期、设处廪饩纸笔而董其事者②，皆住持僧定银也。由是寺中凡有官府一应杂派事，胡公悉优之，不与他寺同科。

　　公莺迁去③，临汾张西盘继之④，较昔尤密。我辈之小有得也，于是居多。是亭也，固不独为游观者增一佳境也。然，吾尝临泉上，见夫凝碧漱瑶，天光云影，意味无穷。其形地设，其秀天成。至于泉水下注，穿岩越壑，挂练飞琼，随其人力所引，而波涛不生，可以挹注锜釜⑤，灌溉田园，以羞王公、荐鬼神焉⑥。又尝以余力蹑山之巅，徘徊四眺。载瞻东鲁、泰山在目⑦；西望岐周⑧，太华、少华彷佛云际⑨。南有嵩岳，北有燕京，凝目之久，如侍左右。俯其下，云之卷舒无心，鸟之出还似有知者。

----

① 丽泽：比喻惠泽。
② 廪饩：指科举时代由公家发给在学生员的膳食津贴。董：监督管理。
③ 莺迁：《诗·小雅·伐木》："伐木丁丁，鸟鸣嘤嘤。出自幽谷，迁于乔木。"嘤嘤为鸟鸣声。自唐以来，常以嘤鸣出谷之鸟为黄莺，故以"莺迁"指登第，或为升擢、迁居的颂词。
④ 临汾：今属山西。张西盘：即张润（1470—1552），字汝霖，号西磐，山西临汾人。弘治十五年（1502）进士，授宜阳县令，选授给事中，升顺天府丞，后升都察院左佥都御史，整饬蓟州边备兼巡抚顺天府等处地方。正德十六年（1521）改任巡抚宁夏。后回京管都察院事。嘉靖四年（1525）任满，升左副都御史。后官至工部尚书、南京吏部尚书。
⑤ 锜（qí）釜：古代一种三足的釜。
⑥ 羞：同"馐"。
⑦ 载瞻：语出唐司空图《二十四诗品》："载瞻载止，空碧悠悠。"载，乃，于是。
⑧ 岐周：即西周。周族古公亶父因受戎狄威逼，自豳（今陕西彬州）迁居岐山下周原（今陕西岐山县东北），故称岐周。
⑨ 少华：在今陕西华州区东南。与太华峰势相连而稍低，故名少华，亦曰小华，东南接秦岭。《山海经·西山经》：太华山"西八十里曰小华之山"。《水经注·渭水》：华山"西南有小华山"。《元和志》卷二华州郑县：少华山"在县东南十里"。

舟子乘筏东出，眇然一叶；远道行人往来，其形点点。夫人之遨游于是者，恍置身图画中。然则是亭也，又岂独为学者一精舍云尔哉？自余辈宦游四方，亭事虽废，子侄辈犹从任子淮游^①，藉居于是。然往来游观者，间有不寻醉翁之乐，乐己乐而不近人情焉。是亭也，不翻为寺之祟而僧人之癝乎？嘉靖戊戌冬十月三^②，尹中丘汪公重葺而新之^③。嗣是以后，其毋蹈继之衰，而其追乎始之盛。斯亭也，当与灵山之秀并不朽云。

——清光绪七年刻本《［光绪］宜阳县志》

① 任子淮：任淮。《宜阳县志》卷八《人物》载："任淮，号借山，性好学，绝迹城市。为诸生时，为赵学博所辱。后中乡试，历官祁州牧。学博老耋犹存，率二子请罪。淮绝不为念。优恤二子，倍异常格。人服其量，祀乡贤。"
② 嘉靖戊戌：明世宗嘉靖十七年，1538年。三：后疑漏一"日"字。
③ 中丘：春秋时鲁邑，即今山东临沂河东区。《春秋》：隐公七年（前716），"夏，城中丘"。杜注："在琅邪临沂县东北。"《续山东考古录》卷二十兰山县：中丘邑故城"在东北五十里。又名诸葛城，又名王僧辨城，今葛沟镇"。

康　海

康海（1475—1541），字德涵，号对山，又号沜东渔父。陕西武功人。明文学家，"前七子"之一。弘治十五年（1502）状元，授翰林院修撰。时刘瑾专权，欲招致为党与，不往。后值李梦阳为刘瑾陷害系诏狱，向他求救，乃谒请刘瑾，使梦阳得以获释。刘瑾又欲超迁他为吏部侍郎，拒不从。刘瑾被杀后，他因名列瑾党而免官。于是纵情山水，日以声妓自娱。又自作乐府歌曲，寄托胸中郁怫之气。为文不加精思，诗尤颓放。著有《武功县志》、诗文集《对山集》、散曲集《沜东乐府》、杂剧《东郭先生误救中山狼》等。

无倦堂记

平原张君时芳知灵宝之二年①，为嘉靖丁亥②。政通人和，百废具举矣。以县治颓弊，不可坐待其尽，稍事葺理，咸适完好。已乃作堂于县厅之后，命曰"无倦"。

---

① 平原：今山东平原县。灵宝：今河南三门峡灵宝市。
② 嘉靖丁亥：明世宗嘉靖六年，1527年。

去年，予以子栗求婚见山杨氏[1]，过灵宝，成聘。见君经营是堂，制不加奢而材惟适用，心甚重之。

今年携栗成婚，再过是地，君乃寓予于堂。饰无丹腹之丽，坐有闲雅之妙。檐楹坚简，崇不逾丈。官廨之作[2]，殆不多见也。往在初营，君已以记请予。顾其功未成，至是君复申循前约，遂以君命堂之意及作之之难，书付贞石[3]，诏厥后至[4]。

夫有司之守在节财力、致安养而已。士穷居无事，诵习先王之道，苟有所寄，则未有不以此为先务者。勤之于始者，或不能究之于终，加以上吏之摧阻，岁事之乖变[5]，虽有爱民之念，靳不得施[6]，疑畏参于中，而敏敢敚于外[7]。穷居诵习之初，于是乎倦矣。

夫上劳则下未有不逸者也，上先则下未有不劝者也。一涉于倦，则是二者举无以慰民之望，而国家建官分职之意，舆士所以修于家而用于时者，咸以负矣。岂士之所以自待哉！灵宝之民，田瘠薄而赋厚重，加以治河之役迄无宁岁，虽是堂之构，亦已难矣。后之君子能以君艰难缔建之心为心，思前人慎用民力如此，而又以君名堂之义是绎，则所以图厥先劳、安养之方，

---

① 栗：康海之子康栗，嘉靖八年（1529）五月二十日卒，年仅22岁。见山杨氏：杨见山不详。其女嫁与康栗，康栗卒后，于当年十一月七日服砒霜自尽殉夫。

② 廨（xiè）：官署，旧时官吏办公处所的通称。

③ 贞石：碑石的美称。

④ 诏：告诉，告诫。

⑤ 乖变：变故。

⑥ 靳（jìn）：吝惜。

⑦ 敚（duó）：古同"夺"，强取。

殆始终一虑，而无以自渝，则君之所以嘉惠于灵宝之民，将远而益长，而予兹记，益有光矣。君其勉哉！天下之事未有己不躬行于前，而能以术使人兴行于后者也。君其勉哉！

洁庵记

灵宝焦景洋有园在县西郭弘农川之浒①，土沃而泽渥②，茂林嘉卉，蔚为郭西奇观。暇日构屋三楹，以当园之会。杨见山先生题曰"洁庵"，盖本景洋名与字取义，且因以为景洋号也。

景洋中子绍恩，娶见山第三女，而予子栗妇，见山之季女也，与景洋家有姻娅世契，故景洋视予甚厚。予两过灵宝，日与景洋游，顾景洋无所不博。盖景洋初为县学诸生，以疾求罢，疾瘳，日惟读书务学，以诵说先王之言，求为乡之善士。后又以出金助边，给义民爵。性倜傥不羁，而轻财乐施，婚丧之助，岁无虚日。所交予者，皆名士大夫。使景洋有未洁，而名士大夫肯与之交乎？景洋家有万金，长子绍富干理益善③，故心益休、思益清。有暇扫庵默坐，以思古人之已事与所尝睹见者，檃括拟比④，求其是非所在，而私识之。其志意之可尚如此，岂非以

① 焦景洋：名渭。民国《灵宝县志》卷七："焦渭，以子绍恩赠光禄寺珍修署署丞。"弘农：汉设弘农郡，后改弘农县，治所在函谷关（今河南灵宝北旧灵宝西南）。浒（hǔ）：水边。
② 渥（wò）：浓，厚。
③ 干理：治理，料理。
④ 檃括：概括。

理自洁者邪？

翌日[①]，予坐心远亭西眺洁庵，见山以予为记。因著景洋之为人，见所以名庵者，于义有取也。景洋曰："有是哉！非渭之所知也，敢不以之而自励乎？"于是见山与诸许昆季，咸赋洁庵诗以咏叹之。故士大夫闻者，寄题益多，而洁庵之名满中州矣！

——明万历十年潘允哲刻本《对山集》

---

① 翌日：明天。

吕　柟

吕柟（1479—1542），字仲木，号泾野。明陕西高陵县（今陕西高陕区）人。正德三年（1508）举进士第一，授修撰。因受宦官刘瑾排挤托病辞官，后复官，迁南京礼部右侍郎。吕学宗程朱理学，著有《四书因问》《泾野诗文集》等书。所撰《高陵县志》七卷文词简雅，是清代著名学者王士祯称誉的明代关陇十部名志之一。并参修河南《嘉靖阳武县志》，山西《解州志》及《嘉靖陕西通志》等。

观底柱记

底柱在平陆县东五十里，大河自蒲津西来，至是微折而南，是柱正当转曲之间。在三门山之阳，紫金、骆驼二峰之西。其形如柱，植立中河。

今年内滨祁公、谷泉储公约往观之[①]。乃七月三日至平陆，同刘虞州缘河北岸崎岖而东[②]，至其下。登拜禹庙，出临先门，

---

① 内滨祁公：即祁内滨。祁内滨为作者的好友，曾在运城做官。谷泉储公：即储谷泉。作者好友，曾在万泉做官。
② 刘虞州：作者的好友，任职平陆。

蹈禾黍中，迤逦南望，仿佛窥其形状，但为双树所蔽翳尔。既坐，三公问底柱何在，群指而未得。

予曰："西岸双树蔽翳而突兀祠前者是也。"乃自先门之磴而下，东缘河浒至悬崖，去河咫尺，倚崖而立，南望斯柱，形状峭拔，与河中诸峰不同。时暴雨新落，大河泛涨，是柱颇偏西岸。予又疑曰："往何以谓之柱在中流邪？"虞州子曰："河至秋阑冬后，则东流倒于西岸，而是柱正当中尔。"诸公更欲前进，求至其所，而路益隘厄。内滨子乃命绘人扶二吏往，直至紫金峰东，与柱相对，而东岸山砰有古刻"底柱"二字及唐宋元人铭诗。绘人皆誊来以观，遂开尊河浒之上。内滨子浩然叹曰："斯河也，自昆仑、积石而来，北过龙门，东至底柱，纳水不啻万流，过山不啻千里，虽崇岭峻巘，俱避左右，无一能当之者。独此柱高不及数寻，围不及百丈，乃岿然中流，上撑昊天[①]，下系厚地，污浊不染，波荡不去，亘万古而不磨。乃人之一心本与乾坤相通，或巧言所入，或为正议所拂，遂移其正理，变其常性，乃不若此柱，何邪？"

——明嘉靖四十四年庐陵吴炳刻本《古今游名山记》

----

① 昊天：苍天。昊，元气博大貌。

董 相

董相，今河南洛阳嵩县人。明正德六年（1511）进士，官御史。巡视居庸诸关，江彬遣小校至平庸捕人，恃势甚横，相收而杖之。彬进谗言于帝，贬为徐州判官。嘉靖时，官终山东副使。

凤凰亭翟公竹记

嘉靖丁巳秋[①]，邑侯卫公心[②]，延巡道陈公于凤凰亭上[③]。翟公为席东，以公为陈公旧也。酒数行，相盘桓于池上。旁曰清泉翠竹，上下相映，为骚人增诗兴耳。且本固节贞，枝叶盛美，日有清阴，风有清声，古人多爱此君有以也。翟公曰："噫嘻，斯竹乃予所手植者。盖当弘治己酉[④]，予方总角[⑤]，从师马公信读

---

① 嘉靖丁巳：明世宗嘉靖三十六年，1557年。
② 卫公心：卫心号析麓，进士，山西阳城人。明嘉靖四十年前后任宜阳知县。
③ 巡道：唐代遣使分道出巡，称分巡某某道。明代各省按察司除按察使外，还有按察副使、按察金事等官员，负责巡察州、府、县的政治、司法等方面的事情，称分巡道、兵巡道等。
④ 弘治己酉：明孝宗弘治二年，1489年。
⑤ 总角：古时儿童束发为两结，扎成髻，形状如角，故称总角。借指童年。

书于斯，因移宜庠竹而培之，寺僧智宣所同有事者也^①。岁久繁滋，遂成林矣。"

卫公伐石，以记其事，爰属予以文^②。予既不敢负公之命，而翟公齿德兼隆^③，为乡邦表率，尤其所当识者。卫公讳心，别号析麓，举庚戌进士^④，晋阳城人也。翟公，邑人，文其名，宗周其字，屏山其号，以岁荐训延安^⑤，署府事^⑥，遇荒，活饥民千余命。继谕商河^⑦，视县篆^⑧。适世宗皇帝南幸^⑨，夜却种马常例金五百两，一时保荐交至，不次晋秩^⑩，而公急流勇退矣。优游林下四十余年^⑪，冲素雅淡，绝迹公门，寿九十九而卒。嘉靖

---

① 同事：一同做某事。

② 爰（yuán）：于是。

③ 齿德：《孟子·公孙丑下》："天下有达尊三：爵一，齿一，德一。"后用"齿德"指年龄与德行。

④ 庚戌：明世宗嘉靖二十九年，1550年。

⑤ 岁荐：每年荐举。训延安：作延安的训导。《明史·职官志四》："儒学：府，教授一人，训导四人。州，学正一人，训导三人。县，教谕一人，训导二人。教授、学正、教谕，掌教诲所属生员，训导佐之。"

⑥ 署：暂代。

⑦ 谕商河：作商河县的教谕。商河，北宋改滴河县为商河县，属棣州，治所即今山东商河县。明属济南府、武定州，清雍正后属武定府。

⑧ 县篆：县印。因印文为篆书，故称。

⑨ 世宗皇帝：明世宗朱厚熜（1507—1567），明宪宗朱见深之孙，明孝宗朱祐樘之侄，兴献王朱祐杬之子，明武宗朱厚照的堂弟。明朝第十一位皇帝，1521—1567年在位，年号嘉靖，后世称嘉靖帝。

⑩ 不次：不依寻常次序，犹言超擢、破格。晋秩：进升官职或等级。

⑪ 优游：悠闲自得。林下：指山林田野退隐之处。

四十三年①，崇祀乡贤，七子，五十余孙。本支沛延②，传书奕
世③，如斯竹之苞茂云④。

——清光绪七年刻本《[光绪] 宜阳县志》

---

① 嘉靖四十三年：1564年。
② 沛：充盛的样子。
③ 奕世：累世，代代。
④ 苞：茂盛。

李 濂

李濂（1488—1566），字川父，号嵩渚。祥符（河南开封）人。明正德九年（1514）进士，授沔阳知州，稍迁宁波同知，擢山西佥事。嘉靖五年（1526）免归，年方三十八岁。初受知于李梦阳，后不屑附和。罢归后，益肆力于学，遂以古文名于时。里居四十余年，著述甚富，有《嵩渚集》一百卷及《观政集》《与李氏居室记》《医史》《汴京遗迹志》《祥符乡贤传》《祥符文献志》等。

游王屋山记

王屋山在济源县西百里。《禹贡》曰"底柱、析城，至于王屋"是也①。以其山形如王者车盖，故名。或曰山伏如屋也。又曰山空其中，列仙宅之，其内广阔，如王者之宫也。按《龟

----

① 析城：山名，在今山西阳城县西南，最高峰海拔1889米。《汉书·地理志》河东郡濩泽县："《禹贡》析城山在西南。"《水经注·沁水》：上涧水"南历析城山北，山在濩泽南……山甚高峻，上平坦。下有二泉，东浊西清，左右不生草木，数十步外多细竹"。

山白玉上经》①，暨《茅君内传》皆云②：大天之内，有玄中洞三十六。第一曰王屋之洞，周回万里，名清虚小有之天。杜甫诗"忆昔北寻小有洞"，即此山也。其绝顶曰天坛，常有云气覆之，轮囷纷郁③，雷雨在下，飞鸟视其背。相传自古仙灵朝会之所，世人谓之西顶。盖以武当山为南顶，泰山为东顶，而并称"三顶"云。

余夙慕天坛王屋之胜，顾尘事羁缚，恒以未获一游为憾。岁乙巳三月十三日乙亥④，早起渡河往游，是夕宿原武。翌日丙子，宿武陟。丁丑宿覃怀⑤。戊寅宿济源，而济源令陶金实治具以从。己卯晨，出县城西，走沟中四十里，饭胡岭⑥。又折西南行十五里，度秦岭⑦，皆行山上。逾五里，至剑河堡南行，又折西北行

---

① 《龟山白玉上经》：亦称《龟山玉经》。

② 《茅君内传》：李尊著。书载茅君为茅盈，咸阳人，得道隐句曲，邦人因改句曲为茅君山。

③ 轮囷：高大貌。

④ 岁乙巳：明世宗嘉靖二十四年，1545年。

⑤ 覃怀：今河南武陟县以西、孟县以东地区。《尚书·禹贡》："覃怀底绩。"孔传："覃怀，近河地名。"孔颖达《疏》："《正义》曰：地理志河内郡有怀县，在河之北。盖覃怀二字共为一地。"金履祥《书经注》："覃，大也；怀，地名。太行为河北脊，其山脊诸州皆山险，至太行山尽头，始平广，田皆腴美，俗谓小江南，古所谓覃怀也。"

⑥ 胡岭：胡岭关，胡又作狐或虎，在今河南济源西。《金史·武仙传》：正大七年（1230），"卫州被围，内外不通。诏平章政事合达，枢密副使蒲阿救之，徙仙兵屯胡岭关，扼金州路"。

⑦ 秦岭：即齐子岭，在今河南济源西五十里。《清一统志·怀庆府一》：秦岭，"《县志》：高欢、宇文泰争战之界，故齐、秦岭两呼之"。

十五里，至阳台宫，宫在王屋山之麓，唐司马承祯修真之所也[1]。明皇御书"寥阳殿"三巨字[2]。殿中塑昊天上帝像[3]，旁侍十二元辰，皆伟丽。而白云道院，乃在寥阳殿之东。曰"白云"者，承祯别号也。入道院，见大镬一[4]，径丈深数尺，胜国时物也[5]。宫之南有八仙岭，其势如八仙冠佩下天拱揖而向阳台。又有仙猫洞、不老泉，皆去宫不远。出阳台宫东北行，下山百余步，谒烟萝子祠，祠前有洗参井祠，即烟萝子宅址也。烟萝子者，晋天福间人，燕姓，失其名。世传烟萝子佃阳台宫田，苦积功行，忽一日于山中得异参，阖家食之，拔宅上升云。过祠，北行碅道中，搴乱藤，履危石，东西两山，壁立千仞，风飕飕起岩谷林木间，令人震恐。碅道中行八里，复上山坂，叠嶂盘曲，莫记层数。将抵紫微宫，而道士数十人霓旌羽衣、笙箫鼓乐迓余而来。乃循石蹬，道士导引，入紫微宫。仰视台殿，如在天上。至前门，见其金书榜曰"王屋山朝真门"。入前门为天王殿，

----

① 司马承祯（639—735）：唐道士。字子微，自号白云子，道号道隐，河内温（今河南温县）人。从嵩山道士潘师正受传符箓、辟谷、导引和服饵等方术，后隐于天台山玉霄峰。因道术高深，曾被武后、睿宗、玄宗多次召见。玄宗命其写《老子》，刊正文句。卒赠银青光禄大夫，号"贞一先生"。以儒、释的正心和止观学说阐发道教修仙理论，主张修炼时要收心、宁静、简事、真观、去知识、绝情欲、勿自欺，"与道同身而无体"（《坐忘论·得道七》），直至"形如槁木，心若死灰"（《坐忘论·泰定六》）。著有《修真秘旨》《无隐子》《坐忘论》等文，均收入《道藏》。

② 明皇：唐玄宗李隆基。

③ 昊天上帝：又称玉皇大帝、皇天上帝、上帝、天帝、老天爷、昊神，是中国神话传说中的"众神之主"。

④ 镬（huò）：古代的大锅。

⑤ 胜国：指前朝。

榜曰："天下第一洞天"。又上一层，曰"三清殿"。面对华盖山，如几案然。又上一层，曰："通明殿"。塑昊天上帝像。殿中环列朱甍，贮国朝御赐道藏经若干函。有碑记数十通，余遍览焉，皆宋金元时物。薄暮，酌方丈之松菊堂。道童五六人，歌云水道情曲佐觞。又调双鹤舞阶下，颇有物外烟霞之趣。漏下三鼓，始寝。

翌日庚辰，夙兴，为天坛绝顶之游。乃乘小山轿，仆夫持绠①，牵舆以上。出紫微宫，西上二里，至望仙坡。阅披云子修炼之迹②。又上四里，至憩息亭。凡登绝顶者，至此必饮茗少憩，故名。其地有仰天池，四面高而中凹。旧有泉，今涸。幸余之西游也，仲子磻叟寔侍。行至此则山愈峻径愈险，虽小轿不可行，乃徒步以上。磻叟不能从，先还紫微宫候余矣。过此，则蹑瘦龙岭，登一天门，曰"瘦龙者"，以山脊之癯，如瘦龙露骨也。一天门，有草衣道人者，结庵岩畔。召之语，弗答，盖持戒不言也。过一天门，登十八盘山。石壁陡绝，旋绕而上，至蹑云峤，观烟萝子登仙石③。石上有足迹，下有洞曰"避秦沟"。又稍上则紫金岩，岩之右有三官洞，洞之前有仙人桥。遇方士

---

① 绠（gēng）：粗绳子。
② 披云子：宋德方（1183—1247），字广道，号披云，莱州掖城（今山东莱州）人，元代道士。先后师事刘处玄、丘处机。曾随从丘处机西游，长途跋涉至大雪山谒见元太祖。返归燕京（今北京）后住长春宫，任职教门提点。蒙古太宗九年（1237），遵从丘处机的遗志，广搜各地道教经书，在山西平阳玄都观与李志全、弟子秦志安等人刻道藏，历时八年，刊成《玄都宝藏》七千八百余卷，赐号"玄都至道真人"。至元七年（1270），追赠"玄通弘教披云真人"。著有《乐全集》。
③ 烟萝子：姓燕，名不详，王屋（今河南济源）人。五代时道士。

刘鹤霞于洞中，讲归根复命之旨，余闻其言，洒然。少顷，至南天门。则愈陡绝，手攀铁索以上，观轩辕黄帝御爱松。小憩换衣亭，谒玉皇殿。殿之东曰"清风台"，西曰"明月台"，皆巨石也。又行数十步，至绝顶，入"虚皇观"，谒轩辕庙真君祠。乃陟三级瑶台，极其遐览。东曰"日精峰"。日始出时，晶彩烂然。西曰"月华峰"，月上时，光华先见也。于是东望海岱，西眺昆丘，北顾析城，南俯黄河如线，而嵩山少室隔河对峙，咸聚目前。下视华盖诸山，卑如培塿，窃意天下奇观无逾此者。余徘徊久之，乃下三级瑶台，遍观今古诸石刻，而日已晡矣①。是日，宿上方院。偶思李白诗"愿随夫子天坛上，闲与仙人扫落花"之句，超然有遗世独立之心焉。余入寝室将就枕，道士走报，曰仙灯见矣，请观。亟出户视之，则见远火如流星，下上明灭，杳无定迹。时从行者数人，咸相顾骇异。

辛巳，昧爽起②，观日始出之景，甚奇。天既明，阴云蔽翳。移时弗散，顷之开霁。步至北天门，见古松十数株，夭矫如虬龙，环列成行，俨如侍卫，皆千百年物也。遂观舍身崖、志心石。在东北虚岩之上，突出一石，阔尺许，长丈余，势欲飞坠。下瞰峭壑，神悸股栗。又观老子炼丹池，池上有老子祠，古碑存焉。闻东北有王母洞，奥邃莫测，人迹罕至。元岁时，投金书、玉简于此。余欲往游之，道士曰："径险不可行，且有蛇虎潜其中。"遂止。乃下南天门一里许，游黑龙洞，洞前有太乙泉，一曰太乙池，盖济

① 晡（bū）：申时，即下午三点钟到五点钟的时间。
② 昧爽：拂晓，黎明。

水发源之处也。世传析城之山，升白气于天，落五斗峰化为湿云，自石窦中滴水，降太乙池云。道士曰："每岁诸元会日，五更之初，辄闻仙钟，自远洞中发声，悠扬清婉可听。"又曰："日出没时，间有倒景之异。"余暂游速返，悉未之逢也。是日，繇旧途下山，仍宿紫微宫。翌日壬午，回济源县，返笃共城逶迤而还。

曩余未第时尝梦游一山，极奇绝，嗣后宦游四方，遇名山辄游之，鲜与梦符者。乃今王屋之游，与梦中所见历历皆合，略无差爽。然则斯游也良，亦不偶矣哉！作《游王屋山记》。

——明嘉靖刻本《嵩渚文集》

王邦瑞

王邦瑞（1495—1561），字惟贤，号凤泉，宜阳（今属河南）人。明正德十二年（1517）进士，出为广德知州。世宗即位后，历任南京吏部郎中，固原兵备副使、巡抚宁夏，兵部右侍郎等职。嘉靖二十九年八月，俺答兵犯京师，攻古北口（在今北京密云东北），蓟镇兵溃，京师戒严。王奉命总督京师九门。兵部尚书丁汝夔以罪下狱，他奉命摄兵部尚书事兼督团营。未几，俺答兵退。遂条陈兴革营制事宜，皆被采纳，遂罢十二团营，废除宦官典兵旧制。十一月，任兵部尚书。次年二月，因受诬陷，并触怒世宗，被除名为民。三十九年（1560），复起故官。次年卒。赠太子少保，谥"襄毅"。著有《王襄毅公集》。生平事迹见《明史》卷一九九、《国朝献征录》卷三九。

重修灵山报忠寺记

灵山一名凤凰山，寺曰报忠寺。寺之兴也，莫考其何时，有老僧掘地，得断碑数寸，题曰"报忠"，而相传亦云，盖已远矣。弘治乙卯学佛者定银，益拓前规，克成而弗能记也，迄今二十有六载矣。定银之徒，名曰智庆，继有此志，请记于予。记曰：

自佛入中国，而山川胜概多为所居，自古兴废之故，宫阙台榭，城郭苑囿，以兵燹为丘墟者①，与时俱化，而佛宇深居，独有累代越世而不易者。夫富有者多怨，位高者易危，苟运厄遭难，则黎民以殍②，而浮屠逃匿空门，蝉脱尘劫之外，独得以放志适体而食其力，是何哉？清净虚无者，绝争之端也；托名避世者，却患之道也。窃又曰：世之名都无穷，列刹相望，建寺于通都大邑，又弗若深山遐谷之为幽。盖安禅入空者，薄纷奢之交；演法谈道者，必高虚之地。是以山川妙合，世之远也；云雾萃止，气之会也；松柏赤立，境之幽也；异鸟翔集，物之华也；宫室清寂，神之止也；钟磬响散，音之和也。而玄关幽键可以潜通矣③。若夫市井交讹，嚣尘并集，涅槃妙旨④，宁如是哉！

——清光绪七年刻本《［光绪］宜阳县志》

---

① 兵燹（xiǎn）：因战乱而造成的焚烧破坏等灾害。燹，野火。

② 殍（piǎo）：饿死，饿死的人。

③ 玄关幽键：语出《文选》王中《头陀寺碑文》："于是玄关幽键，感而遂通。"李善注："玄关幽键，喻法藏也。"张铣注："玄、幽，谓道之深邃也；关、键，皆所以闭拒于门者。"玄关，佛教称入道的法门。幽键，也作"幽捷"，谓深奥的法门，喻佛教经典。

④ 涅槃：佛教语，梵语的音译。是佛教全部修习所要达到的最高理想，一般指生死轮回后的境界。

唐 枢

唐枢（1497—1574），字惟中，号子一，别号一庵，明归安（今浙江吴兴区）人。嘉靖五年（1526）进士，授刑部主事，因疏论李福达，罢归为民，讲学著书，达四十年。隆庆初复官。曾师事湛若水，又慕王守仁，兼修而精研，卒成一代理学大家。著有《易修墨守》，另有《周礼因论》《春秋读意》《一庵语录》《木钟台全集》等近三十种。治《易》以图书为宗。《明史》《明儒学案》有传。

熊耳山游记[①]

渑池县南四十里，平冈杂巘[②]，迤逦旋盘[③]，中忽发突具，雄广并峙，如熊之耳然。地名吴坡，介陕州、宜阳、永宁、渑池之间[④]，当嵩华行脉，群椒攒拥[⑤]，惟二山独窿[⑥]。空相寺在西

---

① 熊耳山：指渑池县、陕州区交界处之熊耳山，为西崤山的山头之一，西山有空相寺（寺内有藏经楼）。

② 巘（yǎn）：意为大山上的小山，也有形状似甑的山的意思。

③ 迤逦（yǐ lǐ）：曲折连绵。

④ 永宁：今河南洛宁县。

⑤ 群椒：群山，此指山顶。

⑥ 窿：高起，突出。

耳①，达摩示寂处②，僧凡三四百余，有勇艺。少林勇艺渊薮，空相与少林合宗。由是出硖石关。硖石，古崤陵镇。

——清嘉庆十五年刻本《［嘉庆］渑池县志》

---

① 空相寺：原名定林寺，又称熊耳山寺，位于河南三门峡陕州区西李村乡熊耳山下，距三门峡市53公里。现为全国文物保护单位。

② 示寂：佛教指佛、菩萨或高僧死去。据载，达摩葬于熊耳山空相寺。

姚绍祖

姚绍祖，军籍直隶德州卫（域属山东）。明嘉靖十六年（1537）举人，二十九年（1550）三甲第一百六十二名进士。授河南彰德府推官，持重老成，仁爱出于至诚，持法详明平恕，人无冤者。迁兵部主事，仕至员外郎。

重修烟霞亭记

宜阳，古要地也。有山壁立，草木青葱，岁寒不变，望之如屏者，曰锦屏山之丽也。亭于山半，曰烟霞，地盛而幽。冶平阔①，有道者纶巾羽衣②，佩剑策麋，游息其间，题壁而去。今石宛然，或传为吕仙笔云③。亭久圮荡然无迹，断础在乱石荒藓中。碣字可读，乃元人所重葺，而经始漫莫之考。

岁甲寅④，兰江子乘轻轺过屏山下⑤。主人拉与同登，初筵于绝顶吕仙阁。斜阳由山阴而下。过烟霞故址，主人布席酾

---

① 治平：宋英宗赵曙的年号，1064—1067年，共4年。
② 纶（guān）巾：古代用青丝带做的头巾，又名诸葛巾。
③ 吕仙：吕洞宾。
④ 甲寅：明世宗嘉靖三十三年，1554年。
⑤ 兰江子：作者自称。轺（yáo）：古代的轻便马车。

酒①，指壁上题，读之怅然。已而天风泠泠，若神君来仪者。时月呈木杪，云隐来踪，悄乎不可留也，乃旋车焉。

明日，主人喟然曰："锦屏盛概也，烟霞仙迹也，吾不忍其泯泯。"乃饬材鸠工②，仍遗址而鼎新之③，亭亭若倚盖。且草其庐于崇阿，又为坊以标之，山若增而高也，游者改观焉。

明年秋八月，主人逅兰江子于会城④，曰："亭则新矣！盍志之？"兰江子曰："起废，宰职也。导渠履亩、厘币沛膏⑤，子之功宏哉！亭一节耳。"姑书以记岁月，主人者谁？析麓卫君心也。

——清光绪七年刻本《［光绪］宜阳县志》

---

① 洒酒：把酒浇洒在地上，表示祭奠。
② 鸠工：聚集工匠。
③ 仍：依照。鼎新：革新。
④ 会城：省城，其时河南省会在开封。
⑤ 履亩：谓实地观察，丈量田亩。

唐顺之

唐顺之（1507—1560），字应德，一字义修，号荆川，武进（今江苏常州）人。明嘉靖八年（1529）会试进士第一，授翰林院编修，改兵部武选主事，拜金都御史，巡抚淮扬。倭寇蹒江南北，其以兵部郎中视师浙江，亲自泛海，屡破倭寇。又擢右金都御史，巡抚凤阳，带疾渡焦山，至通州卒。崇祯中，追谥"襄文"。学者称其为"荆川先生"，学问渊博，留心经济，天文、地理、乐律、兵法以至勾股、壬奇之术无不精研。所为古文，汪洋纡折，屹然为明代中叶之古文大家。工行、草书，用笔清劲流畅，潇洒奔放。著有《荆川集》二十六卷及《史纂右编》《史纂左编》等。

西峪草堂记

灵宝，陕洛之冲也①。环而山者以数十，而西原独当其僻处。西原蔽秦山之南，委蛇数百里，散而数者以数十，而西峪又独当其最深处。峪口逼仄，始疑路穷，忽然中开，更出异境。茂树浅草，森阴蔽亏，水泉瀩瀩②，若惊蛇出没草间，其人鹿视而穴居，可二十余家。

---

① 冲：通行的大路，重要的地方。
② 瀩瀩（guó guó）：象声词，水流声。

于是许君廷议①，游而乐之，乃即峪口作草堂于其上，仰而眺秦山，俯而顾西峪，烟云竹树，隐见千态，不下席而尽取之，其胜又于是为最。

己亥岁②，予见许君于京师。君为人豳达魁岸③，尤以兵自雄。余固意其必且为国家建万里勋也。一日，与余论草堂之胜，且曰："吾将去而休于此矣。"余笑而诘之："君不闻马文渊昆弟之相笑者乎④？夫嵬才杰士⑤，其所寄意，必于奔湍汹涌之川，巑岏崔巍之峰⑥，泱漭千里之野⑦，极世间险怪瑰伟超旷之观，然后足以餍其耳目⑧，而发其跌宕濩落不羁之气⑨。若夫耽水竹之清幽，荫树石之蘙荟⑩，此则穷愁枯槁之人，漠然无所振于世，而有以自足

> ① 许君廷议：许论（1495—1566），字廷议，灵宝（今属河南）人，吏部尚书许进第八子。嘉靖五年（1526）进士，由顺德推官入为兵部主事，改礼部。有文武才能，幼从父到过西北边境。拜右佥都御史，巡蓟州，提出防务十二条建议，统兵设伏，出奇制胜，擒斩勾结蒙古贵族入犯的白通事，以功升右副都御史。后俺答屡次入犯大同、宣府等地，命出抚山西，在大同龙须墩挫败来犯之敌，又擒杀举兵叛乱的吕鹤。三十五年，升任兵部尚书。以军功卓著而闻名，督理边防军务三十余年。功多招忌，因奏请密云、昌平饷银须拨30余万事，被劾夺官，卒于家。隆庆初，复其官，谥"恭襄"。著有《九边图论》《默斋集》《西峪集》。
> ② 己亥：明世宗嘉靖十八年，1539年。
> ③ 豳：通"畅"。
> ④ 马文渊：马援（前14—49），字文渊，东汉扶风茂陵（今陕西兴平）人，为伏波将军，封新息侯。建武二十四年（48），征武陵五溪蛮夷。次年，病卒军中，谥"忠成"。
> ⑤ 嵬（wéi）：高大耸立。
> ⑥ 巑岏（cuán wán）：高锐耸立貌。
> ⑦ 泱漭（yāng mǎng）：广大，浩瀚。
> ⑧ 餍（yàn）：满足。
> ⑨ 濩落（huò luò）：廓落，引申谓沦落失意。
> ⑩ 蘙荟（huì）：草木茂盛，可为障蔽。

其乐于此。夫固各自为尚，而不能两得也。今君试料才气，与文渊、少游竞何似^①？国家且北收河南^②，南系交酋之颈^③，假令据鞍跃马，今之人孰能先君者？乃欲乘款段优游闾里^④，自比少游，其宁可得耶！三门之间，洪河巨石，怒而觚击，砰砰礚礚，若战鼓然，百里之外有声。而殽函又秦汉以来百战故处，过而览者，莫不踌躇，慨然想见乎挥戈溅血，虓虎嗃呜之雄^⑤，此皆险怪瑰伟，世所骇诧，且近在君衣带间，君何不寄意于此，乃欲自托于寂寞，背魁才杰士之好而就穷愁枯槁之所乐，此又何说耶？"

噫嘻！吾知之矣。君居河上，岂尝受河上公语耶^⑥？故曰养辩于其讷，藏勇于其怯。然则君之欲为彼而姑为此也，其有意乎？倏而蠖屈^⑦，倏而虎跃，则余不能窥也已。

——四部丛刊景明本《荆川集》

① 少游：马援从弟少游以追求功名利禄为苦事，曾劝马援，当满足于温饱。《后汉书》卷二十四《马援传》："（援）从容谓官属曰：'吾从弟少游常哀吾慷慨多大志，曰："士生一世，但取衣食裁足，乘下泽车，御款段马，为郡掾吏，守坟墓，乡里称善人，斯可矣。致求盈余，但自苦耳。"当吾在浪泊、西里间，虏未灭之时，下潦上雾，毒气重蒸，仰视飞鸢跕跕堕水中，卧念少游平生时语，何可得也！'"
② 河南：指河套以南。
③ 交：交趾，指今越南一带。
④ 款段：马。
⑤ 虓（xiāo）虎：咆哮怒吼的虎。嗃（yīn）呜：发怒声。
⑥ 河上公：西汉人，莫知其姓名。传说文帝时，筑草庵于河滨，时人称为河上公。帝好读《老子》，有不解处，时人莫能道之。闻其解《老子》义旨，即亲往问之，授帝素书二卷，嘱熟研之，所疑即解。
⑦ 蠖（huò）屈：形容像尺蠖一样的屈曲之形。比喻人不遇时，屈居下位或退隐。蠖，尺蛾的幼虫，生长在树上，行动时身体一屈一伸地前进。

贺赍

贺赍，字茂文，明代灵宝虢东里人。嘉靖二十二年（1543）中举，嘉靖四十一年进士，知乐清（今浙江乐清），后升任监察御史、太仆寺少卿。为人直言敢谏，不畏权贵。精于书翰文辞，县里碑载多出其手。

九柏台碑记

九柏台者，台以九柏而名也。台在邑南四十里虢略镇[1]，乃古封虢仲之国[2]。在唐为州[3]，往牒称其花木水竹甲于天下，每每以亲王出镇焉。西山之原有红亭。山之半，乃九柏台磨崖遗记。创于唐之王维，岑嘉州"客散红亭"之句盖其时也[4]。历世已久，

---

① 虢略镇：即今河南灵宝市政府所在地，简称虢镇。

② 虢仲：周王季之子，文王之弟。

③ 在唐为州：隋以前称鸿胪川。隋大业三年（607），迁弘农郡、弘农县于鸿胪川，遂改名为弘农。唐天宝元年（742），改弘农郡为虢郡。唐乾元元年（758），又将虢郡改为虢州。

④ 岑嘉州：即岑参（714—770），荆州江陵（今湖北荆州）人，祖籍南阳（今河南南阳），唐代诗人。天宝进士，曾在安西节度使高仙芝幕中任掌书记，后又出任安西北庭节度使幕府判官。官至嘉州刺史，卒于成都。以边塞诗著称，其诗想象丰富，气势磅礴，富于热情，尤以七言歌行和七绝见长。有《岑嘉州诗集》。客散红亭：见《虢州后亭送李判官使赴晋绛得秋字》："西原驿路挂城头，客散红亭雨未休。君去试看汾水上，白云犹似汉时秋。"

风雨倾圮，鞠为茂草。野田霜露之所蒙翳，狐虺之所窜伏^①，见者悯焉。至万历十二年^②，乡耆姚济表、郭彦河、白钦、郭彦湖、孟君臣、陈善等慨然欲修^③，请练师窦冲林者为化主^④。冲林与其徒数人皆露顶赤足，振铎募缘，盛暑祈寒^⑤无倦息。而达官长者，亦皆乐为之输。未几，财用完聚，命工恢拓旧基，凿崖为混元洞，图书画其上。前为三清殿，左为三官殿，右为祖师殿，前为八卦香亭。献殿三楹，殿之前，左右则为真官、灵官殿。又前为坊，坊前左为钟鼓楼。客舍各一。甃砖石为门，门之上有观音殿、子孙娘娘殿。其调停经画，皆出自冲林。逾六载始成。殿宇悉巍峨雄杰，青黄相映，丹膔交施。雕甍炫朱紫之辉，画栋耀金碧之彩^⑥。圣像神容，庄严妙丽，焕然一新矣。视昔荒草野田，霜露蒙翳，狐虺窜伏者则有不同。工成，冲林谒余，五体投地，愿借一言以为记。余因与冲林登台而观，东望二陵^⑦，仿佛紫气复来也。西望瑶池，仿佛王母复降也。其南

---

① 虺（huǐ）：古书上说的一种毒蛇。

② 万历十二年：明神宗万历十二年，1584年。

③ 乡耆：乡里中年高德劭的人。

④ 练师：亦作"炼师"，旧称德行高超的道士或僧人。化主：佛家指掌管化缘的僧徒。

⑤ 祈寒：大寒。祈，通"祁"，盛大。

⑥ 金碧：金黄和碧绿的颜色。

⑦ 二陵：即二崤，在今河南洛宁县西北六十里。《左传》：鲁僖公三十二年（前628），蹇叔哭曰："晋人御师必于崤，崤有二陵焉，其南陵，夏后皋之墓也；其北陵，文王之所辟风雨也，必死是间。"杜注："此道在二崤之间南谷中，谷深委曲，两山相嵌，故可以辟风雨。古道由此，魏武帝西讨巴汉，恶其险而更开北山高道。"

则项城秦岭，暮雨雪樵。而其北则中条五老^①，三晋之云山北向也^②。至若棋布星分，烟村错落，浮玉流金，川萦如线。郁郁而含翠者，台上之松柏也。滚滚而纷纭者，台下之世尘也。晦明寒暄^③，风雨云霞，四时之变幻无穷，而杳乎其不可测也。余恍然不知台之高，以为山之踊跃攒立而出矣。曰："胜哉！是宜为之记。"

夫台之制，先王以占气而设。是台为唐人占气之台与？抑昔人见紫气而作者与？是未可知也。夫台至今存，而当时青牛一去则不复返，即台已成空迹，而宫殿之诡丽又何足记焉^④！殊不知地以有台而胜，台以有记而传。筑于前而遗记犹存，故今之君子有所考而征焉。今如无记，后之君子有寻幽吊古者出，何以为证乎？则后之视今，不犹今之视昔耶？呜呼！台东垒垒而倾者，非虢城之遗址乎？花木水竹甲于天下，而城中王侯第宅宏杰坚固而不可动者，不但百倍于台而已。数世之后，化为禾黍榛芜^⑤，邱墟陇亩矣。况此台与吾不敢必其百世常新，第将来有因记而复修其台者，则冲林得与摩诘并永矣^⑥。冲林初有妻

---

① 五老：五老峰，在今山西永济东南，一名葱茏山，亦为中条山支脉。《元和志》卷十二河中府永乐县：五老山"在县东北十三里。尧升首山观河渚，有五老人飞为流星上入昴，因号其山为五老山"。

② 三晋：春秋末，晋国的卿韩、赵、魏三家瓜分晋国，是为战国时的韩、赵、魏三国，史称三晋。其辖境屡有变迁，战国晚期相当于山西省、河南省中部和北部、河北省南部和中部。《商君书·徕民》："秦之所与邻者三晋也。"

③ 暄（xuān）：太阳的温暖。

④ 诡丽：奇异华丽。

⑤ 榛芜：指丛杂的草木。

⑥ 摩诘：王维字摩诘。

子，中年弃妻子，学清净，苦行力修。尝闭关三年，岩栖水饮，齿蔬果^①，不火食。谈理道，则言言入解。所修有中睦村凤仙庵、墙底村玉皇庙、县西观音阁，皆有文以记之。其徒孔和盛、李和禄等相与同心协力，共成厥事者，法得以并书。

　　　　　——民国二十四年重修铅印本《［民国］灵宝县志》

----

① 齿：这里作动词，食、吃。

欧大任

欧大任（1516—1595）字桢伯，号仑山，广东顺德人。明嘉靖四十二年（1563）以岁贡从天下郡邑士试，名列第一。初授江都训导，迁河南光州学正，入为国子监助教，擢大理寺左评事，终工部虞衡司主事，万历十二年（1584）辞官归。大任才学博洽，与黎有誉等同称"南园后五子"。黄佐识其才，聘与修《广东通志》，大任遍考国家典故以及律吕天文舆地诸稗史，考订通志用力甚勤。又著《百越先贤志》《平阳家乘》《广陵十先生传》等。

白马古迹记

河南郡城东二十五里，为白马寺地。即汉东都、魏金墉城也。昔中天竺人摩腾、竺法兰①，解大小乘经②，共契游化③。汉明帝夜梦金人④，飞空而至。以问群臣，傅毅奏曰⑤："臣闻西域有神，其名曰佛。陛下所梦，将必是乎？"乃遣中郎蔡愔、博士

----

① 中天竺：指的是中古时期印度全局的中央部分之诸国，古代印度划为五区，称为五天竺。摩腾、竺法兰：摩腾亦作"摄摩腾""竺摩腾"，略称"摩腾"。据梁《高僧传》和《出三藏记集》等载，为中印度人，能解大小乘经。汉明帝永平年中遣蔡愔等往"天竺"（当时指大月氏之贵霜）求法，得遇摩腾和竺法兰。永平十年（67）与竺法兰应邀偕白马驮佛经佛像来洛阳。翌年明帝建白马寺，二僧共同译出《四十二章经》，此为佛教界较为流行的佛教始传中原和首次汉译佛经之说。

② 大小乘：指大、小乘佛教。大乘为梵文Mahāyāna（摩诃衍那）的意译。公元一世纪左右逐步形成的佛教派别。在印度经历了中观学派、瑜伽行派和密教这三个发展时期。北传中国以后，又有所发展。大乘强调利他，普度一切众生，提倡以"六度"为主的"菩萨行"，如发大心者所乘的大车，故名"大乘"。小乘为梵文Hīnayāna（希那衍那）的意译，早期佛教的主要流派，注重修行、持戒，以求得"自我解脱"。

③ 游化：谓僧人云游四方宣扬教义。

④ 汉明帝：刘庄，光武帝第四子，建武十九年（43）立为皇太子。公元58年即位，年号永平。在位期间，社会安定，徭役较轻，户口增加；开凿汴渠，重视农业；遣将窦固、耿秉出击北匈奴，并经营西域，复置西域都护、戊己校尉。死后谥为"孝明皇帝"，庙号显宗。

⑤ 傅毅（？—约90）：字武仲，扶风茂陵（今陕西兴平）人，东汉文学家。章帝时为兰台令史、郎中，和班固、贾逵同校内府藏书，文雅显于朝廷。永元初大将军窦宪征北匈奴，以毅为记室，迁司马。有诗赋、《七激》等作品。

弟子秦景等往天竺寻访佛法①。遇摩腾、竺法兰，要还汉地②，以白马驮经来。初止鸿胪寺③，诏立精舍以处之④。汉有沙门自二人始⑤。遂译《四十二章经》，缄在兰台石室⑥。所住处洛阳雍门外白马寺是也。愔于西域获经，即为翻译。有十地断结、佛本生、法海藏、佛本行与四十二章为五部，今唯四十二章见在，二千余言。愔得释迦倚像，是优田王栴檀像师弟四作。既至雒，明帝即令画工图写，置清凉台及显节陵上⑦。

余从雒寻白马寺，望毗卢殿⑧，高殆十丈。住持僧员莹辈，导余谒殿上，获读藏经。讲僧明延、明来、真月、明山四人，与之谈金刚、维摩、多心、圆觉、楞伽、楞严诸经，颇了大义。于是出所携栖霞四十二章石刻，留置寺中。

殿左祀摩腾，右竺法兰，两堂皆经帙盈几，花水作供。前为释迦、文殊、普贤大殿，汉、魏、西晋无一碑存者，惟有宋天禧五年⑨西蜀武都山僧景遵所书《长兴石记》，元至顺癸酉

---

① 中郎：官名。秦置，为近侍之官。汉沿置，光禄勋所属的五官、左、右中郎将署及虎贲中郎将署均置中郎，其地位高于侍郎与郎中。中郎将也简称为中郎，并可用文人任职。
② 要：同"邀"。
③ 鸿胪寺：官署名。北齐始置，职掌外国或少数民族宾客接待、朝会及吉凶礼仪，兼管佛教、祆教寺庙，历朝沿置。鸿胪，大声传赞之意。鸿，声。胪，传。
④ 精舍：僧人修炼居住之所。
⑤ 沙门：原为古印度反婆罗门教思潮各个派别出家者的通称，佛教盛行后专指佛教僧侣。
⑥ 缄（jiān）：封，闭。兰台：汉代宫内收藏典籍之处。
⑦ 显节陵：汉明帝显节陵，位于河南伊滨区寇店镇李家村西南。
⑧ 毗卢殿：供奉毗卢遮那佛。
⑨ 天禧五年：宋真宗天禧五年，1021 年。

《白马沙门福佑长明灯记》①。殿阶下四石柱，皆经咒。后有太子宾客陇西李公笔记，庐山从发撰也。重门内有佛顶尊胜陀罗尼经石幢与至元大钟可观。山门左则僧文才《洛京白马祖庭记》，右则苏易简《西京白马寺记》②。钟鼓楼左右，方丈与诸僧舍，皆高爽雅净。寺左五十步，为古刹，今犹称鸿胪馆，内有石佛汉像也。砌下一石幢，刻经咒，乃唐仪凤元年书③，姓名磨灭矣。前筑高台，为释迦舍利塔。塔左有宋端拱二年五月牒河南府白马寺④，额仍旧。景德四年三月牒⑤，塔名为兴教。又准刻连录敕。黄帖则天禧五年僧处才书也⑥。塔右有金大定十五年《重修舍利塔记》⑦，河南学正李中孚撰，男乡贡进士燧书⑧。稍西南，有唐

---

① 至顺癸酉：元顺帝至顺四年，1333年。

② 苏易简（958—997）：字太简，北宋梓州铜山（今四川中江县）人。太平兴国五年（980）进士第一，解褐将作监丞，通判升州。八年，知制诰。屡知贡举，雍熙三年（986）迁翰林学士。淳化二年（991）同知京朝官考课，为翰林学士承旨，多振举翰林故事，曾试敏器，以"器盈则覆，物盛则衰"为谏。历知审官院、审刑院、掌吏部选。四年，参知政事。至道元年（995），出知邓州、陈州。才思敏瞻，以文章知名，著有《续翰林志》《文房四谱》等。

③ 仪凤元年：唐高宗仪凤元年，676年。

④ 端拱二年：宋太宗端拱二年，989年。

⑤ 景德四年：宋真宗景德四年，1007年。

⑥ 天禧五年：宋真宗天禧五年，1021年。

⑦ 大定十五年：金世宗大定十五年，1175年。

⑧ 男：这里承接前文，指李中孚的儿子。乡贡进士：即地方的州县官吏依据私学养成的士人，经乡试、府试两级的选拔，合格者被举荐参加礼部贡院所举行的进士科考试，而未能擢第者则称为"乡贡进士"。

忠臣狄梁公碑①，宋大观改元龙图阁学士留守范致虚刻②。

　　明山上人侍余游，持《禅林宝训》为赠。寺主僧周觉邀食香积厨③，甚恭，年已八十，日唯一面一菜，禁足不出户阈二十年云④。月下返宿员莹山房，翼日趋偃师⑤。时隆庆六年二月丙申也⑥。

　　　　　　　　　　　——清刻本《欧虞部集》十五种

----

① 狄梁公：狄仁杰。狄死后追封梁国公，故称。
② 大观改元：宋徽宗崇宁六年（1107）改元大观。龙图阁学士：宋代官名。宋真宗时建龙图阁，收藏宋太宗御书、御制文集、典籍、图画、祥瑞之物以及宗正寺所进属籍、世谱。景德元年（1004），置龙图阁待制。四年，置龙图阁直学士。龙图阁学士为加官，用以加文学之士，备顾问，与论议，以示尊宠。北宋龙图阁直学士是"加官""贴职"，一种虚衔，荣誉称号。范致虚（？—1137）：字谦叔，建州建阳（今福建建阳区）人。宋哲宗元祐三年（1088）进士，为太学博士，以祖送邹浩获罪停官。徽宗立，召为左正言，出郢州通判。崇宁初，召为右司谏，改起居舍人，后改兵部侍郎。政和七年（1117），入为侍读、修国史，寻除刑部尚书、提举南京鸿庆宫。靖康元年（1126），以陕西五路经略使率兵勤王。宋高宗即位，徙知邓州，寻加观文殿学士，复知京兆府，因兵败失城，责授安远军节度副使、英州安置。绍兴七年（1137），召复资政殿学士、知鼎州，行至巴陵而卒，赠银青光禄大夫。
③ 香积：寺庙厨房的名称。
④ 阈（yù）：门坎。
⑤ 翼日：次日。
⑥ 隆庆六年：明穆宗隆庆六年，1572年。

方应选

方应选（1551—1604）字众甫，别号明斋，华亭（今上海）人。明万历十一年（1583）进士，十七年官知汝州，文章政事卓绝一时，升兵部职方司员外郎，祀名宦。官至卢龙兵备副使。工诗文。主要著作有《方众甫集》《汝州志》。

游风穴山记[①]

汝当万山中，唯风穴最胜。己丑秋仲[②]，余从直指毛公、

① 风穴山：在今河南汝州东北。《明一统志》卷三十一汝阳郡：风穴山"在州东北二十里。上有风穴。宋李荐有诗。吴几复隐此。旧有吴公洞、读书庵、雅才亭，俱废"。据道光《直隶汝州志》卷一《风穴山》：内有八景。曰锦屏风：峰峦壁立，千花竞发时浑如锦屏；曰珍珠帘：危岩珠瀑，喷若垂帘；曰吴公洞：州人吴辨叔读书处也；曰升仙桥：桥横洞口，费长房见壶公悬壶卖药，固师事之，得其传，归隐此山。一日投竹化龙于桥上，乘而仙去；曰大慈泉：在大悲阁前，水从山峡石罅中流出，入珉池，池上有亭，额曰"醒心"；曰玩月台：月出山巅，清光如水，甚堪把酒问青天也；曰悬钟阁：高阁凌霄，钟鸣谷应；曰翠岚亭：岚光缥缈，恍若画图。
② 己丑：明神宗万历十七年，1589年。

观察李公、王公游①。时使节蔽空，磬折手板②，第博山鬼揄
揶耳③。

泊庚寅十月五日④，会今观察王公有事，佘为前旄⑤。甫出郭
里许⑥，葱珑叠嶂间，苍烟一抹。余怳然⑦，悔游之晚。促骑就之，
愈迫愈媚。至则缁衣数十辈，羽商前引⑧，纡回下上，可十余折
而薄寺门。两峰罨画⑨，行人在碧落中⑩，较昔游胜甚。嗟乎！山
川草木故自不殊，岂景因趣别耶！

少选箫鼓殷殷，报观察公至矣。余亟起，肃入方丈。礼佛
毕，观察公借其款款，命侍席。酒三行，呼老衲访所为风穴。去
寺五里而迂，俗传穴中锽锽有声⑪，风蓬蓬起。自周武填以风伯⑫，
郡祠弗绝，风始不条。今且鞫为沙莽⑬，唯空穴在，遂置之而按

---

① 直指：官名。汉置，为御史的别称，专门执行皇帝亲自交付的案件。观察：元、
明捕役之别称。

② 磬折：屈身如磬，以示恭敬。曹植《箜篌引》："谦谦君子德，磬折欲何求？"手板：
明、清时属官谒见长官时专用的一种名帖，亦称手版或手本。有红禀、白禀之分。

③ 第：只。博：博得，换得。揄揶：嘲笑。

④ 庚寅：明神宗万历十八年，1590年。

⑤ 佘：字迹不清，疑当为"余"。前旄：古代用牦尾装饰的旗子，这种旗子为前军
所持，故曰前旄。

⑥ 甫：才，刚。

⑦ 怳：通作"爽"。

⑧ 羽商：中国传统五声音阶为宫、商、角、徵、羽，此用羽、商代表音乐。

⑨ 罨（yǎn）：覆盖，掩盖。

⑩ 碧落：道家认为东方最高的天有碧霞遍布，故称为"碧落"，后用以指天空。

⑪ 锽锽（hōng hōng）：象声词，形容大声。

⑫ 周武：即周武王。

⑬ 鞫：通"鞠"。《诗经·小雅·小弁》："鞠为茂草。"意思是杂草塞道，形容衰败
荒芜的景象。

寺诸胜，循方丈以西，复县崖东上^①，陟一亭，峭壁横空，如罘罳玳瑁^②。老衲指点："是锦屏峰也。"凭高试骋，飞翠欲流，襟裾尽碧，郡雉楚楚眉睫间^③。一名望州，一名翠岚。观察公题以"望棠揽胜"，义盖兼收云。逶迤数武^④，而之御风亭。亭斗绝^⑤，黄叶乱坠，凉吹萧飒，令人有郑圃、濠梁间想^⑥。亭傍屃赑危然，空同先生所为《观风记》也^⑦。泱泱乎如表东海，而遒雅则西京矣^⑧。

....

① 县：同"悬"。
② 罘罳（fú sī）：宫阙中花格似网或有孔的屏风，以镂木做成。玳瑁（dài mào）：动物名，龟鳖目海龟科。其背甲呈黄褐色，有黑斑，光润美丽，可长达一公尺，前宽后尖，可作装饰品。
③ 雉：城墙。楚楚：鲜明的样子。
④ 武：半步，泛指脚步。
⑤ 斗绝：陡峭峻险。斗，通"陡"。
⑥ 郑圃：古地名，郑之圃田，在今河南中牟县西南，相传为列子所居。《列子·天瑞》："子列子居郑圃，四十年人无识者。国君、卿大夫视之，犹众庶也。"杨伯峻集释："郑之圃田……今河南中牟县西南之丈八沟及附近诸陂湖，皆其遗迹。"濠梁：濠水上的桥，指别有会心，自得其乐的境地。出自《庄子·秋水》："庄子与惠子游于濠梁之上。庄子曰：'鲦鱼出游从容。是鱼之乐也。'惠子曰：'子非鱼，安知鱼之乐？'庄子曰：'子非我，安知我不知鱼之乐？'"
⑦ 空同先生：指李梦阳（1473—1530），字献吉，号空同，庆阳（今属甘肃）人。弘治七年（1494）进士，授户部主事，迁郎中。曾上书，陈二病、三害、六渐，极论得失。武宗立，弹劾刘瑾等"八虎"。瑾矫旨贬山西布政司经历，勒令其致仕。瑾诛，起故官，迁江西提学副使。因得罪上司，命冠带闲住。益负气，广招宾客，射猎繁台、晋丘之间，海内闻名。宁王朱宸濠反，坐为撰《阳春书院记》，削籍。卒。与何景明、徐祯卿、边贡、朱应登、顾璘、陈沂、郑善夫、康海、王九思等号称十才子，又与何景明、徐祯卿、边贡、康海、王九思、王廷相号称七才子。
⑧ 西京：指西汉长安。李梦阳等七子，主张"文必秦汉，诗必盛唐"。

　　余与观察公击节良久，而下寻珍珠帘。于溪壑最幽处，得一涧，夹陡石数百丈，绝顶瀑布如雪如丝。前观察若守并志以石。人语泉声，沉寥相答[1]，落木纷然而逝。观察公指老衲："岂所谓大悲泉脉，非耶？"老衲云："大悲泉别是一洞。"

　　因出谷，稍昂其道，为平陂，有堂三楹，供奉大士化身，面方池，洸漾泓澄，泉涌大士前，淙淙入涧。此水出山即伏，不落民间，将菩提慧水，断自阇黎福地[2]，盖咫尺隔桃源矣！

　　临池间，仰见一鹜，如鸟道，亭殊缥缈。问之，则玩月台。递子午而上[3]，凡几蹭跻焉。盖太空中仙掌峥嵘，岚霭松烟，半衔落日，掠双鬓而过，想得月之景亦复如是。惜不当子夜一赏，令冰轮寂莫[4]。

　　观察公为引数觞，意仙仙举也。已，从故道盘旋而还，簪寺刻总总。惟郑观察二三刻，迭主夏盟[5]。其余则皆压于空同，所谓"《郐》以下无讥可也"[6]。坤之隅[7]，为钟楼，偻而伛[8]，举一级平平无奇，于诸胜不无少逊。特借彼法幢，遍满十方，空故志之。

....

① 沉（xuè）寥：清朗空旷貌。
② 阇黎（shé lí）：梵语音译词，高僧，泛指僧人。
③ 子午：指南北。古人以"子"为正北，以"午"为正南。
④ 冰轮：指月亮。寂莫：同"寂寞"。
⑤ 夏盟：古代华夏诸侯国间的结盟。
⑥《郐》以下无讥：指微不足道。《左传·襄公二十九年》："吴公子札来聘……为之歌《陈》，曰：'国无主，其能久乎！'自《郐》以下无讥焉。"杜预注："《郐》第十三，《曹》第十四。言季子闻此二国歌，不复讥论之。"
⑦ 坤之隅：坤为西南方向。
⑧ 偻而伛：脊背弯曲。

已，由僧寮取委径。徐踏仙人桥，桥修不盈丈，其下涸若鲋辙①。昔费长房从此蜕去②，异哉！彼且壶中日月，芥子须弥③，聊托之黄石④。而□最后而寻吴公洞⑤，仅土窟。趻踔其西偏⑥，一石，□公当年卒业其中，起为宋名臣。或以人故也。

已，复憩方丈，日渐虞渊矣⑦。观察公顾余："美哉游乎！"题石八绝，余为曼声而歌，浮云若停，八景如缀几席。因忆兰亭、赤壁，气色千年，当以会稽、黄冈之胜，今且鼎足矣！观察公属余和⑧，为赋下里如数⑨。一饭胡麻而去，回视诸胜，惝恍倒景中⑩，惘然顿失。

---

① 涸若鲋辙：《庄子·外物》："周昨来，有中道而呼者，周顾视车辙中，有鲋鱼焉。"涸，干。鲋，水干了的车沟里的小鱼，比喻在困境中急待援救的人。辙，车轮辗过的痕迹。

② 费长房从此蜕去：传说风穴寺是东汉仙人费长房投竹杖化青龙，遂乘龙升空而去之地。蜕，蜕化。道教谓人死亡解脱成仙。

③ 芥子须弥：《维摩经·不可思议品》："若菩萨住是解脱者，以须弥之高广，内芥子中，无所增减，须弥山王本相如故。"后因以"芥子须弥"喻诸相皆非真，巨细可以相容。

④ 黄石：即黄石公。

⑤ 吴公洞：清任枫《风穴志略》："吴公洞，在桂香庵东，雍正丁未因崖洞面重拓之，因旧吴公洞久供石佛，因置主于此，祀辨叔，以明崆峒、苍谷两先生配焉。"

⑥ 趻踔（chěn chuō）：跳跃。

⑦ 虞渊：又称隅谷（yú gǔ），古代神话传说中日没处。

⑧ 属：同"嘱"。

⑨ 下里：战国楚宋玉《对楚王问》："客有歌于郢中者，其始曰'下里巴人'，国中属而和者数千人。"此指低俗的作品。如数：按照规定的数量，即上文所说观察公八景诗之数。

⑩ 景：同"影"。

嗟乎！寺枕城只二十里，推案可揽，而为吏夺者岁余。至所称二室三花①，直卧游耳。必穷尚平之兴，以俟芒鞋他日。

——明万历刻本《方众甫集》

---

① 二室三花：唐李白《赠嵩山焦炼师》云："二室凌青天，三花含紫烟。"二室指太室、少室。三花，出自北魏时期卢元明《嵩高山记》(一说为《嵩山记》)："嵩寺中忽有思惟树，即贝多也。有人坐贝多树下思惟，因以名焉。汉道士从外国来，将子于山西脚下种，极高大。今有四树，一年三花。"

何其智

何其智，顺天固安人。明万历十七年（1589）进士。二十年（1592）任宜阳知县。为政平恕，任九年，以卓异升户部主事。

翳然亭记

余以癸巳之夏日^①，来令此邦。顾瞻屏山，乃召士庶而谓之曰："美哉锦屏，郁郁苍苍。妃子纪胜^②，仙客勒珉^③。中州奇观，其在斯乎？其在斯乎？"士庶转相谓余曰："眺斯屏也，亦足以观矣，孰与夫灵山尤称奇绝哉！"余复进士庶而谓之曰："灵山，吾闻其语矣。所以云奇者安在？"士庶又环向而谓余曰："君侯知灵山之所以奇矣乎？山之取象曰凤凰山，诸峰耸碧左右，两翼翮翮，势欲飞也。伸颈饮洛河之流；举目睇邙山之胜。中创梵宇，伏于其背。衲子云初^④，传自盛唐。紫崖仙洞罗列在前，秦松汉柏荷插在后。顾不奇且古与？尤可奇者梵宫之侧有凤凰泉焉，探之莫穷其际，老槐倒影，幼竹蒙荫，旧制亭榭，以备

---

① 癸巳：万历二十一年，1593 年。
② 妃子纪胜：《新唐书·地理志》载河南府寿安县"有锦屏山，武后所名"。《方舆记要》载："锦屏山在宜阳县县治南，唐武后幸此，赐名中一峰，耸然特出，号曰玉柱。"
③ 仙客勒珉（mín）：据本书所收姚绍祖所撰《烟霞亭记》，在锦屏山半腰旧有烟霞亭，是因吕洞宾吟诗题壁而建的。
④ 衲子：僧人。云初：沿袭。礽，同"仍"。

游观，凡名公钜卿之所咏，骚人墨客之所述，浃于壁间矣①。君侯曷往游焉。"余又谓诸士庶曰："信斯奇也，吾将登临之，毕吾仰止之思矣乎！"会以邦遭水沴止②。

稽至甲午载阳③，以布振行过而临焉④，一一如诸士庶所指吐不爽也⑤。第佳山佳水佳题⑥，奇则奇矣，亭就圮且为潭漫⑦，又穆然叹曰："此弗一更置润色之，美弗彰，盛弗传也，岂非司土者与有责与？"卒然力未之逮。

稽至丁酉⑧，始捐赀鸠工鼎建焉⑨。视前制颇徙蔚矣。复于梵左造"凤仪"一轩。凿以鱼池，环以青篁⑩，引泉水襟绕，灵山胜概益增，锦屏且拱而揖之矣。维时士庶幸其改观也，咸谓予宜纪其颠末⑪，敢不辞谫昧⑫，僭题曰"翳然亭"⑬，取水木交翠之义也，以志年月云尔⑭。

——清光绪七年刻本《［光绪］宜阳县志》

----

① 浃（jiā）：周匝。

② 沴（lì）：灾害。

③ 稽（jī）：停。甲午：万历二十二年，1594 年。载阳：出自《诗经·豳风·七月》："春日载阳，有鸣仓庚。"

④ 振：同"赈"。

⑤ 不爽：不差，没有差错。

⑥ 第：但。

⑦ 圮（pǐ）：塌坏，倒塌。漫：水过满，四外流出，漾出来。

⑧ 丁酉：万历二十五年，1597 年。

⑨ 鼎建：犹营建。

⑩ 篁（huáng）：竹林，泛指竹子。

⑪ 颠末：本末，前后经过情形。

⑫ 谫（jiǎn）：浅薄。昧（mèi）：昏，糊涂。

⑬ 僭（jiàn）：超越本分。

⑭ 云尔：用于语尾，表示如此而已。

袁宏道

袁宏道（1568—1610）字中郎，号石公，公安人，明代著名文学家，万历二十年（1592）中进士，授吴县知县，二十六年（1598）改顺天教授，历国子助教、考功员外郎，迁稽勋郎中。袁宏道受到明末进步思想家李贽的影响，厌恶假道学，追求个性自由。他深耽佛典，尤喜谈禅。在文学上，他反对前后七子模拟古人的习气，主张"独抒性灵，不拘格套"，是明末"公安派"的代表人物，与兄宗道、弟中道合称"公安三袁"，著作有《袁中郎全集》等。

嵩游第一

度缑岭，越辕关，西北折入山坳，则少林寺也。少室截然横其前，诸山怀之，天然回合，如有尺度。京洛之间，古迹废尽，独此寺犹存典型。日者过东都，觅故宫遗址，了不可识，询李文叔所记名园亦无有①。而伊阙两崖，废像残碣崩剥苔芜间，令人堕泪。此中差强人意，不复为此寂寂叹矣。樗道人

---

① 李文叔所记名园：指李格非《洛阳名园记》所载名园。李文叔，李格非字文叔。

曰：“今好事家所贵者，曰古，曰完，曰款识。山狩于虞^①，古也；雾窗云寮^②，飞布崖壑，完也；隋唐以来碑碣森列庭中，款识也。”堂头僧曰：^③“道人欲置兹山于贯城市耶^④？请以一转语酬价矣^⑤。”道人曰：“有大力者负之而趋。”余大笑。堂头僧者，曹洞下儿孙主斯院者也^⑥。从院东西穿，诘曲磴道中^⑦，过甘露台^⑧，有古树，根如攲石^⑨，虚处如梁。已出寺，西折行，观初祖影石，石白地墨绘^⑩，酷似应真像^⑪。老僧曰：“洞中自有此石，能为水树云彩。”余曰：“然，石以影重。达摩之重，不以影，不以石，不以面壁。此中不须蛇足也。”已从庵后出^⑫，行三十余盘^⑬，得初祖洞^⑭，洞中石如波卷，不尽五乳峰者数丈^⑮。已下

① 狩于虞：由虞人负责狩猎。虞，虞人，古代掌管山泽苑囿和田猎的官员。
② 寮：小屋。
③ 堂头僧：寺院住持的别称。因堂头是住持居住的地方，故称。
④ 贯城市：指北京刑部以西的城隍庙庙市。贯城，刑部的别称。
⑤ 转语：禅宗谓拨转心机、使人恍然大悟的机锋话语。
⑥ 曹洞：曹洞宗，禅宗五家之一。唐禅宗六祖慧能传弟子行思，行思传希迁，希迁传药山，药山传云岩，云岩传良价。良价住瑞州洞山，作《宝镜三昧歌》，传本寂，住抚州曹山，故称曹洞宗。一说，取六祖曹溪慧能及洞山良价之号，故称。
⑦ 诘曲：弯屈，曲折。
⑧ 甘露台：在少林寺西。
⑨ 攲石：倾斜的石头。
⑩ 白地：白色的底色。
⑪ 应真：佛教罗汉的别称，取其能上应真道之义。
⑫ 庵：指初祖庵，在少林寺西北五乳峰下。
⑬ 盘：曲折回旋一周为一盘。
⑭ 初祖洞：达摩面壁洞，在五乳峰上。
⑮ 五乳峰：位于少室西北，少林寺后。

山，度南岭十余里，得慧可觅心台①。台形如盂，倚翠壁，下临伊、洛、黄河，苍莽行绿烟中。已归院，遍历轩除庖湢②，休于丈室③。顾樗道人语曰："是中有余衣屦迹焉。云树烟峦，若旧识者，余梦游兹山久矣。"晓起出门，童白分棚立④，乞观手搏⑤。主者曰："山中故事也⑥。"试之，多绝技。欲登少室，无所得路，乃止。

少室奇秀，迫视不可见，远乃行修武道者⑦，望若古钟，仰出诸山上。从汝来者，惟见千叶芙蓉，与天俱翠，摇曳云表而已。山四匝皆壁，群山翳其外⑧，迫之乃不见巅而见翳，游人多不惬。夫豪杰之偶于众也，凡才得肩而蔽之，及时地既远，肩蔽者与腐草俱尽，而天下始望之若飞仙，获其只字以为至宝，士患不特达耳。余数年前走南阳道，见远翠干霄。土人曰："九鼎莲花寨也。"了不知所谓，及过葶岭⑨，忽有举此名者，始知所见在五百里外也。少室之秀特可知矣。

----

① 慧可（487—593）：东土禅宗第二祖。见前注。
② 庖：厨房。湢（bì）：浴室。
③ 丈室：一丈见方的房间，指狭小的房间。
④ 童白：指年轻和年老的僧人。
⑤ 手搏：徒手搏击。
⑥ 故事：旧日规矩，先例。
⑦ 修武：今河南焦作修武县，在嵩山以北。
⑧ 翳：遮蔽。
⑨ 葶岭：又作嶂岭、鄂坂、嶂岅。

嵩游第二

出东关里许^①，有皂巾而敝蓝者请曰^②："由西华道耶^③？"余不解，及至岳祠^④，从垣之西窦入^⑤，不觉一笑。祠在黄盖峰下^⑥，偏峰之左。东行数里，得涧，寂无人声，芦风水响，环绕山砦。沿涧而北，得山足，涧与山曲折，如月半弓。渐高得寺，寺尽而岩，卢浩然旧居也^⑦，至今犹袭其姓。

山至此忽两分，如人张左右臂，当胸腹处，削壁千仞，恨虚而却，如割大瓮之半。水从丫处出，初犹粘壁，雾雪纷飞，忽然坠空，千丝直下，激石为屑，散布一涧。时方下春^⑧，日与烟相薄，而瀑溅之，风复生态，其间正视不一色。去瀑十许步，

---

① 东关：登封县东门。

② 皂巾：古代受墨刑者所戴的黑色头巾，此泛指黑色头巾。敝蓝：犹言"蓝缕"，形容衣服破旧。蓝，通"褴"。

③ 西华道：犹言走西边的路线。

④ 岳祠：即嵩庙，又称中岳庙，在今河南登封东约四公里的黄盖峰下。《［雍正］河南通志》卷四十八："岳庙在登封县八里黄盖峰下，昔汉武帝祭此，山间万岁之呼。置邑奉祀，历代修葺。"

⑤ 窦：小门。

⑥ 黄盖峰：位于太室山东麓，原名神盖山，又名小顶山，距河南登封市区四公里。太室山三十六峰之中黄盖峰最为矮小，峰下有闻名中外的中岳庙。登上峰顶，可总览山下中岳庙全景。

⑦ "寺尽而岩"二句：《场屋后记》："辛亥，邑令傅梅邀游嵩庙。东北入卢岩观瀑布，水石俱奇胜，卢鸿旧居也。每遇胜处，辄移卮，凡五移处。题名龙潭之偃石上。溪左右壁，皆白石，而纹理甚黑，酷似蜀两孙画水。题曰墨浪而去。"

⑧ 下春：称日落之时。《淮南子·天文训》："（日）至于渊虞，是谓高春。至于连石，是谓下春。"高诱注："连石，西北山。言将欲冥，下象息春，故曰下春。"

巨石岌嶪^①，游人各踞一石，望瀑而饮，回风忽射，稀点洒面，起立欲避，而雨脚已斜卷去。朱非二曰："少时读《天台赋》^②，知有瀑布^③，不知其奇丽如此。"问余，余曰："三见之矣。见于五泄者^④，如奔雷，其观伟。见于黄岩者^⑤，如立玉，其观逸。若夫苍寒霏微，帘披绡曳，此为最幽矣。"登封令傅元鼎曰^⑥："尝夏月雨后经此，飞涛挂壁，激石倒立如柱，响震一山。"余曰："然，古人谓夏山如滴，冬山如睡，瀑亦有之。夏瀑如怒，冬瀑如喜，此正卢君喜时也。"

壁石多奇，或为霞，或为绀^⑦，或为岚，而根下有石数丈，云峦洗出其纹如刻画。涧中多白石，墨浪界之，与影石相似，独不能为人物耳。涧西有小洞，容数人，其下流峡中，石几石

---

① 岌嶪（jí yè）：高峻貌。

②《天台赋》：指晋孙绰所撰《游天台山赋》。天台，天台山，在浙江会稽（今浙江绍兴）东南。

③ 知有瀑布：孙绰《游天台山赋》有写瀑布的名句："赤城霞起以建标，瀑布飞流以界道。"

④ 五泄：即诸暨五泄山，在浙江诸暨西北十里。浦阳支流五泄溪，从五云山峡谷中奔腾而下，两公里长的溪流形成了五级飞瀑的奇观。《水经注》卷四十："（浙江）东径诸暨县，与泄溪合，溪广数丈。中道有两高山，夹溪造云壁立，凡有五泄。下泄悬三十余丈，广十丈，中三泄不可得至，登山远望，乃得见之。悬百余丈，水势高急，声震水外。上泄悬二百余丈，望若云垂，此是瀑布，土人号为'泄'也。"

⑤ 黄岩：黄岩大瀑布群位于浙江黄岩区西部上郑乡大溪村，与黄岩石邻近。

⑥ 傅元鼎：傅梅（1565—1642），字元鼎，顺德邢台（今河北邢台）人。万历十九年（1591）中举。万历三十五年（1607）授登封知县。任职五年，有政绩，擢刑部主事。因得罪权贵，被罢官。崇祯中，被重新起用，任台州（今属浙江）知府。后解职归家。崇祯十五年（1642），清兵围邢台，傅梅捐金助知府吉孔嘉守城，城池被攻破，傅梅殉难，时年七十八岁。死后，朝廷追赠太常少卿。清乾隆时，谥"忠节"。

⑦ 绀（gàn）：红青，微带红的黑色。

甃石版，遒妍不一，与碧潭相映，为山中绝景。

嵩游第三

道阳城废址[1]，入会善寺[2]，寺半圮，有泉泠然，及门而没。西去数十武为戒坛[3]，颓栏败砌，皆镂隋唐佳句，人物山水，细入毫发。石柱上有唐宋题名，字极精。寺故魏孝文避暑宫也[4]，唐以来习毗尼者居之[5]，遂有坛。古碑刻完好者，《菩萨戒经》，大历十三年协律郎高坚书[6]。魏天平二年嵩阳寺碑[7]，不著撰书姓氏，末云"唐麟德元年九月庚申[8]，从嵩阳观移来"，乃知嵩阳，古梵刹也。门之右，有大历二年中书门下牒[9]，其

---

① 阳城：传说为夏都，在今河南登封东南告城镇附近。
② 会善寺：位于河南郑州登封城北6公里嵩山南麓积翠峰下，始建于北魏孝文帝时期（471—499），是古代嵩山地区僧人的受戒中心，与少林寺、法王寺、嵩岳寺并称为嵩山四大寺院。
③ 戒坛：在登封北净藏禅师塔东侧，为唐高僧一行所创。
④ 魏孝文：拓跋宏（467—499），即魏孝文帝，公元471—499年在位。即位时仅五岁，太皇太后冯氏当国。太和十四年（490）冯氏死，他才亲政。太和十七年（493），从平城（今山西大同）迁都洛阳。改鲜卑姓氏为汉姓，改变鲜卑风俗、服制、语言，奖励和汉族通婚，并平定氏族门第，制定官制朝仪。
⑤ 毗尼：佛教语，梵语vinaya的译音，又译作"毗奈耶"，意为律。
⑥ 大历十三年：唐代宗大历十三年，778年。协律郎：官名。汉代称协律都尉，武帝以李延年善新声，为之置此官，晋改称协律校尉。北魏以后各朝设有协律郎，掌管音律，属太常寺。唐为正八品上。
⑦ 魏天平二年：东魏孝静帝天平二年，535年。
⑧ 麟德元年：唐高宗麟德元年，664年。
⑨ 大历二年：唐代宗大历二年，767年。中书门下：官署名，唐玄宗开元中改政事堂置，设于中书省，为宰相议政办公之所，下设吏、枢机、兵、户、刑礼五房分主众务。牒（dié）：文书，证件。

下勒代宗手敕二十二字[①]，无一笔蚀者。碑阴勒《戒坛记》，汝州刺史陆长源撰[②]，河南陆郢书[③]，隶法遒逸。戒坛西南麦畦中，有开元十五年道安禅师碑[④]，广平宋儋撰兼书[⑤]。末云"建塔僧破灶"[⑥]。损一字，盖神僧破灶堕也。塔已荒，不可识，而碑尚

---

① 勒：刻。代宗：李豫（726—779），初名李俶（chù），唐肃宗李亨长子。唐朝第九位皇帝，762—779年在位。

② 陆长源（？—799）：字泳之，吴郡吴县（今江苏苏州）人。唐朝时期大臣，书法家，西河太守陆璪之子。门荫入仕，进入昭义军节度薛嵩幕府任从事，历建、信二州刺史。辅佐浙西节度韩滉，兼领江淮转运副使，历任都官郎中、万年县令、汝州刺史。贞元十二年，授检校礼部尚书、宣武军行军司马，决断汴州政事。贞元十五年，死于宣武军哗变，追赠右仆射。善于书法，行书代表作《玄林禅师碑》。

③ 河南：河南府，唐开元元年（713）升洛州置，治洛阳县（今河南洛阳），属都畿道。辖境相当今河南洛水中下游，谷水、伊水、氾水流域，颖水上游及济源、孟州、温县等市县地。金兴定元年（1217）改金昌府，元升为河南府路。明复为府，属河南省。清辖境相当今河南黄河以南，巩义、登封二市以西，渑池、洛宁二县以东及伊水以北地区。1913年废。

④ 开元十五年：唐玄宗开元十五年，727年。道安（314—385）：十六国时前秦僧，扶柳（今河北冀州区）人，俗姓卫。十二岁出家，从佛图澄受业。后在襄阳、长安等地以性空为宗宣扬佛教。并组织参与佛经翻译。对前期佛教主要贡献：注疏佛经如《般若经》等；整理新旧译经，创制众经目录；制定僧尼轨范；主张僧侣以"释"为氏，不随师姓等等。弟子中以创立净土宗之慧远为最著。

⑤ 广平：金大定七年（1167）置，属洺州。治所即今河北广平县。元属广平路，明属广平府，民国初属直隶冀南道，1928年直隶河北省。宋儋：广平人，字藏诸。隐居不仕，以布衣终。一说字文融荐授秘书省校书郎，擅书法。吕总《续书评》曰宋儋真行书"如暮春花发，夏柳枝低"。《山谷题跋》曰："儋书姿媚，尤宜于简札，惜不多见。"《金石补录》曰："书法遒劲丰赡，为唐名家。"

⑥ 破灶和尚：《五灯会元》卷二："嵩岳破灶堕和尚，不称名氏，言行叵测，隐居嵩岳，山坞有庙甚灵。殿中唯安一灶，远近祭祀不辍，烹杀物命甚多。师一日领侍僧入庙，以杖敲灶三下曰：'咄！此灶只是泥瓦合成，圣从何来？灵从何起？恁么烹宰物命。'又打三下，灶乃倾破堕落。须臾，有一人青衣峨冠，设拜师前。师曰：'是甚么人？'曰：'我本此庙灶神，久受业报。今日蒙师说无生法，得脱此处，生在天中，特来致谢。'师曰：'是汝本有之性，非吾强言。'神再礼而没。"

可拓，今人但知戒坛寺茶榜^①，可发一叹。山僧云："古碑甚多，磨为时贵书且尽。"余自少林入嵩庙，阅碑如林，然耳目可及，或无他厄，数碑沉沦，恐不免，聊载之以竢永叔、德甫耳^②。

东过嵩阳宫，观汉三柏，大者七人围，皮如皴石^③，望之若山。干不甚修者，土掩其本也。今官之石柱犹存其一，掘三尺余，乃见础。古宫殿基高常逾仞，柏之地视阶不当高于基三尺也。柏之得封也，必以伟，在汉已为故物，前此之积埃，又不知几许。余意非去土数丈，不能尽其修伟也。旧志谓石上有韩文公题名、欧阳文忠公跋^④，遍觅无有。偶见石柱上有宋人书"崇宁三年三月十日观退之题"^⑤，其半没土，具臿求之^⑥，左方得邢和叔题名^⑦，右方有云："余与子由考试西洛进士毕^⑧，同游二

----

① 茶榜：将各类茶叶名排列于牌上，以公示于众。

② 永叔：欧阳修，字永叔。

③ 皴（cūn）：国画画山石时，勾出轮廓后，为了显示山石的纹理和阴阳面，再用淡干墨侧笔而画，叫做皴。

④ 韩文公：韩愈谥曰"文"，故称。欧阳文忠公：欧阳修，谥"文忠"，故称。

⑤ 崇宁三年：宋徽宗崇宁三年，1104年。退之：韩愈，字退之。

⑥ 臿（chā）：同"锸"。

⑦ 邢和叔：邢恕，字和叔，北宋郑州原武（今河南原阳县西）人。曾从程颢学。举进士，以吕公著荐，任崇文院校书，因非议新法被贬，七年不仕。后复官至著作佐郎。蔡确为相时，任职方员外郎，深自趋附，交结章惇、黄履，人目为四凶。因与蔡确合谋，妄称有定策拥立哲宗之功，被贬。绍圣初，官至御史中丞。章惇、蔡卞当政，谋划排斥元祐诸人，他诬称宣仁太后有废立哲宗意，又诬陷刘挚、梁焘，几至族灭。蔡京为相，用为西北泾原经略安抚使，因处置乖张而夺职。后复显谟阁待制。卒年七十。

⑧ 子由：苏辙，字子由。西洛：洛阳。

室诸寺①，最后过天封、精思②，观道子画③，遂行。熙宁五年九月十日也④。"其下不书款，又称子由不以氏，语气酷似大苏⑤。是时子由以忤安石⑥，出为河南府推官，而子瞻《送杭州进士诗序》有云⑦："熙宁五年，钱塘之士贡于礼部者九人⑧，十月乙酉，宴于中和堂。"公是年监试杭州，不应复至洛也。其人定佳士，当是西京教授王平甫辈耳⑨。韩、欧书竟不见。退之题最简古，今载集中，郡邑志俱不收，韩集非僻书也。永叔跋见《集古录》，

---

① 二室：指中岳嵩山的太室、少室二山。

② 天封、精思：嵩山二寺名。

③ 道子：吴道子（约680—759），唐朝画家，阳翟（今河南禹州）人。初学书于张旭、贺知章，未成，改学画。曾在韦嗣立处当小吏，居于蜀。因绘蜀道山川，创山水之体，自成一家。后任兖州瑕丘（今山东兖州区）县尉。开元中，玄宗召入宫中，任以内教博士，改名道玄，在宫廷作画。擅画佛教、道教人物及神鬼和龙等。其着色于焦墨痕中，略加微染，自然突出，称为"吴装"；有时则只见墨踪，意态已足，其画法对后世影响极大。在长安、洛阳二地寺观作壁画三百余间，情状都不相同。又传曾于大同殿壁画嘉陵江三百里山水，一日而毕。其画生动而有立体感。画里人物面貌各不相同，形象逼真，人物的衣带飘飘若飞，人称"吴带当风"。后世誉为"画圣"。

④ 熙宁五年：宋神宗熙宁五年，1072年。

⑤ 大苏：苏轼，苏辙称小苏。

⑥ 忤（wǔ）：逆，不顺从。安石：王安石。

⑦ 子瞻：苏轼，字子瞻。

⑧ 钱塘：钱塘道属浙江省，治杭县（今浙江杭州）。辖境约当今浙江省昱岭、分水江、富春江、钱塘江、杭州湾以北地区及富春江南岸富阳东部地。1912年与仁和县合并为杭县。

⑨ 西京：洛阳，宋代以洛阳为西京。王平甫：王安国（1028—1076）字平甫，抚州临川（今江西临川区）人，王安石之弟。熙宁初举进士，又举茂才异等。任西京国子教授，终秘阁校理。及安石罢相，因郑侠事，放归田里。卒年四十七。清谭献曾评其词"品格自高"。存词见《花庵词选》。

郡志有之。永叔先后凡数至，其一与梅圣俞俱^①，即跋中所云登"峰顶观龙潭石记"者也。其一与谢希深诸人俱^②，有见神清洞一事。希深书云："师鲁语怪^③，永叔、子聪歌俚调^④，几道吹

---

① 梅圣俞：梅尧臣（1002—1060）字圣俞，宣州宣城（今属安徽）人。宣城古称宛陵，故世称宛陵先生。初试不第，以荫补河南主簿。皇祐三年（1051）召试，赐进士出身，为太常博士。以欧阳修荐，为国子监直讲，累迁尚书都官员外郎，世称梅都官。工诗，以深远古淡为意，间出奇巧。以自己的创作矫正宋初空洞靡丽之诗风。著有《宛陵先生集》，词存二首。

② 谢希深：即谢绛（994—1039），字希深，富阳（今浙江富阳区）人，谢涛子。大中祥符八年（1015）登进士甲科，知汝阴县。杨亿举荐其文章，召试，擢秘阁校理。仁宗即位，迁太常博士，通判常州。天圣中，与修真宗国史，为编修官。迁祠部员外郎，通判河南府。钱惟演留守西京，悉以政事委之。是时欧阳修、梅圣俞、尹洙等亦在西京或其附近，相与登山临水，著文赋诗。权开封府判官，徙三司度支判官，再迁兵部员外郎，谏阻宫中不时需索，献《圣治箴》五篇。擢知制诰，判吏部流内铨、太常礼院。出使契丹，还，知邓州。宝元二年卒于任，年四十六。谢绛学记博深，以文学知名，长于制诰，欧阳修称其制辞"尤得其体，世所谓常、杨、元、白，不足多也"（欧阳修《尚书兵部员外郎知制诰谢公墓志铭》）。

③ 师鲁：即尹洙（1001—1047），字师鲁，河南（今河南洛阳）人。年少时与兄源俱以儒学知名。天圣进士。历知光泽、伊阳等县，有能名，召为馆阁校勘。因反对以朋党为范仲淹罪，黜监唐州酒税。曾作《叙燕》《息戍》等篇，论述燕地及西北形势，对宋朝军政之弊，言之甚切，有益于时政。尹洙博学，深通《春秋》，好为古文。简而有法，世称河南先生，官至起居舍人直龙图阁。宋初文风华靡，其文则风格简古，对宋代古文运动颇有影响。著有《河南先生集》《五代春秋》等。

④ 子聪：杨愈字子聪，仁宗天圣末年官河南府户曹参军。

洞箫①，往往令人一笑绝倒②。"至今数百载、如见其眉目也。野史载钱思公守西都③，欧、谢同在幕下。一日自嵩山归，暮抵龙门、香山，雪大集，忽烟霭中，车马渡伊水，则思公遣厨传歌伎来到，因传语曰："山行良佳，少留龙门赏雪④，无遽归也⑤。"宋人风韵乃尔⑥。柏之右丰碑一⑦，与太室争杰，其文不足言，书

---

① 几道：晏几道（约1040—约1112），字叔原，号小山。抚州临川（今属江西）人，晏殊第七子。仕途坎坷。初为太常寺太祝，监颍昌许田镇。后为乾宁军通判。崇宁四年（1105）为开封府推官，不久致仕，退居京城赐第，不践诸贵之门。黄庭坚称其文行说："叔原，固人英也，其痴亦自绝人。""仕宦之连蹇，而不能一傍贵人之门，是一痴也。论文自有体，不肯一作新进士语，此又一痴也。费资千百万，家人寒饥，而面有孺子之色，此又一痴也。人百负之而不恨，已信人，终不疑其欺己，此又一痴也。"（《小山词序》）

② 绝倒：大笑不能自持。

③ 钱惟演（977—1034）：字希圣，临安（今浙江杭州）人，北宋大臣，吴越王钱俶子。真宗时，为太仆少卿。仁宗时，拜枢密使。官终崇信军节度使。博学能文，辞藻清丽。江少虞《宋朝事实类苑》卷四二云："钱文僖公惟演生贵家，而文雅乐善出天性。晚年以使相留守西京，时通判谢绛、掌书记尹洙、留府推官欧阳修，皆一时文士，游宴吟咏，未尝不同。"与杨亿、刘筠等唱和，结集为《西昆酬唱集》，号"西昆体"。先谥"思"，改谥"文僖"。西都：即西京洛阳。

④ 少：稍。

⑤ 遽（jù）：匆忙，急。

⑥ 尔：如此，这样。

⑦ 丰碑：巨碑，指《嵩阳观碑》。

则徐浩八分体①，字字生动欲飞，书家所云"怒猊抉石，渴骥奔泉"②，不虚也。

东过崇福宫，宫荒寂甚，即有宋诸贤所尝提举者③。官之左为启母石④，石三丈余，旁裂小石，事载《淮南鸿烈》⑤，甚诞，而唐崔融《启母庙碑》云⑥："汉臣之笔墨泉海，陈其令名；秦相之

---

① 徐浩（703—782）：字季海，越州（今浙江绍兴）人，徐峤之子，张九龄之甥。有文辞，以文学为张说所器重，荐为丽正殿校理，迁右拾遗，又出为河阳令，肃宗时授中书舍人。四方诏令多出其手，遣辞赡速，宠绝一时。授兼尚书右丞，后进国子祭酒，代宗时迁工部侍郎，会稽县公，并出为岭南节度观察使，拜吏部侍郎。德宗初授彭王傅。工书，得其父峤之传授，精于楷法，自成一家。世状其书曰："怒猊抉石，渴骥奔泉。"然拘于绳律，其书法亦稍乏韵致。八分书：隶书一体，其名起于魏晋。清刘熙载《艺概·书概》："未有正书以前，'八分'但名为隶；既有正书以后，隶不得不名'八分'。名'八分'者，所以别于今隶也。""八分"一名本义解释不一，唐张怀瓘《书断》引王愔说："字方八分言有模楷。"又引萧子良说："饰隶为八分。"张怀瓘则解释为"若八字分散，又名之为八分。"清包世臣《艺舟双楫·历下笔谭》："八，背也，言其势左右分布相背然也。"以张说为最流行，"八分"当指东汉碑刻上的隶书。

② 猊（ní）：即狻猊，兽名，狮子。

③ 提举：原意是"管理"。宋代以后设主管专门事务的职官，即以"提举"命名。有"提举常平"、"提举市舶"、"提举学事"（宋）、"医学提举"（元）、"宝钞提举"（元、明）、"盐课提举"（元、明、清）等官号，其官署称"司"。宋代另有"提举宫观"之名，为安置老病大臣及高级冗官闲员而设，坐食俸禄而不管事，称为"祠禄之官"。

④ 启母石：传说夏启母所化之石，见前注。

⑤《淮南鸿烈》：《淮南子》别称。

⑥ 崔融（653—706）：唐齐州全节（今山东济南东北）人，字安成。文辞超群，应八科举擢第，累补官门丞、崇文馆学士。中宗为太子时，充侍读。以铭《启母碣》为武后赏识，累迁凤阁舍人，曾上书谏罢税关市，武后纳之。长安四年（704），除司礼少卿，仍知制诰。时张易之兄弟招集文学之士，他以文才降事之。及易之伏诛，中宗即位，贬为袁州刺史。寻入为国子司业，与修《武则天实录》。有文集六十卷，已佚，《全唐文》存文五十二篇，《全唐诗》存诗一卷。

一字千金，叙其嘉应。"又引郭璞、李彤为证①，真有其事矣。石之前，叠石为门，其半已颓，右方有字，皆大篆②，风雨蚀且尽，视元魏碑尤古③，年号上隐隐一"光"字，而"户曹史某"及"癸辛之间"数字尚可识④。

嵩游第四

　　古云："华山如立，嵩山如卧⑤。"二语胜画，非久历烟云者⑥，不解造是语也⑦。然余谓华山如峨冠道士，振衣天末，嵩则

----

① 郭璞（276—324）：字景纯，河东闻喜（今山西闻喜）人，东晋著名文学家、训诂学家。东晋初为著作佐郎、尚书郎，后任王敦记室参军，因借卜筮谏阻王敦谋反，被杀。王敦乱平，追赠弘农太守。博学多才，精通训诂、天文、卜筮之术。著有《尔雅注》《方言注》《穆天子传注》《山海经注》等，皆传世。工诗赋，今存诗二十二首，以《游仙诗》十四首为代表作，借游仙以咏怀，写其忧生避祸之情，形象生动，词采清新，有别于当时盛行的玄言诗。赋以《江赋》较有名，与木华《海赋》同为咏物赋佳构。原有集十七卷，已散佚。明人辑有《郭弘农集》。李彤：晋时人，生平不详，撰有《字指》一书。

② 大篆：汉字字体之一。泛指秦代小篆以前的各种古文字，包括甲骨文、金文、籀文和春秋战国时通行于六国的文字等。

③ 元魏：即北魏。魏孝文帝迁都洛阳，改本姓拓跋为元，所以历史上也称元魏。

④ 户曹：掌管民户、祠祀、农桑等的官署。

⑤ "古云"三句：宋周密《癸辛杂识别集》卷下引赵德正语："泰山如坐，嵩山如卧，华山如立。"

⑥ 久历烟云：长期游山玩水，与山水为亲。

⑦ 解：懂，明白。

眠龙而癯者也^①。登嵩之路，凡数处，从万岁峰者^②，为汉封故道^③。迂回二十余里，至中峰巅。下视诸峰，危石削壁，或悬或仄，态貌奇古。因忆谢绛《与梅圣俞书》，所谓玉女窗、捣衣石、八仙坛者^④，按图索之，去此当不远，然石上无片字，从游百许人，无一人解者，可恨也。

山巅一颓室，侧有古井，甚晶莹，旱岁不竭。前复有小峰，疑即古封禅坛^⑤，规制亦敞。余问道士："此为峻极上院耶^⑥？"道士茫然。余笑曰："若得刘伯寿为导^⑦，当无此苦。"元鼎问故^⑧。余曰："野史载刘伯寿筑室嵩山下，每登嵩顶回，则于峻极

---

① 癯（qú）：瘦。

② 万岁峰：在嵩山南麓，元封二年（前109），汉武帝登嵩山，从者咸闻山呼万岁者三，故称。

③ 汉封故道：汉武帝封禅时经由之路。

④ "因忆谢绛《与梅圣俞书》"二句：谢绛《游嵩山寄梅殿丞书》："稍即山麓，至峻极中院。……窥玉女窗、捣衣石，石诚异，窗则亡有矣。迤逦至八仙坛、三醉石，遍视墨迹，已无复存矣，考乎三居所赋，亦名过其实。"

⑤ 古封禅坛：汉武帝封禅时的祭坛。

⑥ 峻极上院：位于峻极峰顶的峻极寺中，峻极寺有上、中、下三院。

⑦ 刘伯寿：即刘几（1008—1088），字伯寿，洛阳（今属河南）人。生而豪俊，长折节读书，第进士。从范仲淹辟，通判邠州。因孙沔荐，知宁州、邠州。以从平侬智高功加皇城使、知泾州。累迁西上阁门使，为太原、泾原路总管。英宗治平二年（1065），知郿州。神宗即位，转四方馆使、知保州。后以秘书监致仕。几知音律，能诗词。《全宋词》录其词四首，皆咏物之作。《宋史》卷二六二有传，另参《东都事略》卷三〇。

⑧ 元鼎：即傅梅。见前《嵩游第二》注。

中院援笔记岁月，登顶凡七十四次①。伯寿盖洛阳九老之一也。有妾名萱草、芳草，皆秀丽而善声律。伯寿出入乘牛，吹铁笛，二草以薪笛和之，声满山谷。牛行即行，牛止即止。其止也，必命壶觞，尽醉而归。嵩人以为地仙云②。"元鼎跃然曰："公作嵩记，幸述此一段，以为太室佳话。"余诺之。

稍东为白鹤观故址③，背负三峰④，左右皆绝壁。太熊诸山屏其前⑤，横者如案，拥者如髻，列者如眉，幽邃平远，寔太室之奥宅也⑥。一松亭亭立，秀杰非常。观废已久，山中树大于腕者，动遭翦伐，而此松独存，殆有物护之。松下遗迹宛然，募童子

---

① "野史载刘伯寿筑室嵩山下"四句：褚人获《坚瓠集》引《玉海·刘伯寿》："（刘伯寿）洛阳九老中人。筑室嵩山下，每登嵩顶回，则于峻极中院记其岁月，捐馆之年记云：余今年若干，登顶七十四次。'"

② "伯寿盖洛阳九老之一也"十三句：朱弁《风月堂诗话》："刘伯寿，洛阳九老中一老也。筑室嵩山下。……既结庵玉华峰下，号玉华庵主。有妾名萱草、芳草，皆秀丽而善音律。伯寿出入乘牛吹铁笛，二草以薪笛和之，声满山谷。出门不言所之，牛行即行，牛止即止。其止也，必命壶觞，尽醉而归。嵩前人以为地仙云。"洛阳九老，据邵伯温《邵氏闻见录》《宋史·文彦博传》，元丰五年（1082），文彦博以太尉留守西都洛阳，与富弼、司马光等十三人，用白居易九老会故事，置酒赋诗相乐，序齿不序官，集洛中公卿大夫年德高者为洛阳耆英会。为堂绘像其中，实十三人，刘几为官笃于风义，时七十五岁，得与耆英会。故称。薪笛，用薪竹制成的笛子。薪，即薪州，古地名，以产竹闻名。壶觞，酒器。地仙，方士称住在人间的仙人。葛洪《抱朴子·论仙》："按《仙经》云：上士举形升虚，谓之天仙；中士游于名山，谓之地仙；下士先死后蜕，谓之尸解仙。"

③ 白鹤观：袁宏道《赠登封令傅元鼎》诗序曰："嵩山之奥有白鹤观遗址，偃盖松一株，亭亭可爱。元鼎图复此地。"

④ 三峰：指嵩山三主峰，太室峰、少室峰和峻极峰。

⑤ 太熊诸山：指大熊峰、小熊峰等山峰。屏其前：像屏风一样列于白鹤观前。

⑥ 奥宅：以曲房内室喻深幽处。

能得片碣者与百钱，得故瓦砾者数钱，一时隶卒散尽①。披荆求之，得古瓦数片，皆琉璃②，龙其首③，唯碣不可得。欲过别峰，而暝色已迫。

余谓元鼎曰："松间得一亭，旁构小室，游者宿其上五日，始为不负此山也。山之奥处不必论，其指名者④，如韩公之龙潭⑤，欧公之天门泉⑥，范公之三醉石⑦，皆不能以一日穷。今之游者，一宿少林⑧，舆而过太室之前，至嵩庙天中阁⑨，倚栏一观，归而向人曰'吾已尽嵩山矣'，是尚未观其肤也。"

东行里许，天昏黑，不可得旧道。从者曰："从野猪坂下⑩稍近，但崄耳。"余笑曰："嵩山无崄。"乃杖策行崎崖中，约十五里，至山足。

---

① 隶卒：差役。

② 琉璃：即琉璃瓦。

③ 龙其首：烧制成龙形图案的瓦当。

④ 指名者：被前代名人指出过的地方。

⑤ 韩公之龙潭：韩愈《嵩山天封宫留题》："明日遂与李（渤）、卢（仝）道士韦濛、僧荣并少室而东，抵众寺，上太室中峰，宿封禅坛下石室，遂自龙泉寺钓龙潭水，遇雷。"龙潭，位于黄盖峰东北十七里，其潭有九相连属，传说有神龙主之，故为岁旱祈雨处。

⑥ 欧公之天门泉：欧阳修《嵩山十二首》有《天门泉》一首。

⑦ 范公之三醉石：范仲淹有《三醉石》诗："巍巍八仙坛，上有三醉石。怜此高阳徒，如乐华胥域。憔悴泽边人，独醒良可惜。"三醉石，在嵩山北麓。

⑧ 少林：即少林寺，佛教禅宗和少林派拳术的发源地。位于少室山北麓，五乳峰下，北魏太和十九年（495）建。

⑨ 天中阁：中岳庙内的建筑之一，原名"黄中楼"，为中岳的正门。明嘉靖四十年（1561）重修后，以"正当天中"之意，易名"天中阁"。

⑩ 野猪坂：即野猪坡，峻极峰经野猪坡、逍遥谷可以下山。

是日晓出城，未至门百步许，见城外有白烟突起，以为爆烟也。顷之，忽化为环，大可数围，直入云际，不灭者久之。

嵩游第五

石淙非嵩也①，系之嵩后者，水从东涧注，嵩之余也。晓起见檐外丝雨，颇不快，倚轩瞻太室，翠色若滴，知非雨候也。驰而出东门，纤尘不起，翻以为乐。

过箕山②，望许由冢③。云片鳞鳞如欲坼④。至测景台，乃见日。折而东，倚涧行，山皆土阜⑤，甚舒缓。将至石淙半里许，渐闻水声。及至，一涧皆石，如偶林之笋。四顾不得寸肤，不知是石何时飞来，转盼之间向之土阜何处徙去也。石错立波中，布置狷巧⑥。四匝之山宜高，则为峰为巘为屏，若约吾目使不外见其朴也。中央之山宜平，则为砥为屿，若以供吾布席置酒之

---

① 石淙：在今河南登封东南三十五里。峰峦叠耸，溪水绕流，为一邑奇观。山上建有三阳宫，唐武则天与群臣曾会饮于此。《方舆纪要》卷四十八登封县：三阳宫"在县西二十里之石淙山。武后圣历三年建，自是数幸焉。长安四年毁"。
② 箕山：在今河南登封东南。《孟子·万章》："益避禹之子于箕山之阴。"
③ 许由冢：《史记·伯夷列传》："说者曰尧让天下于许由，许由不受，耻之，逃隐。……太史公曰：余登箕山，其上盖有许由冢云。"许由，一作许繇。传说中尧、舜时期人。
④ 坼（chè）：裂开。
⑤ 阜（fù）：土山。
⑥ 狷（juàn）巧：巧妙。

用也。石之大者可坐十许人，小者可分棚角饮①，飞筹走兕②，近可手揽，远可绳度也。当涧之冲，列三峰以拒水。水漱其根，如瓮如齿，斜飞正射，交注潭中，激以观其怒也。绕石皆深潭，幽冷如黛，淳以观其色也。至涧之下流，石忽自夹，两岸青壁削立，长可十余丈。水至此如匹练，所以蓄其浩瀚，逸其奔放也。石之丽在壁，水之丽在峡。踞中央者，眩于敧危不敢迫视③；则又为洞于岸之南，人穿洞腹，出至唇而拓④，水之深碧，石之奇峭，可以坐而收也。涧上之山，高者不过二十仞，卑者数仞。水可以步计，石可以笏计⑤，然其胜为箕、颍之冠⑥。其去太室也，二十里而遥。

——明崇祯刊本《袁中郎全集》

....

① 角饮：竞饮，较比酒量。

② 飞筹走兕（sì）：飞快地计算酒筹，迅捷地传递酒盏。筹，计数用具，此指计算饮酒杯数的酒筹。走，快跑，这里解作"迅捷"。兕，兕觥，古代一种酒器。

③ 敧（qī）：倾斜。

④ 拓：拓宽。

⑤ 笏（hù）：古代大臣上朝拿着的手板，用玉、象牙或竹片制成，上面可以记事。此处疑同"忽"，极小的长度和重量单位（十忽为一丝，十丝为一毫）。

⑥ 箕：箕山。颍：颍水，淮水支流。《山海经·海内东经》："颍水出少室。少室山在雍氏南，入淮西鄢北。"《汉书·地理志》颍川郡阳城县："阳干山，颍水所出，东至下蔡入淮。过郡三，行千五百里。"今颍河源出河南登封嵩山西南，东南流到周口，纳沙河、贾鲁河，至安徽寿县正阳关镇入淮河，长620公里。

文翔凤

文翔凤，文在中长子，字天瑞，号太青，明代三水县半川府（今陕西旬邑县）人。万历三十八年（1610）进士。在山东莱阳、河南伊阳县和洛阳县做县官，文学、政事均很出名。提学山西，"晋之人文一变"，升为南京太仆光禄寺少卿，因不愿继续居官，未去赴任（一说为弹劾魏忠贤而落职），回归故里，继承父业，闭门著述，潜心钻研"皇极经世之学"。论学以事天为最高准则，竭力排斥"西来之教"，著有《太微经》二十卷以阐发《易》理。生平尤爱辞赋，思深笔精，作《金陵六赋》，谓与班固《两都赋》、张衡《二京赋》、左思《三都赋》媲美。诗词离奇矞兀，不受约束，朱彝尊《静志居诗话》称其"学有异端，诗亦有异端。文太青、王季重是已"。著有《九极篇》《豳谷考》《豳防议》《文太青文集》二卷等。《皇极篇》是文翔凤诗文代表作，是《九极篇》之一。

游青泥涧吉祥寺杂记

予既去冬至城西数里之文殊寺，寺阅一岭而当其坳折处①。

----

① 阅：经过。

客云寺更有幽而胜者，有吉祥于青泥之涧。二月某日，欲并往二寺，而从者先导至文殊寺，日俄晡。四月某日，又校射于郊堂①，无讼事，日脚尚未至地。予命辔，不至二里而晡，遂驰还。寺盖西邑七里耳，挂恨齿颊间者屡矣。

五月七日，熊簿镜请诣②，刘史缙从③，出城西，即西北，有小径，夹以平苍之楚，鸟韵松涛，迂纡如随人。未既，有桥俯小壑，又折而微陟，则为坂而平，如一臂之撮云者。前百武隆起如车盖，结文殊之脑，而后直凤凰山之右腋，可以远眺望。有长楸啸风于蔹蔓之域者④，为一流观。西又为长壑。度之而大陟，则又为坂，所眺望有加。遥见直西枣林坪之天息山⑤，有白气犁空者，如练拖，如川决，而弓曲竟天东北，垂于香炉峰之上，长可七八十里。两山则气黝如黯如。或曰谲云，或曰宜为岚气，或谓其雨。然一气而双垂，如饮涧之虹，疑为白虹。予又疑两山本雄雌之相偶，和一气而双垂，决知不如朝那善湫之相搏也⑥。然终不可解。

::::::::::::::::::::::::::::::::

① 校射：比试射技和武艺。

② 熊簿镜：主簿熊镜。

③ 刘史缙：典史刘缙。

④ 蔹（liǎn）蔓：语出《国风·唐风·葛生》。蔹，攀缘性多年生草本植物，根可入药，有白蔹、赤蔹、乌蔹等。蔓，蔓延。

⑤ 天息山：一名伏牛山，在今河南嵩县西南。山北为汝水之源，山南为白河之源。《山海经·海内东经》："汝水出天息山，在梁勉乡西南。"《元和郡县志》卷七汝州鲁山县："汝水出县西一百五十里。天息山，一名伏牛山。"

⑥ 朝那（zhū nuó）：古县名。有二：一西汉置，治今宁夏固原东南，北魏末废。西汉文帝十四年（前166）匈奴十四万骑入朝那、萧关，即此。二西魏大统元年（535）治，治今甘肃灵台县西北，隋废。西魏、北周时，曾为安武郡治所。《汉书·地理志·安定郡》记载："朝那，有端旬祠十五所，胡巫祝；又有湫渊祠。"疑此句即指此。

又良久而车碾吉祥寺之背，青衣或坠马，予叹曰："幸不至飞身直下八千尺耳。"寺所踞盖壶形，左右咸断壑，而其腰颈皆数尺，腹为寺，首为寺之眺台。寺盖圆通寺下院，圆通又西三里而遥者。

入寺微雨辄止，坐而衔杯，则见列巘之束寺壶而直前者，左如龙伏，右如虎虓①，再三折而达于汝。岖山其九叠之屏，瑞云则案横，而中有丘如悬珠，若待龙口之衔者：此寺之大体也。

临台则见泉在涧，可数百武，遂下行涧中，屡折而得泉，泉可得水二斗，而不流不涸，副寺汲。命茵其卉间，云垂垂弗雨，命僧弄笙于涧折之外。三弄已，歌者继之。

予命青衣拈草于前涧，将校以行觞，簿史谢不敢，予曰："毋，是为觞政②。"予之两青衣黠③，谙命草木，或持，或掇，或连茹④，或枚⑤，且肆以报。予笑曰："文殊令善财采药云⑥：'是药

----

① 虓（xiāo）：吼。
② 觞政：酒令，借指宴会。
③ 青衣：婢女，侍童。
④ 连茹：表示接连不断。语本《周易·泰》："拔茅茹以其汇，征吉。"王弼注："茅之为物，拔其根而相牵引也。茹，相牵引之貌也。"
⑤ 枚：单个。
⑥ 文殊：佛教菩萨名，文殊师利或曼殊室利的省称，意译为"妙吉祥""妙德"等。其形顶结五髻，象征大日如来的五智；持剑、骑青狮，象征智慧、锐利、威猛。为释迦牟尼佛的左胁侍，与司"理"的普贤菩萨相对。中国传说说法道场为山西省五台山。善财：梵语sudhana意译，亦称"善财童子"，佛教菩萨之一，《华严经·入法界品》所说的求道者。经中说他是福生城长者之子，因文殊指点，参访了五十三个善知识而成菩萨。因其参过观音，故观音的塑像或画像旁，一般常有善财童子之像。

者采将来。'而善财遍观大地，无不是药者。文殊拈一枝示众云：
'是药能杀人活人？'校草之于饮，赏罚亦具。善财之采，贤于
黑氏梵志之供养①，两手花空，更放下甚者远矣。"令黜青衣校
之，二客遂负数十觞，而予亦以抶请至酣。盖校者以本，以枝，
以花，以实，有单英双瓣、小蒂连柯之异，如良工之安置卉石
于绘事；如清人之布案，笔枕研床维旅；如静姬之铅朱赤白，
悦人罔厌，亦一微解。须匊绿称红②，黄白间之，或本枝错，或
花实以序，大约得佳花为奇，良卉次之。若杂然命之，爵三行
而朱荣不献妍，不索莫③，欲倦为措大酸乎④！

　　既阑而起，予因叹曰："一涧而草百名不既，禹卣之舌本诎
矣。方志所收，百不一多，华系大谱耳，西家施不辱于负薪乎？"

　　予青衣有手草如兰丛一本者，长五六寸，中有草巢如盂，
而结如组云⑤。诸从者皆北走，盖小鸟之既卵既子，而遗之射干
者也⑥。命以盆植之，而擎置之案，比于见安鹊梁者，志祥焉，

---

① 黑氏梵志：佛教故事中的人物。《五灯会元》："世尊因黑氏梵志运神力，以左右
　手擎合欢、梧桐花两株，来供养佛。佛召仙人，梵志应诺。佛曰：'放下着。'梵
　志遂放下左手一株花。佛又召仙人：'放下着。'梵志又放下右手一株花。佛又
　召仙人：'放下着。'梵志曰：'世尊，我今两手皆空，更教放下个甚么？'佛曰：
　'吾非教汝放舍其花，汝当放舍外六尘、内六根、中六识。一时舍却，无可舍处，
　是汝免生死处。'梵志于言下悟无生忍。"
② 匊（jū）：通"掬"，满握，满捧。
③ 索莫：寂寞无聊，失意消沉。
④ 措大：旧指贫寒失意的读书人。
⑤ 组：古代指丝带。
⑥ 射干：多年生草本，叶剑形排成两行。夏季开花，花被橘红色，有深红斑点。根
　可入药。

将以所校胜诸卉遗儿辈。

已，又觞于所谓眺台者，饭仆夫而归。践所谓凤凰山之右腋者，晡矣，徘徊仁立，二客感千载不寐者，为一嘘也。嘉其雅地，因命觞。又下借卉于小桥之畔，行数觞。又迫城闉数百武①，得大胡桃垂阴于月灯之前，坐之行觞。归则鼓人在国门之关矣。

是游也，有天感焉以望气，有地感焉以察形，有物感焉以命卉，有人感焉以观化，遂记之。盖兰亭一作②，实获我心矣。

——清涵芬楼钞本《明文海》

---

① 闉（yīn）：古指瓮城的门。
② 兰亭一作：东晋永和九年（353）王羲之、谢安等同游于兰亭，王羲之作《兰亭集序》。

李若讷

李若讷（1572—1640），字季重，山东临邑县临邑镇人，明代文学家。幼聪慧，好攻读，万历十六年（1588）中举人，万历三十二年（1604）成进士，任夏邑知县。官至四川参政。为官清廉，不俯仰权贵。因不满朝中魏忠贤专权，谢政归里。辞官后，隐居其花园中，工于文、表、疏、策、论、序、记、说、诔、赞、诗、赋等，无体不能。著有《四品稿》《五品稿》二十九卷和《犁邱赋》、《二清堂诗集》一卷、《杨花诗》二百首。

吕介孺翁斗园记

斗园者，吕介孺翁之新安别墅也[①]。未述斗园，先述介孺。我翁以茂年挟逸韵，其称诗一洗千古，创获之句，泠泠沆瀣[②]，不似从人间。词苑仙才，谅无它属。风靡之世，何得若人殊绝者[③]？意必有名山川，方生奇人，有名山川之助，方掞奇诗[④]，而

① 吕介孺：吕维祺，字介孺。见本书《斗园纪略》作者简介。

② 沆瀣（hàng xiè）：夜间的水汽。

③ 若人：此人。

④ 掞（shàn）：舒展，铺张。

斗园之名綦新①。斗园乃借洛中之胜以为新。东函谷关②，西烂柯山、王乔洞③，皆古所称异迹，映发远近。斗园得兼，述之而非，斗园所以名斗园，因斗山名也。

　　园在斗山下，又主人倏然近揽④，自以室大于斗，故斗之。斗山峰危崖峭，万木丛攒，谽谺窈窱⑤，不风而爽。斗园适当其坳，泠泠如出世外。迤西芝泉，相传有芝产之，且下有千岁蟾蜍云。主人引泉为池，名曰"芝池"，洒然灵秀，可撷也池上为亭，名曰"芝亭"，且居且餐矣。为紫芝斋，枕籍瑶草，尘滓都尽，而友人援山斗以颜其中。旁有精舍，亦名曰"斗"。室如斗，芝如盖，芝不必有，而斗者居然跬武⑥。主人若谓，人以山斗位置我，我何处位置以山斗？知斗园斗室而已。别有轩松环之，名曰"谡谡"；别有楼蓧生其下，名曰"俯蓧"。而晚钟之榭隐约相间，松风蓧雨时，恰与蟆更莲漏属也⑦。其他梅为坞，竹为

----

① 綦（qí）：极，很。
② 函谷关：此指汉函谷关，或称新关，在今河南新安县东一里，汉武帝自灵宝县移此。《汉书·武帝纪》：元鼎三年（前114）"冬，徙函谷关于新安，以故关为弘农县"。应劭注曰："时楼船将军杨仆数有大功，耻为关外民，上书乞徙东关，以家财给其用度。武帝意亦好广阔，于是徙关于新安，去弘农三百里。"东汉灵帝置八关，此即八关之首。三国魏正始元年（240）废，今遗址尚存。
③ 烂柯山、王乔洞：见本书吕维祺《斗园纪略》注。
④ 倏然：迅疾貌。
⑤ 谽谺（hān xiā）窈窱：语出唐杜甫《柴门》诗："长影没窈窱，余光散谽谺。"谽谺，空洞。
⑥ 跬武：比喻很近。跬，半步。古代称人行走，举足一次为"跬"，举足两次为"步""，故半步称"跬"。武，亦指半步。
⑦ 蟆更莲漏：比喻蛙鸣为打更，莲叶滴水为钟漏。漏，古代计时器，铜制有孔，可以滴水或漏沙，有刻度标志以计时间。属（zhǔ）：连缀，接连。

径，茨为门，石为室，种种景物倚槛当檐可得其概。又西北为涧水，稍西南为奎峰，涧与泉合，而奎峰正与斗山相副。

斗山偎怀云寺，云滃涌与梵天属[1]，僧徒之瓣香烟篆且与斗射[2]，乃园墙以外畦蔬鳞次，桃柳如栉，乘园之隙，又与之为圃为路矣。山川之致，靡不捃苞[3]。主人固曰："余以妆缀其斗园斗室，无削无拓，自然吐映耳。"

主人斗园中亦何所事？坐石濯泉，同志唱和，排扉过从，间及山僧，而牧儿野老，怡怡若鸥狎[4]。鸟语莺音，睍睆若宾蝉[5]，缓若歌拍。至于明窗净几，潇洒独居，有临池为字，拈髭为句，山翠欲滴，泉甘欲醉矣。园之涉趣亦主人自得之，而主人固介孺也。

翁出为名理[6]，方又为名铨[7]，不获常栖斗园，而其泠泠一洗者，无不时时神在斗园也。每从麈尾举以向人[8]，人津津若拍挹

....

[1] 滃（wěng）涌：形容云起。

[2] 瓣香：香。烟篆：指香、香烟等的烟缕。因形似圆曲的篆字，故称。

[3] 捃（jùn）苞：收罗，包罗。捃，拾取，摘取。

[4] 狎：亲昵。

[5] 睍睆（xiàn huàn）：形容鸟色美好或鸟声清和圆转貌。《诗·邶风·凯风》："睍睆黄鸟，载好其音。"

[6] 理：指理官，指掌管司法的官。《后汉书·陈宠传》："及为理官，数议疑狱。"吕维祺曾任兖州府推官。

[7] 铨：铨选官吏。吕维祺曾任吏部主事，故名。

[8] 麈尾：一种于手柄前端附上兽毛或丝状麻布的工具或器物，一般用作扫除尘迹或驱赶蚊蝇之用。

其内①。不佞未见斗园②，翁遂令不佞笔之。不睫，而心恐亿之不相肖。然天下名胜，非必目遇。古人卧游，要在得趣，其新其奇，正以迹外新奇也，故述之以不必见之言。夫洛下名园古有其记，彼特以新以奇耳。乃独乐园不为衿华③，一记简册，隆名至今，所为新奇将出新奇外。介孺斗园清令似可猝洛下名迹而斗之。斗之约，其吻则以五亩犹多者。然农圃鹿石咸偕淳朴，又淳朴之乐与一世人熙恰④，世因以知其山川名并其园名如此。新奇自以介孺，非世所云专以园墅矣。又奚必目而记之？武陵桃源⑤，元亮搦管⑥，彼洞中之人何可不使世知，而元亮于洞中境亦何尝见乎？不佞将以斗园外之桃花为仙流故实哉⑦！

——明天启二年刻本《四品稿》

---

① 拍把：拍浮把取，指浏览。
② 不佞：谦辞，犹言不才。
③ 独乐园：见本书司马光《独乐园记》。
④ 熙恰：和乐。
⑤ 武陵桃源：典出晋陶元明《桃花源记》。
⑥ 元亮：陶渊明，字元亮。搦（nuò）管：执笔为文。搦，握，持，拿着。
⑦ 仙流：指神仙之属。

徐弘祖

徐弘祖（1587—1641），字振之，号霞客，江阴（今属江苏）人，明代地理学家、游记文学家。身当明末，绝意仕途。一心一意四处游历，考察各地山川名胜，步履遍及大江南北。每有所得，则形诸笔端，日积月累，成游记一部。后人整理成书，名曰《徐霞客游记》。

游嵩山日记

余髫年蓄五岳志①，而玄岳出五岳上②，慕尤切。久拟历襄、郧③，扪太华，由剑阁④，连云栈，为峨眉先导⑤；而母老志移，不

---

① 髫（tiáo）年：幼年。髫，小孩子头上下垂的短发。五岳：中岳嵩山，东岳泰山，南岳衡山，西岳华山，北岳恒山。
② 玄岳：即恒山，在今山西浑源县东南七里。《水经注·漯水》：崞县"南面玄岳，右背崞山"。
③ 郧：西周国名，在今湖北安陆。
④ 剑阁：今四川北部有剑门山，横亘100余公里，有72峰绵延起伏，形若利剑，主峰大剑山在剑阁县北。峭壁中断处，两崖相峙如门，飞阁通衢，谓之剑阁，为中原入川必经的险道。
⑤ 峨眉：即峨眉山，在四川峨眉山市西南。俗称"峨眉天下秀"，山峰如蟆首蛾眉，故名，有大峨、中峨、小峨。

得不先事太和①，犹属有方之游②。第沿江溯流，旷日持久，不若陆行舟返，为时较速。乃陆行汝、邓间③，路与陕、汴略相当④，可以兼尽嵩、华，朝宗太岳⑤。遂以癸亥仲春朔⑥，决策从嵩岳道始。凡十九日，抵河南郑州之黄宗店。由店右登石坡，看圣僧池。清泉一涵，淳碧山半。山下深涧交叠，涸无滴水。下坡行涧底，随香炉山曲折南行。山形三尖攒立如覆鼎，众山环之，秀色娟娟媚人。涧底乱石一壑，作紫玉色。两崖石壁宛转，色较缜润⑦；想清流汪注时，喷珠泄黛，当更何如也！十里，登石佛岭。又五里，入密县界⑧，望嵩山尚在六十里外。从岐路东南二十五里，过密县，抵天仙院。院祀天仙，黄帝之三女也。白松在祠后中庭，相传三女蜕骨其下⑨。松大四人抱，一本三干，

① 太和：即武当山，在今湖北丹江口西南。《水经注·沔水》：武当山"一曰太和山"。《元和郡县志》卷二十四：武当山"一名太和山，在县南八十里。高二千五百丈，周回五百里。乃阴长生于此得仙"。

② 有方之游：孔子曰："父母在，不远游，游必有方。"（《论语·里仁》）意思是说，父母在世的时候，不出远门去求学、做官，万一要出远门，必须有一定的去处。

③ 汝：即汝州，治今河南汝州。邓：即邓州，隶南阳府，即今河南邓州市。

④ 陕：即陕州，隶河南府，治所在今河南三门峡稍西。汴：唐置汴州，五代梁、晋、汉、周及北宋定都于此，称汴京。明代置开封府，为河南布政司治所，但仍以"汴"为其别称。即今河南开封。

⑤ 朝宗：古代诸侯朝见天子，春见称朝，夏见称宗。此处比喻对嵩山的尊崇，为朝谒的意思。

⑥ 癸亥：明熹宗天启三年，1623年。仲春：春天的第二个月。朔：农历初一。

⑦ 缜（zhěn）润：细致而润泽。

⑧ 密县：隶开封府禹州，即今河南新密。

⑨ 蜕骨：灵魂升天后的骸骨。多用于道教徒。宋苏轼《昭灵侯庙碑》："庙有穴五，往往见变异，出云雨。或投器穴中，则见于池，而近岁有得蜕骨于池者，金声玉质，轻重不常，今藏庙中。"

鼎耸霄汉，肤如凝脂，洁逾傅粉，蟠枝虬曲，绿鬣舞风，昂然玉立半空，洵奇观也^①！周以石栏。一轩临北，轩中题咏绝盛。徘徊久之，下观滴水。涧至此忽下跌，一崖上覆，水滴历其下。还密，仍抵西门。三十五里，入登封界，曰耿店。南向为石淙道^②，遂税驾焉^③。

　　二十日从小径南行二十五里，皆土冈乱垄^④。久之，得一溪。渡溪，南行冈脊中，下瞰，则石淙在望矣。余入自大梁^⑤，平衍广漠，古称"陆海"，地以得泉为难，泉以得石尤难。近嵩始睹蜿蜒众峰，于是北流有景、须诸溪，南流有颍水，然皆盘伏土碛中^⑥。独登封东南三十里为石淙，乃嵩山东谷之流，将下入于颍。一路陂陀屈曲^⑦，水皆行地中，至此忽逢怒石。石立崇冈山峡间，有当关扼险之势。水沁入胁下，从此水石融和，绮变万端。绕水之两崖，则为鹄立^⑧，为雁行；踞中央者，则为饮兕^⑨，为卧虎。低则屿，高则台，愈高则石之去水也愈远，乃又空其

---

① 洵（xún）：实在。
② 石淙：在今河南登封东南三十五里。峰峦叠耸，溪水绕流，为一邑奇观。山上建有三阳宫。唐武则天与群臣会饮于此。
③ 税驾：犹解驾，停车，谓休息或归宿。税，通"脱"。
④ 垄：长条形的高地，此处或指坟墓。
⑤ 大梁：开封的古名。
⑥ 碛（qì）：水中沙堆。
⑦ 陂（pō）陀：同"坡陀"，起伏不平的样子。
⑧ 鹄（hú）：天鹅。
⑨ 兕（sì）：雌犀牛。

中而为窟为洞。揆崖之隔①，以寻尺计②；竟水之过，以数丈计。水行其中，石崎于上，为态为色，为肤为骨，备极妍丽。不意黄茅白苇中③，顿令人一洗尘目也！

登陇④，西行十里，为告成镇⑤，古告成县地。测景台在其北。西北行二十五里，为岳庙⑥。入东华门时，日已下舂，余心艳卢岩，即从庙东北循山行。越陂陀数重，十里，转而入山，得卢岩寺。寺外数武，即有流铿然下坠石峡中。两旁峡色，氤氲成霞。溯流造寺后，峡底矗崖，环如半规，上覆下削。飞泉堕空而下，舞绡曳练，霏微散满一谷，可当武彝之水帘⑦。盖此中以得水为奇，而水复得石，石复能助水不尼水⑧，又能令水飞行，则比武彝为尤胜也。徘徊其下，僧梵音以茶点饷。急返岳庙，已昏黑。

二十一日晨，谒岳帝⑨。出殿，东向太室绝顶。按嵩当天地

---

① 揆（kuí）：估计，推测。
② 寻：古代长度单位，八尺为一寻。
③ 黄茅白苇：连片生长的黄色茅草或白色芦苇，形容齐一而单调的情景。宋苏轼《答张文潜书》："王氏欲以其学同天下，地之美者，同于生物，不同于所生。惟荒瘠斥卤之地，弥望皆黄茅白苇，此则王氏之同也。"
④ 陇（lǒng）：泛指山。
⑤ 告成镇：从战国至唐初皆称阳城，武则天时封嵩山，改阳城为告成。唐以后废，故称"古告成县地"，今属河南登封。
⑥ 岳庙：即中岳庙，在今河南登封城东4公里嵩山南麓。
⑦ 武彝：即武彝山，通常作武夷山。水帘：武夷山水帘洞，为武夷山著名的七十二洞之一，位于章堂涧之北。
⑧ 尼：阻止。
⑨ 岳帝：指中岳嵩山之神。

之中，祀秩为五岳首①，故称嵩高，与少室并峙，下多洞窟，故又名太室。两室相望如双眉，然少室嶙峋，而太室雄厉称尊，俨若负扆②。自翠微以上③，连崖横亘，列者如屏，展者如旗，故更觉岩岩④。崇封始自上古⑤，汉武以嵩呼之异⑥，特加祀邑⑦。宋时逼近京畿⑧，典礼大备。至今绝顶犹传铁梁桥、避暑寨之名。当盛之时，固可想见矣。

太室东南一支，曰黄盖峰。峰下即岳庙，规制宏壮。庭中碑石森立，皆宋、辽以来者。登岳正道，乃在万岁峰下，当太室正南。余昨趋卢岩时，先过东峰，道中见峰峦秀出，中裂如门，或指为金峰玉女沟，从此亦有路登顶，乃觅樵预期为导，今遂从此上。近秀出处，路渐折避之，险绝不能径越也。北就土山，一缕仅容攀跻⑨，约二十里，遂越东峰，已转出裂门之上。西度狭脊，望绝顶行。是日浓云如泼墨，余不为止。至是岚气

---

① 秩：等级顺序。

② 俨（yǎn）：庄严，庄重。负扆（yǐ）：皇帝临朝听政时背靠屏风。扆，古代宫殿内设在门和窗之间的大屏风。

③ 翠微：指青翠缥缈的山的中下部。

④ 岩岩：高峻的样子。

⑤ 封：帝王赐以爵位、土地、名号等。

⑥ 嵩呼之异：据《汉书·武帝纪》载，西汉元封元年（前110），汉武帝率群臣登嵩山，听到山间传来三次"万岁"的呼声。

⑦ 特加祀邑：汉武帝因为嵩山有"三呼万岁"的灵异，故特地下令将山下三百户划为祀邑（即该邑内的所有田租收入专供祭祀嵩山山神之用），并将该邑命名为"崇高"，该邑后来发展为名曰"登封"的县。

⑧ 京畿（jī）：京城所直辖的周边地区。北宋洛阳为西京，嵩山属其管辖。

⑨ 跻：登，上升。

愈沉，稍开则下瞰绝壁重崖，如列绡削玉，合则如行大海中。五里，抵天门。上下皆石崖重叠，路多积雪。导者指峻绝处为大铁梁桥。折而西又三里，绕峰南下，得登高岩。凡岩幽者多不畅，畅者又少回藏映带之致。此岩上倚层崖，下临绝壑，洞门重峦拥护，左右环倚台嶂。初入，有洞岈然，洞壁斜透；穿行数武，崖忽中断五尺，莫可着趾。导者故老樵，狷捷如猿猴[①]，侧身跃过对崖，取木二枝，横架为阁道。既度，则岩穹然上覆，中有乳泉、丹灶、石榻诸胜。从岩侧跻而上，更得一台，三面悬绝壑中。导者曰："下可瞰登封，远及箕、颍。"时浓雾四塞，都无所见。出岩，转北二里，得白鹤观址。址在山坪，去险就夷，孤松挺立有旷致。又北上三里，始跻绝顶，有真武庙三楹。侧一井，甚莹，曰御井，宋真宗避暑所浚也。

饭真武庙中。问下山道，导者曰："正道从万岁峰抵麓二十里。若从西沟悬溜而下，可省其半，然路极险峻。"余色喜，谓嵩无奇，以无险耳。亟从之，遂策杖前。始犹依岩凌石，披丛条以降。既而从两石峡溜中直下，仰望夹崖逼天。先是，峰顶雾滴如雨，至此渐开，景亦渐奇。然皆垂沟脱磴，无论不能行，且不能止。愈下，崖势愈壮，一峡穷，复转一峡。吾目不使旁瞬，吾足不容求息也。如是十里，始出峡，抵平地，得正道。过无极洞[②]，西越岭，趋草莽中，五里，得法皇寺[③]。寺有金

---

① 狷（juàn）捷：敏捷。

② 无极洞：即今老君洞，有道院一所。原奉太极、皇极，因称无极洞。

③ 法皇寺：应作"法王寺"，创建于东汉明帝永平十四年（71），仅比洛阳白马寺晚三年，是嵩山最古的寺院。

莲花，为特产，他处所无。山雨忽来，遂借榻僧寮①。其东石峰夹峙，每月初生，正从峡中出，所称"嵩门待月"也。计余所下之峡，即在其上，今坐对之，只觉云气出没，安知身自此中来也。

　　二十二日出山，东行五里，抵嵩阳宫废址②。惟三将军柏郁然如山③，汉所封也；大者围七人，中者五，小者三。柏之北，有室三楹，祠二程先生④。柏之西，有旧殿石柱一，大半没于土，上多宋人题名，可辨者为范阳祖无择⑤、上谷寇武仲及苏才翁数人而已⑥。柏之西南，雄碑杰然，四面刻蛟螭甚精⑦。右则为唐

....

① 僧寮（liáo）：和尚住的小屋。

② 嵩阳宫废址：在河南登封城北2.5公里。北魏时为嵩阳寺，隋代为嵩阳观，唐高宗曾以此为行宫。宋至道三年（997）赐名太室书院，景祐二年（1035）重修，赐额更名为嵩阳书院。为宋代四大书院之一。

③ 三将军柏：据传汉武帝于元封元年（前110）游嵩山时，封三株柏树为将军。大将军柏、二将军柏犹存，三将军柏明末毁于火。

④ 二程：指北宋理学家程颐、程颢，曾在此讲过学。

⑤ 范阳：历史上曾数次以范阳为名设置郡县，治所也有变迁。唐初置范阳县，天宝年间设范阳郡，唐代后期有范阳节度使，皆在今北京城西南。治今河北涿州，历为涿州治所，至明初废入涿州。祖无择：北宋蔡州上蔡（今属河南）人，字择之。少从穆修学古文，又从孙复受《春秋》。景祐进士，历知南康军、海州，提点淮南、广东刑狱，充广南转运使，入为太常博士、直集贤院。出知袁州（今江西宜春），首建学官，置生徒，学校始盛。英宗朝为同修起居注、知制诰，知开封府。神宗立，入知通进、银台司。熙宁三年（1070），坐知杭州时借贷官钱等事受人告嘱，责授忠正军节度副使。八年，复秘书监、集贤院学士。元丰中主管西京御史台，移知信阳军。著有《龙学文集》。

⑥ 上谷：战国、秦、汉有上谷郡，治今河北怀来县东南。隋亦置上谷郡，治今河北易县。

⑦ 螭（chī）：传说中一种没有角的龙，古代建筑常用它的形状作装饰。

碑^①，裴迥撰文，徐浩八分书也^②。又东二里，过崇福宫故址^③，又名万寿宫，为宋宰相提点处^④。又东为启母石^⑤，大如数间屋，侧有一平石如砥。又东八里，还饭岳庙，看宋、元碑。

西八里，入登封县^⑥。西五里，从小径西北行。又五里，入会善寺^⑦，茶榜在其西小轩内^⑧，元刻也。后有一石碑仆墙下，为唐贞元《戒坛记》^⑨，汝州刺史陆长源撰文^⑩，河南陆郢书。又西为戒坛废址，石上刻镂极精工，俱断委草砾。西南行五里，出大路，又十里，至郭店^⑪。折而西南，为少林道。五里，入寺，宿瑞光上人房^⑫。

····························

① 唐碑：即《大唐嵩阳观纪圣德感应之颂碑》，见前注。
② 徐浩：字季海，越州（今浙江绍兴）人，唐著名书法家。见前注。
③ 崇福宫：位于太室山麓。原为汉武帝登嵩山后兴建的万岁观。见前注。
④ 提点：官名。宋始置，寓提举、检点之意，掌司法、刑狱及河渠等事。
⑤ 启母石：石名。其周长43.1米，高达10米，传为夏启母所化，故称。见前注。
⑥ 登封县：隶河南府，即今河南登封。旧城在今西南部。
⑦ 会善寺：位于河南登封北6公里嵩山南麓积翠峰下。始建于北魏孝文帝时期，后毁于兵灾。唐重建，以后历代多次修葺。尚存建筑有常住院、戒坛遗址和古塔，寺内有碑刻、铁钟和石佛等文物。寺西有中国最古的八角形砖塔—唐净藏禅师塔。唐代著名天文学家僧一行曾在此出家。寺西南和东南有清代砖塔5座。尚存东魏、北齐、唐代碑刻4通，多载于金石志书，有重要价值。属全国重点文物保护单位。
⑧ 茶榜：将各类茶叶名排列于牌上，以公示于众。
⑨ 贞元：唐德宗年号，共二十年，公元785—804年。
⑩ 陆长源（？—820）：字咏之。唐书法家。见前注。
⑪ 郭店：村，在今河南登封西北。
⑫ 上人：《释氏要览·称谓》引古师云："内有智德，外有胜行，在人之上，名上人。"自南朝宋以后，多用作对和尚的尊称。

　　二十三日云气俱尽。入正殿，礼佛毕，登南寨[1]。南寨者，少室绝顶，高与太室等，而峰峦峭拔，负"九鼎莲花"之名。俯环其后者为九乳峰，蜿蜒东接太室，其阴则少林寺在焉。寺甚整丽，庭中新旧碑森列成行，俱完善。夹墀二松[2]，高伟而整，如有尺度。少室横峙于前，仰不能见顶，游者如面墙而立，辄谓少室以远胜。余昨暮入寺，即问少室道，俱谓雪深道绝，必无往。凡登山以晴朗为佳。余登太室，云气弥漫，或以为仙灵见拒，不知此山魁梧，正须止露半面。若少室工于掩映，虽微云岂宜点涴？今则霁甚，适逢其会，乌可阻也！乃从寺南渡涧登山，六七里，得二祖庵[3]。山至此忽截然土尽而石，石崖下坠成壑。壑半有泉，突石飞下，亦以"珠帘"名之。余策杖独前，愈下愈不得路，久之乃达。其岩雄拓不如卢岩，而深峭过之。岩下深潭泓碧，僵雪四积。再上，至炼丹台。三面孤悬，斜倚翠壁，有亭曰小有天，探幽之屐，从未有抵此者。过此皆从石脊仰攀直跻，两旁危崖万仞，石脊悬其间，殆无寸土，手与足代匮而后得升[4]。凡七里，始跻大峰。峰势宽衍，向之危石，又截然忽尽为土。从草棘中莽莽南上，约五里，遂凌南寨顶，屏翳之土始尽。南寨实少室北顶，自少林言之，为南寨云。盖其顶中裂，横界南北，北顶若展屏，南顶列戟峙，其前相去仅寻丈，中为深崖，直下如剖。两

---

① 南寨：即今御寨山，为少室山极顶，海拔1405米。

② 墀（chí）：台阶上面的空地。

③ 二祖庵：二祖即慧可，二祖庵在少林寺西南四公里的钵盂峰上。有古井四眼，俗称"卓锡泉"。南上里许即炼魔台，又称觅心台，

④ 手与足代匮（kuì）：脚不够用而以手帮助。代匮，备缺乏以为代。

崖夹中，壑底特起一峰，高出诸峰上，所谓摘星台也，为少室中央。绝顶与北崖离倚，彼此斩绝不可度。俯瞩其下，一丝相属。余解衣从之，登其上，则南顶之九峰森立于前，北顶之半壁横障于后，东西皆深坑，俯不见底，罡风乍至①，几假翰飞去②。

从南寨东北转，下土山，忽见虎迹大如升。草莽中行五六里，得茅庵，击石炊所携米为粥，啜三四碗，饥渴霍然去。倩庵僧为引龙潭道。下一峰，峰脊渐窄，土石间出，棘蔓翳之，悬枝以行，忽石削万丈，势不可度。转而上跻，望峰势蜿蜒处趋下，而石削复如前。往复不啻数里，乃迁过一坳，又五里而道出，则龙潭沟也。仰望前迷路处，危崖欹石，俱在万仞峭壁上。流泉喷薄其中，崖石之阴森崒嶵者，俱散成霞绮。峡夹涧转，两崖静室如蜂房燕垒。凡五里，一龙潭沉涵凝碧，深不可规以丈。又经二龙潭，遂出峡，宿少林寺。

二十四日，从寺西北行，过甘露台，又过初祖庵③。北四里，上五乳峰，探初祖洞。洞深二丈，阔杀之，达摩九年面壁处也。洞门下临寺，面对少室。地无泉，故无栖者。下至初祖庵，庵中供达摩影石。石高不及三尺，白质黑章④，俨然西僧立像。中殿六祖手植柏⑤，大已三人围，碑言自广东置钵中携至者。夹墀

---

① 罡（gāng）风：亦作"刚风"，即高空的强风。

② 翰（hàn）：羽毛，此指翅膀。

③ 初祖庵：宋时少林寺僧徒为纪念禅宗初祖达摩修造的，今存大殿和千佛阁。

④ 白质黑章：白底黑纹。

⑤ 六祖：指慧能，唐代僧人。本姓卢，生于南海新兴（今属广东），为中国佛教禅宗的实际创立者，被尊为禅宗第六祖。

二松亚少林。少林松柏俱修伟，不似岳庙偃仆盘曲，此松亦然。下至甘露台，土阜矗起，上有藏经殿。下台，历殿三重，碑碣散布，目不暇接。后为千佛殿，雄丽罕匹。出饭瑞光上人舍。策骑趋登封道，过辕辕岭①，宿大屯。

二十五日，西南行五十里，山冈忽断，即伊阙也。伊水南来经其下，深可浮数石舟。伊阙连冈，东西横亘，水上编木桥之。渡而西，崖更危耸。一山皆劈为崖，满崖镌佛其上。大洞数十，高皆数十丈。大洞外峭崖直入山顶，顶俱刊小洞，洞俱刊佛其内。虽尺寸之肤，无不满者，望之不可数计。洞左，泉自山流下，汇为方池，余泻入伊川。山高不及百丈，而清流淙淙不绝，为此地所难。伊阙摩肩接毂②，为楚、豫大道，西北历关陕。余由此取西岳道去。

—— 清嘉庆十三年叶廷甲增校本《徐霞客游记》

---

① 辕辕岭：古山名。在今河南偃师东南，接登封、巩义二市界。
② 毂（gǔ）：车轮中心有窟窿可以插轴的部分。

吕维祺

吕维祺（1587—1641），字介孺，号豫石，新安（今属河南）人。明代理学家。万历四十一年（1613）进士，授兖州推官，擢吏部主事。熹宗时进验封郎中，予假省亲归里，遗书给河南士大夫，告诫不要参预在开封为魏忠贤建生祠之事，并建芝泉讲会，祀伊洛七贤，几中危祸。崇祯即位，迁太常少卿，督四夷馆。二年（1629）疏陈军饷十五事及防微杜渐八事。累迁官至南京兵部尚书参赞机务。八年正月，农民军克凤阳。维祺被劾除名，居洛阳，创建伊洛会，从事著述讲学。十四年正月，李自成军克洛阳，被俘杀。著有《明德堂文集》《孝经本义》《孝经大全》《音韵日月灯》等。

斗园纪略

涧水之阳，爰有斗园。地即斗子城，且在玉斗山之坳，故名斗。主人曰园大于斗，故名斗也。山高可冠云，广可周城堞[1]。松柏乱如发，峰陟峡深，而古寺幽峭。折而东，则山势起伏，隐隐村落间。断崖修木，错杂加抱者，斗园也。

---

[1] 城堞（dié）：城上的矮墙，泛指城墙。堞，城上如齿状的矮墙。

园之西偏，有泉甘而冽，土人饮者多寿。曾产灵芝数本，下有千岁蟾蜍，土人名之曰芝泉，引为池，亦题曰芝。有亭虚而翼池上，题曰斗有轩。环以松，题曰谡谡①。有榭曰晚钟，有楼曰俯松，其他梅坞竹径，茨门石室②，一切信意为景，若参若偶，各极其致。

墙内外治畦种蔬，杂以榆柳桃柿及烂柯山石③。坐树濯泉，前于而后喁者，二三同志友也。苦茗清话，不时排扉而过我者，寺僧也。偶坐石上，挥扇而谈田桑，移日不倦者，野老牧儿也。暇则虚窗临帖，曲砌吟诗，树烟塔影，掩映迸射者，山光也。泠泠然若泼我兴而相与拍和者，泉声鸟语也。兴至而酣，兴尽而已，若相与消息于此中而不知天地之宽者，吾与吾之斗园也。

一行作吏，三径遂荒④。《诗》曰："泌之洋洋，可以乐饥⑤。"商山之歌亦曰："晔晔紫芝，可以疗饥。"⑥千钟万石，岂可易吾

---

① 谡谡：劲风声，喻刚劲严峻。

② 茨门：蓬户，柴门。

③ 烂柯山：《清一统志·河南府》：烂柯山"在新安县西南三十五里。群峰秀错，中有王乔洞，下有三石泉，西流入涧。《县志》传语樵于王乔遇仙处"。

④ 三径遂荒：语出晋陶潜《归去来兮辞》："三径就荒，松菊犹存；携幼入室，有酒盈樽。"三径，西汉隐士蒋诩（xǔ），字符卿，杜陵（今陕西西安东南）人。平帝时，为兖州刺史，以清廉正直著称。王莽摄政，他告病辞官，隐居乡里，足不出户，在院子里开辟了三条小路，只和羊仲、求仲这两位知交来往。

⑤ "泌之洋洋"二句：出自《诗·陈风·衡门》。

⑥ 商山之歌：即汉朝时商山四皓的作品《采芝操》。四皓指秦末隐居商山的东园公、甪（一作角）里先生、绮里季、夏黄公。四人须眉皆白，故称商山四皓。汉高祖召，不应。后高祖欲废太子，吕后用张良计，迎四皓，使辅太子，高祖以太子羽翼已成，乃消除改立太子之意。事见《史记·留侯世家》《汉书·张良传》。

斗乎！主人曰："斗园吾旧盟，且与我周旋久，虽偶出山，其敢寒吾盟？"所愿名公以名笔点缀，俾苍岫寒泉，老松茂藤，一增爽色。主人退食，一展读之，或梦回，吟一过即忽忽如见涧水傍花深竹青处也。东之山灵，亦可为主人解嘲，悬知异日遂初，门可罗雀，试置之几案，何异座上客常满。主人虽窭^①，当自有数峰白云相供养耳，其敢曰焉用文之！

——清康熙二年刻本《吕明德先生文集》

----

① 窭（jù）：贫穷，贫寒。

王 铎

　　王铎（1592—1652），字觉斯，一字觉之，号嵩樵、十樵、石樵、痴庵等，河南孟津籍，山西平阳府洪洞县（今山西洪洞）人。明天启二年（1622）进士，授翰林编修、经筵讲官等职。崇祯十七年（1644）授礼部尚书，清兵入关，至南明朝任东阁大学士。顺治三年（1646）仕清，官至礼部尚书。博学好古，工诗文、书画。山水宗荆浩、关全，所作丘壑伟峻，皴擦不多，以晕染作气敷以淡色，沈沈丰蔚，意趣自别。书法诸体悉备，真、行、草书得力于钟繇、二王、颜真卿、米芾，楷书庄重俊逸，行草独标气骨，笔力苍雄刚健，结体险中求正，长于布局，疏密相间，错落有致。顺治九年病逝故里，赠太保，谥"文安"。著有《拟山园帖》《琅华馆帖》《拟山园集》等。

龙洞雪游记

余里双槐南二里①，邙山之阴②，龙洞穴焉③。或曰："河上公注老子地也。"或曰："王维游此，司马温公亦尝纂史于中。"余家数世贫困，时恒读书于岩嵁之内④，说者曰："龙洞之助也。"

庚午冬⑤，大雪中余与友来吊古人之迹。观河山苍莽之气，四山光夺，皑然洁色，不辨檐瓦。雪村、雪木、雪舟、雪涧、雪崖、雪云、雪水，变态不一，则龙洞其雪龙乎？龙之泽天下也，其气诚而力钜⑥，兴雷兴雨，未闻兴雪也。雪者，龙之屈也。天地深晦，龙不欲显其喷薄山河之能，以膏润昭苏乎万汇而岩嵁焉⑦。是处唯龙与雪借藏，亦何尊乎龙也？

友人曰："子勿求备于一龙也。近取诸物，则曰雪、曰龙、曰洞。远取诸人，曰河上公、曰温公、曰王维。其显藏于世，与显藏于雪，有待于膏润昭苏也，何以异？不雪不雷，不云不雨，不屈不伸，不雪而造化告匮矣！"

余为之喟然兴叹，曰："山也！始可与言雪也已矣！"

───────────

① 双槐：河南孟津区会盟镇双槐村。

② 邙山：即今邙山。

③ 龙洞：今为一孔窑洞，在今河南孟津区会盟镇双槐村南邙山北麓的土沟中。

④ 嵁（zhàn）：悬崖峭壁。

⑤ 庚午：明思宗崇祯三年，1630年。

⑥ 钜：同"巨"，大。

⑦ 昭苏：苏醒，恢复生机的意思。此语出自《礼记·乐记》："蛰虫昭苏，羽者妪伏。"郑玄注："昭，晓也；蛰虫以发出为晓，更息曰苏。"

伊阙说

洛阳古名园地，两山石愤并，而水劙然中走者①，禹之伊阙。两山刻佛无数，西涯洞一，人一语，则响答之涯上。泉似一二三四，泄东涯下涌。泉过人眉，不一而是，望之似绿芙蓉双焉。泉与伊水，初不肯相容，雷崩海翻，岚浴晖触，使人动色相戒。循山之西，龙王冲瀑布虽壮，变谲无定②，兼之磅礴险巇，挈日侮月③，此兄彼弟不如也。擘凿之功④，可以想见。惜乎拓拔与天后刻佛⑤，铲削山面，以辱此山。

香梦斋记

不知何从，忽动栽梅之意。意之所蟠，栽以百株。二十年加老雪毒霜，遂成怪体。干不暇直，花不暇叶。龙愁虎愤，爪角相牾，囚缚不坦坦也。

王子曰："双槐，吾祖居哉。一室披卷，蒨深窈窱⑥，众干圻花⑦，盘纡疏演。枕书卧，卧即梦，梦而悲欢、淡浓、死生、顺

① 劙（lí）：割，劈。
② 谲（jué）：怪异，这里是奇异多变之意。
③ 挈：同"拿"，牵引、搏斗、执拿。
④ 擘（bò）：分开，剖裂。
⑤ 拓拔：即拓跋，北魏皇帝为鲜卑族拓跋氏。天后：武则天。
⑥ 蒨（qiàn）：同"茜（qiàn）"，形容草长得茂盛的状貌。窈窱（tiǎo）：深远、深邃的样子。
⑦ 圻（yín）：同"垠"。

逆也皆为香所贯也！夫天下之悲欢、淡浓、顺逆、死生，皆幻而梦之，先遭不爽，则非幻也。梦之先遭不爽，不转眼即幻，而香之年年岁岁不去，则非幻也。

噫！梅之性，不损力与土石斗，断断不死于老雪独霜之下①，似忍辱者。幽气不折冰棱，勇郁乘阳之，固耻与凡木耦②，而遏坌屈激③，日进于道，似智理者。

噫！不幸不栖于岩嵲，幸而栽之村甽④，磏然挟红侍翠之不为⑤，不梦不能穷其象，不香不能游其奥，其中有函焉者也！梅之甘与同梦也，岂非幸也耶？然则何梅何不梅？何香何不香？何梦何不梦？旷哉！天下之悲欢、浓淡、死生、顺逆，孰为之主之？而孰为之宾之？惟见流水紫云，香风寂寂。

首阳山记

《索引》诸书曰⑥："首阳在蒲坂⑦。"非也。白鱼跃舟⑧，河

---

① 断断：决然无疑，绝对。
② 耦（ǒu）：同"偶"。
③ 坌（bèn）：尘埃。
④ 甽（quǎn）：田间小水沟。
⑤ 磏（jiān）：锐利。
⑥《索引》：指唐司马贞《史记索隐》。
⑦ 蒲坂：古邑名，又作蒲阪、蒲反，在今山西永济西南蒲州镇。
⑧ 白鱼跃舟：《史记·周本纪》载："武王渡河，中流，白鱼跃入王舟中，武王俯取以祭。"

北即坶野①，今山之北村曰叩马村②。山有二冢③，邑大夫岁时祭焉。孟津西城相去三十里，堰堨互入④。蹑其巅，瞻引疏旷。离乎壑岫，四无限隩⑤。立乎天云之半，心果目抚。吊彼二贤，草之萧骚也，豖之藿静也⑥，山陀之不傂傂⑦，而酸风之霏靡也！让国若彼，扣马酷谯⑧，君臣大义，日月不枯，而今坛夷迹刓之如是耶⑨！

于是，老木成声，坶野践土⑩，数千里烟墟似鸟爪鼠鼻。思

----

① 坶野：即牧野，在今河南淇县西南、卫辉市（旧汲县）东北。《水经注·清水》：仓水"俗谓之零水，东南历坶野。自朝歌以南，南暨清水，土地平衍，据皋跨泽，悉坶野矣"。又引《竹书纪年》曰："周武王率西夷诸侯伐殷，败之于坶野。"

② 叩马村：即今河南孟津区扣马村。《清一统志·河南府二》：叩马村"相传夷、齐叩马谏武王处"。叩马，即勒住马。

③ 二冢：伯夷、叔齐之墓。《史记·伯夷列传》记载：殷朝末年，有个孤竹国（今河北卢龙县东）。国君有两个儿子，大的叫伯夷，小的叫叔齐。孤竹君去世，按遗嘱应立叔齐为国君，但叔齐不肯，坚持把君位让给哥哥伯夷，而伯夷遵父命要弟弟叔齐继位，兄弟两人互相推让。结果两人都没有继承君位，先后都逃走了。他们投奔西部地区一个诸侯国首领周伯昌（周文王姬昌）。至武王伐殷，"伯夷、叔齐叩马而谏"（见前注）。灭殷后，二人不吃周朝的粮食，饿死在首阳山。

④ 堨（è）：拦水的堰。

⑤ 隈隩（wēi yù）：曲折幽深的山坳河岸。

⑥ 藿（huò）：豆叶，这里泛指野草。

⑦ 陀（tuó）：山冈。傂傂（cī chí）：亦作"傂池"，参差不齐貌。

⑧ 谯（qiào）：责备，遣责。

⑨ 夷：平。刓（wán）：坏，损坏。

⑩ 践土：踩踏地面。

二贤之让之争，令人自喻于尘垢之外。而夹振驷伐①，不贻惭千秋，其谁信之乎？悠悠古今，以治以乱，以攻以夺，以死以生，以先以后，以快以嗛②，盖难言之矣！余将披石壁，拜薇叶，告以此意。

缱山记

缱山在偃师之东南，渡伊洛经唐太子岭③，地多枣柿榆柳。

---

① 夹振驷伐：《史记·乐书》："夫乐者，象成者也。总干而山立，武王之事也……夹振之而四伐，盛威于中国也。"裴骃集解引王肃曰："四伐者，伐四方与纣同恶者。一击一刺为一伐也。"张守节正义："夹振，谓武王与大将夹军而奋铎振动士卒也。言当奏《武》乐时，亦两人执铎夹之，为节之象也。凡四伐到一止，当伐纣时，士卒皆四伐一止也……故作《武》乐俿者，亦以干戈伐之象也。"《孔子家语·辩乐》："众夹振焉而四伐，所以盛威于中国。"夹振谓夹舞者振铎。周代帝王大祀，表演歌颂武王伐纣的舞蹈时，令二人振铎夹舞者，象王与大将，夹舞者振铎为节。《礼记·乐记》："天子夹振之而驷伐，盛威于中国也。"郑玄注："夹振之者，王与大将夹舞者振铎以为节也。"孔颖达疏："是两边相夹，天子与大将相对……皇氏云：'武王伐纣之时，王与大将亲自执铎以夹军众。今作《武》乐之时，令二人振舞夹舞者，象武王与大将伐纣之时矣。'"驷伐，即"四伐"，用武器击刺四次。《尚书·牧誓》："不愆于四伐五伐，六伐七伐，乃止齐焉。"孔传："伐，谓击刺。少则四五，多则六七以为例。"后古代乐舞以"四伐"象征征伐四方。

② 嗛（qiè）：通"慊"，满足，快意。

③ 太子岭：即唐恭陵（孝敬皇帝陵），位于河南偃师区缱氏镇东北2.5公里的滹沱岭上，是唐高宗李治第五子、武则天长子李弘的陵墓。永徽六年（655），武则天从宸妃进升为皇后，次年李弘被立为太子，曾一度监国。上元二年（675）四月，太子弘从幸合璧宫，薨，时年二十四岁，同年八月葬于恭陵。唐高宗将其追谥"孝敬皇帝"。

三月春和，桃花纷纷，错以绿缛①。路高阜也，至扶殿镇②，折而南六里，桧杉奥邃，树有龙挐蛟蟠之象，即缑山云。负土有力，峣然者曰子晋庙③。碑之高二丈者，天后撰文④，妖艳不必观。傍列药臼石鼎，石多锯齿而漆体，山之峻不及南与东者。西东即嵩山，众昂一俯，意态横出，不伦不理，环为揖让，勿相蹙也⑤，别有淡远潇疏之意。

盖此山之前乎子晋者，不知几何年。笙鹤杳然，深绿浅碧，相对之久而不涣焉⑥。忘情道心静坐者，岂人理也哉？顾得道可以遗身，而外身无以得道。余方瞚览于药臼石鼎⑦，同游不及领也。但见流水无心，桃花泛出，恶得谓世无浮丘乎⑧？将更问知者。

山中书斋记

少林溪南退居僧舍，余僦居之⑨。读书之暇，则登山探壑，倦而归。日夕，薄雾皆行山云竹气中，水声淙淙在衣袂也。昧

---

① 缛：通"褥"。
② 扶殿：即今河南偃师区府店镇。
③ 峣然：高大独立貌。
④ 天后：武则天。
⑤ 蹙（cù）：紧迫。
⑥ 涣：离散。
⑦ 瞚（shùn）：古同"瞬"，眨眼。
⑧ 浮丘：即浮丘公，见前注。
⑨ 僦（jiù）：租赁。

爽[①]，闻木鱼音即起，不盥栉[②]，看竹读书。竹藏海沤堂之后，山之趾，青苍为堂所翳。余命僧凿壁而窗之，叹曰："是何异西伯之囚释之而出乎？"竹间多藤，紫药纷离，更与右相间。余方濡墨吟咏[③]，不知僧来拥帚，闲扫飞花。

香泉记

永宁城之西北九里，皆大竹也。从竹中行忽得山，山之体瘦而致淡。攀缘老树而上，寺已渐圮，山磬晚动，寂寞之中悠焉有会。

是岁甲子孟秋[④]，友人刘、杨诸君共饮于岩泉红树之间。已而夕阳满涧，人影乃虚。求之幽深，有泉泓然清澈，人迹罕至，渟而不流[⑤]。草花云林，森森渺渺，映泉为金碧光，如琉璃珊瑚状，其圆魄也欤[⑥]！又使人意快于尘垢之外。余告友人曰："此泉何不瀹石刓窦[⑦]，引之下注，可灌数百顷田也，其为利也亦溥矣[⑧]。"

---

① 昧爽：拂晓，黎明。

② 盥栉（guàn zhì）：谓梳洗整容。盥，浇水洗手，泛指洗。栉，梳头。

③ 濡（rú）墨：蘸润墨汁，谓用墨书写。

④ 甲子：明熹宗天启四年，1624年。孟秋：指秋季第一个月，农历七月。

⑤ 渟（tíng）：水聚集不流。

⑥ 圆魄：指月亮。

⑦ 瀹（yuè）：疏通水道，使水流通畅。刓（wán）：刻，挖。

⑧ 溥（pǔ）：广大，普遍。

迨日沉而余霞明瑟①，欲去而山烟晻暖②，下屈磴不数步③，回望高峦若截，相与徘徊瞻顾而不能去。

懒龙潭记

庚午秋杪④，余读书少室山下。浙僧东渤、少林僧海沤，指余西游于潭。潭去寺六七里。始入南，其路一峰遮于北。怪石狮乳，泉水清冽，穿洄于小石下⑤。行二里，石路楂岈，突起脚下，约三十余丈。石上花白绿杂碧，与山茶族也。俯视之，寂阒无声⑥。僧曰："此懒龙宅。"

两峰蜷夹数千丈，野草备文质，绣错钩牵，垂垂然以守潭。左右突起之石，与潭心上下，照余鬓须。潭宽半亩余，清而可畏，若有怪子孙于中者。僧曰："勿以石坠，恐激龙恼。"余曰："何懒焉？"僧曰："天不雨，居民以石侜血衅之⑦，击之乃雨，不击不雨。"余笑曰："子乌足以知之⑧！龙好动不已辄病，所以求针也。又恐为人搴扰，龙之懒，龙之智也！子不知龙之意。龙之韬晦即谓之曰'懒'⑨，必所甘心矣！"

....

① 明瑟：莹净。
② 晻暖：昏暗貌。
③ 磴（dèng）：石头台阶。
④ 庚午：明思宗崇祯三年，1630年。杪（miǎo）：指年月或四季的末。
⑤ 洄（huí）：水回旋而流。
⑥ 阒（qù）：寂静。
⑦ 侜（zhōu）：蒙蔽。衅（xìn）：杀牲，用其血涂于器物来祭祀。
⑧ 乌：何。
⑨ 韬晦（tāo huì）：隐藏才能，不使外露。

悠然斋记

卜居于崝嵘山房①，而题其西峰之室曰悠然斋。是年崇祯十年②，余复入北都，暂与山别。夫崝嵘之西峰淡焉如云杳，霭焉如烟，青绿虚漠焉如公望、孟頫之画③。昔年未为余有，尝于途中望之矣。灵湛于有无之间④，若造化之嘘气而成也。

十余年余城居，又于楼榭牖槛窗楞中源源见焉⑤。不意今居其中，大飞山欲界仙都⑥，忽为吾有也。夫天壤间之物，其

----

① 崝嵘：山名。据嘉庆《孟津县志》记载，崝嵘山在孟津县城南二里（即今河南洛阳会盟镇境内）。

② 崇祯十年：明思宗崇祯十年，1637年。

③ 公望：黄公望（1269—1354），元朝画家。本姓陆，名坚，平江常熟（今属江苏）人，出继永嘉黄氏。字子久，号一峰、大痴道人。工书法，通音律，善散曲。善画山水，师承宋董源、巨然，能变其法，自成一家，是元四家之一。孟頫：赵孟頫（1254—1322），元书画家、文学家。字子昂，号松雪道人，水精宫道人，中年曾署孟俯，湖州（今浙江吴兴区）人，宋朝秦王赵德芳之后。宋亡后居家，元世祖派人到江南搜访"遗逸"时，经程钜夫荐受荐于朝，颇为元世祖所赏识，官至翰林学士承旨。封魏国公，卒谥"文敏"。善书画，工诗文，风流文采在元初冠绝一时。书法尤精于正、行书和小楷，人称"赵体"。绘画主张"作画贵有古意，若无古意，虽工无益"。

④ 湛（zhàn）：沉没，隐没。

⑤ 源源：连续不断貌。

⑥ 大飞山：即大蚶山，在今福建仙游县北五里。《新定九域志》卷九：大飞山"山地本平湖数顷，一夕风雷暴至，旦见此山耸峙，因名焉"。《清一统志·兴化府》引《旧志》："谓之大小二飞山，县之主山也。自九座分宗东来，高可千仞，延亘百里，蚁为二山，形势耸拔，翼然如飞。"欲界：佛教指没有摆脱世俗的七情六欲的众生所处境界。仙都：仙人的国度，也就是仙人集聚的地方。南朝梁陶弘景《答谢中书书》："实是欲界之仙都。自康乐以来，未复有能与其奇者。"

远近亲疏，失得离合，未有专主，何莫非此山耶！而随时所适，似有领略，初无凝滞。菊妃嘤翠，何莫非此悠然与南山相见耶①！

今余居都，读书无事，何尝有有为之才。思悠然斋以远飞埃，脱尘缨②，以为藏退恬安，休息性命之处，其所邀灵于造化者多矣！

昔也尝阅历于吴越闽楚诸山，于江海之际，崒屼峭立③，隩阻险怪④，巇崿巀嶻⑤，虚牝郁盘⑥，与天为党，兹山犹其培塿也！而余梦寐乃在于此。则其悠然者，为其近而不远欤？亲而不疏欤？合而不离，得而不失欤？不几乎余所专主也耶⑦！

嗟乎！真意在中，欲辩忘言。然斋可言，而悠然之故，吾亦相忘于郁律长峦而已矣⑧！

柏冈记

孟津东七里，龙洞山之西一里，柏冈跱焉，三面皆山若帏

---

① 悠然与南山相见：晋陶渊明《饮酒》其五："采菊东篱下，悠然见南山。"
② 尘缨：比喻尘俗之事。
③ 崒屼（lù wù）：高耸。
④ 隩（ào）：同"奥"，深。
⑤ 巇崿（yǎn è）：山崖，峰峦。
⑥ 虚牝：空谷。《文选·殷仲文〈南州桓公九井作〉》："爽籁警幽律，哀壑叩虚牝。"李善注引《大戴礼记》："丘陵为牡，溪谷为牝。"郁盘：曲折幽深。
⑦ 专主：专一注重。
⑧ 郁律：山势险曲突兀貌。

幕。西瞻王屋谷巇①，黄河一白练平铺，苍茫之表，明灭有无，为席下物。余与友人数饮其处，家大人子弟皆载酒与笔墨，或有吟咏。众柏数千，如发如草，而前人不标题②，何也？此地之游，宜于春秋。春则单椒秀泽③，连他峰以相亢。树之枯者、倒者、密者、疏者、稚者、壮者，杈枒虎牙，青崖焕发。如柱如几，如屯云，如仄苍，浓丽于柏之前后，可娱也。秋气微白，红柿垂实，火齐宝珠④，可玩可啖。悬之席间，一望数十里饰岩绮丘，乍温乍凉，怪异千状。造化固以此私余，纷绿骇红，香荜翠媚⑤，人世所不能争者也。大江以南有此邪？无此邪？狎主此山而雄长之⑥，欣胜践之同和⑦，笑尘缨之为滞，每一临况⑧，诗畅饮喜，悠焉忽醉。

::::::::::::::::::::::::::::::::

① 王屋：在今河南济源市西北九十里与山西阳城县交界处，中条山分支。《寰宇通志》：王屋山"山状如屋，故名"。平均海拔1000米，主峰天坛山海拔1711米。山势险峻，林木繁茂。古迹有阳台宫、清虚宫等。有"天下第一洞天"之称。南麓有愚公村、愚公洞和愚公井等。

② 标题：标识，题记。

③ 单椒：孤峰。北魏郦道元《水经注·济水二》："（华不注山）单椒秀泽，不连丘陵以自高。"

④ 火齐：即火齐珠。《文选·张衡〈西京赋〉》："翡翠火齐，络以美玉。"李善注："火齐，玫瑰珠也。"《梁书·诸夷传·中天竺国》："火齐状如云母，色如紫金，有光耀。别之，则薄如蝉翼；积之，则如纱縠之重沓也。"

⑤ 荜（bó）：指花蕊。

⑥ 狎主：交替主持。《左传·昭公元年》："自无令王，诸侯逐进，狎主齐盟，其又可壹乎？"杜预注："强弱无常，故更主盟。"

⑦ 胜践：犹胜游。

⑧ 况：情形。

嵩山绝顶记

辰饭罢，携榼①，从者六七人，自退居后山，登半山多橡栗，树高不十尺，行十五步一憩，喘定，又行十五步。怪石大如堂室，巉岩嵚崟②，砐硪不可上③。草翳无迳④，老树瘦根，倒挐于磴边⑤。黑鹘一鸣⑥，岩谷划然。

是日晴朗，白云蓬蓬起石脑胁间，上视即霡也⑦。过大石林，树益明生蔓延于巇嶭中⑧。隙地少许土，雨后土润，印一虎蹄类小盘，左右皆惧，于是疾过之。余命磨墨题石壁上数大字。曲折蛇行，至一石匣，南瞰谷下皆烟岚。风自东来，力甚钜，衣皆解。舓石匣巉嵯⑨，蹲身，手捉石牙，折而西上，峇然如削，八九丈余，则霞梯也。石有岘，身贴于石，一足着岘处，一足方举，如猱升木⑩，直上无斜侧势。气数歇，始至嵺巢⑪。一泉面宽五亩，深不可测，泉口八九寸。余手疏其秽杂冗石木叶，口

----

① 榼（kē）：古代盛酒的器具。

② 巉（chán）：山势高峻。嵚崟（qīn yín）：山势高险的样子。

③ 砐硪（è wò）：高大貌。

④ 翳（yì）：遮蔽，障蔽。

⑤ 磴（dèng）：石头台阶。

⑥ 鹘（hú）：隼。

⑦ 霡（duì）：靆（dàn）霡，乌云密集的样子。

⑧ 明：通"萌"。巇嶭（jié niè）：形容山势高峻。

⑨ 巉嵯（jiǎn chǎn）：山曲折。

⑩ 猱（náo）：古书上说的一种猴。

⑪ 嵺巢（liáo cháo）：山高。

宽尺余，潨注下大壑中，如雷斗声，不可迩。少顷，抵佛堂，将颓佛像，烟煤香火冷然。四面墙用棘，防虎豹也。南即摘星峰，西即天皇庙。

是时日将沉矣，夜宿佛前，二僧为煮芋山药，饱而卧焉。明日，视登封城如盆，大观哉！下视黄河、伊、洛如线，太行、鸣皋、伏牛、箕山、许由山、颍山、缑氏山，皆培塿相连相拱。循王子晋洞下。

夫造物之自无而有，吾尝信之。山顶大泉，诸山羽翼，各现其才技，类手为之刻镂者。是故大小相师，何故杂处而不乱？然山一鬼神也，岳降申甫①，然人亦一鬼神也。噫！彼造物者既生此嵩，必有以死此嵩，则吾所不得而知也！

金门山记②

北里村在山中，竹树如鹅首，大数万顷。环塞之南为玉笋山，给谏张玉调数世居此③。高切云霞，若连珠然。西南山逾厚，四五百里莫之既，樵人渔父似桃源与外隔。

---

① 岳降申甫：《诗·大雅·崧高》："崧高维岳，骏极于天。维岳降神，生甫及申。维申及甫，维周之翰。"申甫，周代名臣申伯和仲山甫的并称。

② 题下原注：在永宁县西南。

③ 给谏：唐宋时给事中及谏议大夫的合称，清代用作六科给事中的别称。张玉调：张鼎延（1582—1659），河南府永宁县（今河南洛宁县）人，字慎之，号玉调，天启二年（1622）进士，曾任明给事中，入清任工部左侍郎、刑部右侍郎、兵部右侍郎等职。

招侍御邢舜玄①，骑马十五里，渡溪水，马不湿腹。经玉笋诸峰下，山势负气出，力以争胜于西北峰。路傍大石如牛马，又渡溪水，抵金门山麓。竹林外，人烟霭霭十余家，乃段氏也。余与玉调贾勇②，历崎嶇，绝顶四面，望熊耳、眺卢敖山③，错绣相亚。舜玄登半拾石华，一狼从石壁避余。入东高峰，其上黄帝时伶伦造管竹尚余数百竿④。石佛頹，屋破无僧。雨忽至，日衔山尾，营辉坐人衣。段氏饷余⑤，骚客曹阳虚亦至，即席限韵，酒醉，仰天大呼。嗟嗟！一登峣垒，烟雨来凑。况于深入，而久居之寝食云为？又何知夫逐逐无厌、一切羶畏之涂哉⑥！

是时，玉调以直谏谪，舜玄以养亲归，余以请假归。时崇

----

① 侍御：唐代称殿中侍御史、监察御史为侍御，后世因沿袭此称。

② 贾（gǔ）勇：语本《左传·成公二年》：“齐高固入晋师，桀石以投人，禽之，而乘其车，系桑本焉。以徇齐垒，曰：‘欲勇者，贾余余勇。’”杜预注：“贾，卖也。言己勇有余，欲卖之。”后以“贾勇”为鼓足勇气的意思。

③ 熊耳：洛阳一带的熊耳山有二。一在今河南卢氏县东南。《汉书·地理志》弘农郡卢氏县：“熊耳山在东，伊水出。”一在宜阳。《后汉书·刘盆子传》：建武三年（27），赤眉君臣降，“积兵甲宜阳城西，与熊耳山齐”。《水经注·洛水》：“洛水之北有熊耳山，双峦竞举，状同熊耳。此自别山，不与《禹贡》‘导洛自熊耳’同也。昔汉光武破赤眉樊崇，积甲仗与熊耳平，即是山也。”卢敖山：指卢氏一带的山。卢敖本为燕人，在秦朝当官，任博士。避乱，定居卢氏山中，卢氏县由此得名。

④ 黄帝时伶伦造管竹：《汉书·律历志》载：“黄帝使泠纶自大夏之西，昆仑之阴，取竹于解谷（今洛宁金门山）生，其窍均者，断两节间而吹之，以为黄钟之宫，制十二筩，以听凤之鸣。”《后汉书·郡国志》注：“宜阳有金门山，山竹为律管。”

⑤ 饷余：供我吃饭。

⑥ 逐逐：奔忙貌，匆忙貌。

祯己巳九月十六日^①。

紫岩寺记

紫岩在孟津白坡之南山，其来不可考。余于乙亥秋同全献白、家四弟匡峦往^②。入寺柴门寂然，佛龛堆落叶，古磬在几，僧不知何往也。佛殿前一泉，离地面四尺，水深湛，不幸以土封锢之，日月不亲，云华不生^③，便汲煮而失于灌溉山田。味甚清恬安善，可煎苦茶。山张两翼，前水直去不湾抱，故寺亦荒阒。两山相牵相扶，若断若续，蔓涧枝峰，散峙于平畴衍漾之中，山形不巉耸刻露，岩洞不断腭^④，号称奇茂。故韵人罕至，品题鲜少，无为山一洗尘气者。东峰下多小石子，五色斑嗽，予欲与献白饮，而日轮不待矣！

少顷，人静山青，树疏云淡。与四弟下行，过二三峰，寒烟衰草之外，始脉脉会心，远远闻有磬声。

---

① 崇祯己巳：明思宗崇祯二年，1629年。
② 匡峦：王铎弟王镆字。
③ 云华：云朵，云片。
④ 断腭：凹凸不平貌。腭，同"颚"。

崝嵘山房记①

昔江总石室②，铭于正域；庾信玉帐，以为隐士弹琴之地③。余闻斯山之岑寂④，勤恁久矣⑤。值中原多寇，十年不殄金虎之噬，倥偬中又不果⑥。筑始于丁丑之秋⑦，买其山，去津城二里。筑南

---

① 崝（zhēng）嵘山：在今河南孟津区老城附近。

② 江总（519—594）：字总持，济阳考城（今河南兰考东）人。梁时任太子中舍人、太常卿等职。陈征为中书侍郎直侍中省，官至尚书令，世称"江令"。日与陈后主游宴后庭，作淫艳诗，号为"狎客"。入隋，为上开府，卒于江都。善五、七言诗，然多宫体。好佛，弱年即寄心佛说，两度入山，谨守戒律，然终由于俗务而回。多制佛教碑文。后人辑有《江令君集》。石室：江总有《玄圃石室铭》。

③ 庾信（513—581）：北周著名文学家，字子山，小字兰成，南阳新野（今属河南）人，庾肩吾子。初仕梁，为右卫将军，封武康县侯。后出使西魏，值西魏灭梁，被留。历仕西魏、北周。明帝、武帝皆好文学，倍受礼遇，官至骠骑大将军、开府仪同三司。世称庾开府。幼聪慧，博览群书，擅长诗文辞赋。在梁时作品绮艳轻靡，与徐陵齐名，时称"徐庾体"。后期诗赋则表现对乡国的怀念和身世的感伤，语言清峻，风格苍凉沉郁。有《庾开府集》。玉帐：庾信有《玉帐山铭》。

④ 岑寂：高而静，亦泛指寂静。

⑤ 勤恁（nèn）：亦作"勤任"，勤思。《文选·班固〈典引〉》："若然受之，亦宜勤恁旅力，以充厥道。"蔡邕注："恁，思也。"

⑥ 倥偬（kǒng zǒng）：忙乱、纷繁迫促。

⑦ 丁丑：明思宗崇祯十年，1637年。

为南华轩，西为羽衣舍，其上为范少伯、张子房祠①。东为峥嵘山房，列棐几②，陈韩柳两汉先秦三代书③。东北山为白衣大士洞④，缘崖而止，上为觉海寺。初卜基，无龙工鸟工，尚未构也。西北山为天人洞，塑三教至人⑤。余朝夕游息其中。嗟乎！天地时察，草木成章。人能忘世，何地不可？况斯山之幽隩孤清⑥，太形羸，黄河不诎，景附峭蒨，天不以此山赐我而佚我乎哉？余营此山足矣。

山之北，初入，高阜横偃，皆柿林，类龙皮，戛也曲而东，樱桃沟界之；曲而南，峭焉如屏，天风至，大声嘈㘌，百籁聋山，山之静若不受也。上之田可为池，隙地即欲构觉海寺者。有藤有榴，山如楼，三阶有香云洞，洞上即绝顶，伊洛瀍涧编焉。臣伏于南大壑又界之，接南华轩；西山特立危峰，峰背不知何代凿三大洞，或古人避兵处，路崎，差缥引缅始至，险怪

---

① 范少伯：范蠡，字少伯，一称鸱夷子皮，又号陶朱公，一说春秋楚国宛三户（今河南南阳）人。曾任越国大夫，助越王勾践灭吴。继去吴游齐，至陶（今山东定陶区南），经商致富。后散财济贫，隐逸而终。张子房：张良（？—前186），字子房，原为韩国人，先祖五世相韩。秦灭韩后，为报仇，以财招刺客，趁始皇出游时在博浪沙（今河南原阳东南）狙击，未能成功，遂隐姓埋名，亡匿于下邳（今江苏睢宁北），不久，受兵法于黄石公，得《太公兵法》。后归刘邦。楚汉之争中，刘邦得以消灭项羽，一统天下，多其所谋略，成为刘邦最重要的谋士之一。因有功，封为留侯。

② 棐（fěi）几：用棐木做的几桌，亦泛指几桌。

③ 韩柳：韩愈、柳宗元。三代：夏商周三代。

④ 白衣大士：穿着白衣的观音菩萨，亦作"白衣观音"。

⑤ 三教：佛教传入我国后，称儒、道、释为"三教"。

⑥ 隩（ào）：古同"奥"，深。

古木虬屈，下临不测，盖帝之觞百神仙之避风雨者也。

盖为山房者，雕几则已细，城市则已辱，繁多则已汰，枯槁则已陋。今外闭内闳，矗列峘峐；钟磬之声，琴书之韵；春雁夕猵，脉势经带；互相响答，不细不辱，不汰不陋，江总庾信之纪，未知孰愈？

龙马记

余儿童时，戏于河壖，父老曰此河中下多石子，有声，曾出龙，相传以为怪，余亦讶以为奇。后数十年，阅石碣所纪载，知为宓羲画八卦肇端[①]。龙马所负之图，龙马所出之河[②]，今孟津西北河中，漩涡倒流者即其处也。其地鬲底柱东下，众山钳制石骨，水无所发其愤恨，躁急洑潄，颓溃盘曲；放于平原宿莽，得以畅其所性，如怒如悦，斯河之举，羸用奢而不受绌抑之一端也。

按《图》，马微类驒骟[③]，水若有火光，身龙麟，首、口鼻类龙，歊成云，无角。毛文八卦：乾、坎、艮、巽、震、离、坤、兑，昌乎天地神鬼之道，为千古文章鼻祖。嘻！良亦奇矣。

夫天地间最灵最秘之窍，鸿蒙有以司之，不轻启而示其象

---

① 宓羲画八卦：《周易·系辞上》："河出图，洛出书，圣人则之。"疏："孔安国以为河图则八卦是也，洛书则九畴是也。"宓羲：即伏羲氏，中国传说中的上古帝王。
② "龙马所负之图"二句：《尚书·顾命》："天球，河图。"孔安国传："河图，八卦。伏牺王天下，龙马出河，遂则其文，以画八卦，谓之河图。"
③ 驒（tuó）：毛色呈鳞状斑纹的青马。

于宓羲，以手辟玄沌，剖露文明，盖天之所以资神圣而自释其苞结郁蓄之意者乎？繇是始知父老之所以为怪者，千古以之为大经而非怪也。规矩三才，权舆万类[1]。贤不契非贤，智不契非智，圣不契非圣。矞矞皇皇[2]，范围曲成，纲纪人鬼者，得宓羲而始灵叡也欤！不然，西狩获麟则从而毙之[3]，世之晦塞，天之意不转为郁结也欤！

余谓父老之言是也。谓天地守神，使之费而不竭，不独图怪也，马亦怪也，河亦怪也，文王、周公、孔子亦怪也，宓羲尤怪之怪也。不怪不奇，天地不亦昧昧腐弊之器乎？如是，即题为开辟一大怪，而孟津一怪地也，不亦宜乎！

——清顺治十年王镛王鑨刻本《拟山园选集》

---

[1] 权舆：起始，萌生。

[2] 矞（yù）矞皇皇：辉煌、光辉的样子。

[3] 西狩获麟：指春秋时期鲁哀公十四年（前481）猎获麒麟事。相传孔子作《春秋》至此而辍笔。《春秋·哀公十四年》："春，西狩获麟。"杜预注："麟者仁兽，圣王之嘉瑞也。时无明王出而过获，仲尼伤周道之不兴，感嘉瑞之无应，故因《鲁春秋》而修中兴之教。绝笔于'获麟'之一句，所感而作，固所以为终也。"

朱作哲

朱作哲，清康熙时任渑池教谕。

中山寺记

予，陈人也①，吏隐兹土②。览其山川景物，每乐与隐君子作林泉游。因访渑之南岭古宝泉③。有高僧讳性慈，字中也。偕童冠往造其地，得晤中公。相见甚欢，笑语移日④，不言世事，不品人物，但略道其素迹曰："吾始参叩先师憨休老人于西安之兴善寺⑤，

---

① 陈：陈地，在今河南淮阳及安徽亳州一带。
② 吏隐：谓不以利禄萦心，虽居官而犹如隐者。
③ 宝泉：清《渑池县志》记载，宝泉寺又名中山寺。寺在渑池县治南二十里（现河南渑池县果园乡峪洞村南沟坡坳处，胡家洼生态游园水库边，房舍已毁，仅留岩石遗迹）。唐元和十年（815）创建。有"中山八景"：蕊刍洞、锦屏岩、娑萝树、洗钵泉、白莲池、罗汉石、盘陀石、秋叶园，名流题咏甚多。
④ 移日：移动日影，指不很短的一段时间。
⑤ 憨休老人：指憨休禅师如乾（？—1701），西蜀龙州（今四川平武县东南）人，俗姓胡氏。世业儒，19岁剃发于先阳山。遍游费隐、木陈、玉林诸宗匠之门，历十五年，抵中原之风穴寺。末礼云峨喜禅师于风穴寺。机缘相投，乃获印可，为临济宗南岳下第三十六世传人。开法泾阳兴福寺、长安兴善寺，继席风穴寺。
兴善寺：位于长安城东靖善坊内（今陕西西安小寨兴善寺西街），始建于晋武帝泰始二年（266），原名"遵善寺"，已1700余年历史，是西安现存历史最悠久的佛寺之一。隋文帝开皇年间扩建西安城为大兴城，寺占城内靖善坊一坊之地，取城名"大兴"二字，取坊名"善"字，赐名大兴善寺至今。《长安志》卷七载："寺殿崇广，为京城之最。"

《金刚》《华严》，颇有会心；既而开法云门①，继席风穴②，卒迁此峰。"弟子之从游者，若脱影、天泽等，皆授以释氏秘旨，盖将于此了业云尔。

噫！中公其果异吾道乎哉？抑有所托而逃乎哉？闻之梁有志公、宋有佛印③，中公岂其流亚也哉？吾且循山视之。山形似口，中突一泉。其色清，其味甘，水声涓涓，不舍昼夜，泉以宝名，良有以也。泉左有殿，庙貌巍峨，公之讽诵处也；泉方有厨室，小而幽，公之薄滋味处也。复极目四眺，山之崖、水之湄，千年老树耸出云表者，则公之乘风快志、谈经说法所也。遵是而南，有小蹊焉。盘曲上之，分林木，越丛竹，入石门。门有洞口，深之，有石床，床前有窗，窗有静几，置书数部。展阅之，则公之拈诵语录及手著诗也、赋也、古风也，无非静里消息，三昧微言④。吟咏再四，若引我于七级上也。更由此而

---

① 开法：指僧侣宣讲佛法。云门：指云门宗，禅宗五家七宗之一，因开山祖师云门文偃禅师而得名。

② 风穴：风穴寺又名香积寺、千峰寺、白云禅寺。位于汝州市区东北9公里的中岳嵩山少室山南麓风穴山中。曾与白马寺、少林寺、相国寺齐名，被称为"中原四大名刹"。

③ 志公：即宝志（418—514），南北朝齐、梁时僧，又称"保志""保公""志公"。俗姓朱，金城（在今甘肃兰州）人。梁武帝建国，尊奉为国师。梁天监十三年（514）12月圆寂，世寿96岁，敕葬于金陵钟山独龙阜，并于墓旁建开善寺，谥号"广济大师"。佛印（1032—1098）：宋代云门宗僧。法名了元，字觉老，俗姓林，饶州浮梁（今江西景德镇）人。宋神宗曾敕赐金钵，以旌其德。门下著名弟子有义天、德延、净悟等门生。元符元年（1098）一月四日佛印禅师示寂，享年67岁。赐号"佛印禅师"。

④ 三昧（mèi）：来源于梵语samādhi的音译，意思是止息杂念，使心神平静，是佛教的重要修行方法，借指事物的要领、真谛。微言：含蓄精微的言辞。

深，洞复有洞，切视之，闭目合掌，有形无声，皆石罗汉也。

公笑曰："此宠辱不惊辈也，吾与若伴有年矣。"噫！吾知公矣！其有所托而逃者也，岂果异道乎哉？《诗》有之："既明且哲，以保其身。"吾公有取焉。独是山形似中，何为至今不名也？岂公必待山而传、山必待公而名欤！中公也，中山也，其并传不朽也耶！

嗟嗟！公隐于禅，予隐于吏。禅不惹尘，吏受人辱。特援笔志之，以俟后之游斯地者。

——清嘉庆十五年刻本《［嘉庆］渑池县志》

田 雯

田雯（1635—1704），清代诗人。字紫纶，又作子纶，一字纶霞，号山姜子，晚号蒙斋，德州（今山东德州）人。康熙三年（1664）进士，授中书舍人，大力鼓吹古学。累仕户部侍郎。他天资高迈，记诵亦博，且好奇成癖，诗风纵横捭阖。主要著作有《古懽堂集》《黔书》《山姜诗选》《长河志籍考》等。

游太室记

嵩山神祠①，在黄盖峰下，登封县东八里。祠门三重，古柏几二百株。三门之内，四岳神祠②，分列左右。东有降神殿，绘"生甫及申"像于壁，剥落已半，西为御香亭，历代已来，封禅记功德地也。

谒岳神殿，祀事毕，下西阶，古柏鳞次，桀石丛峙③。石上遍刊祝釐辞、祠官姓氏④。周览移晷⑤，回登天中阁少憩⑥。

---

① 嵩山神祠：即中岳庙。
② 四岳神祠：指中岳庙内的东岳殿、西岳殿、南岳殿、北岳殿。
③ 桀石：突出高起的石头。
④ 祝釐（xī）辞：祭时祈福的文辞。
⑤ 移晷（guǐ）：犹言移时。晷，光阴，时间。
⑥ 天中阁：中岳庙的前门。

理策至山麓①，印视一峰入云，石色青绀如画②，岚流雾垂，上合下疏，是为万岁峰③。其麓为入山所必经也，篮舆行十里至中峰④。昔人云"嵩山如卧""眠龙而瘤"⑤，望之浑成秀拔，若不知有嶔崎参差之势者⑥。及涉中峰之巅，群峰争出，若攒图之托霄上⑦，烟云吞吐，日月蔽亏，林木蓊郁，鸟兽游鸣，阴晴变态，二十四峰环列于中峰⑧，左右上下，不可名状。如谢绛所称玉女窗、捣衣石⑨，但略括一二矣。

东五里许为卢岩，岩有卢鸿一宅，今为寺。两山忽张，匹练下垂，微飙吹之则左右动，奔涧荡壑，众山皆响，为嵩山佳处。昔鸿一隐此，作《十志》以自豪，抱微尚，鸣高蹈已耳。而来游者莫不凭襟怡情，因以思慕于其人矣。

东有白鹤观⑩，背负三峰，大小熊山屏其前，为嵩高之奥

---

① 理策：拄杖、扶杖。策，杖。
② 绀（gàn）：深青透红的颜色。
③ 万岁峰：在嵩山太室正南峰下，为登岳正道。
④ 篮舆：竹轿。中峰：即太室中峰，俗称嵩顶。
⑤ 昔人云"嵩山如卧""眠龙而瘤"：明袁宏道《嵩游记》所说："古云'华山如立，嵩山如卧'。二语胜画，非久历烟云者，不解造是语也。然余谓华山如峨冠道士，振衣天末，嵩则眠龙而瘤者也。"
⑥ 嶔（qīn）崎：山峰高峻的样子。
⑦ 攒：聚，合。
⑧ 二十四峰：指青童峰、黄盖峰、浮丘峰、三鹤峰、遇圣峰、万岁峰、玉镜峰、狮子峰、虎头峰、起云峰、凤凰峰、金壶峰、华盖峰、玄龟峰、卧龙峰、会仙峰、子晋峰、玉柱峰、老翁峰、玉人峰、玉女峰、独秀峰、积翠峰、太白峰。
⑨ 玉女窗、捣衣石：见谢绛《游嵩山寄梅殿丞》："窥玉女窗、捣衣石，石诚异，窗则亡有。"
⑩ 白鹤观：在遇圣峰下。

宅①。三峰多石室，远眺一室，豁达洞开，与他室异，或即谟觞室也②。南七里，径崇福宫、投龙洞③，力疲思返。

余以半人疾④，未及跻嵩之绝顶也。然眺洛河，瞻伊阙，顾以历历目中矣。桑钦《水经》曰⑤："昆仑之墟，去嵩高五万里，地之中也，嵩山绝顶，直上可接。"吾欲御风而行⑥，探昆仑之墟矣。

又三里，抵嵩阳观，有柏二株，大可十人围，闻在汉已为钜木，殆殷周时物。柏之奇，若雏松之新绿，香泽凝肥，翠滴人衣。坐其下，如张帷幕。谡谡风鸣⑦，如闻丝竹声。旁有石幢⑧，上勒唐宋人题名⑨，有似杂采帖也。嵩阳观碑⑩，屃赑丰硕⑪，

----

① 奥宅：幽深的住处。

② 谟觞室：唐冯贽《记事珠》："嵩高山下有石室，名谟觞，内有仙书无数，昔仙人方回读书于内，玉女进以饮食。"

③ 径：经。崇福宫：位于河南登封北部，嵩山太室山南麓万岁峰下。见前注。投龙洞：即"嵩洞"，亦名"龙简洞"。

④ 半人疾：指脚疾。晋苻坚因习凿齿有脚疾，因称习为半人。见《襄阳耆旧传》。

⑤ 桑钦：汉地理学家，字君长，河南（今河南洛阳）人。勤奋好学，留心著述。随平陵人涂恽学古文《尚书》《毛诗》。撰有《水经》一书，记载中国水道137条，系古代一部重要的地理著作。北魏郦道元为之作注。

⑥ 御风：乘风飞行。《庄子·逍遥游》："夫列子御风而行，泠然善也。"北魏郦道元《水经注·江水二》："有时朝发白帝，暮到江陵，其间千二百里，虽乘奔御风，不以疾也。"

⑦ 谡谡（sù sù）：风声。

⑧ 石幢（chuáng）：佛教寺庙中用以刻经的石柱。

⑨ 勒：刻。

⑩ 嵩阳观碑：指《大唐嵩阳观记圣德感应颂》。李林甫撰文，裴迥篆额，徐浩书。唐天宝三年（744）二月刻。

⑪ 屃赑（xì bì）：一名赑屃，蟠龟的别名。传说中龙生九子之一，形似龟，好负重。旧时石碑下的石座相沿雕作赑屃状，即取其力大能负重之义。

在观门之西，徐浩八分书，遒古可爱。客邀饮至藏书楼下，日将昳[1]，遂登车以归。

诘旦东行[2]，路出箕山左，沿溵水下流[3]，复探石淙之胜[4]，礌砢崎岖[5]，负险相望。百二十里过禹州[6]，达襄城境[7]。

康熙丙子二月丙辰记[8]。

——清文渊阁四库全书本《古欢堂集》

---

① 昳（dié）：午后日偏斜。

② 诘：犹明日之明、次日之次。

③ 溵（yīn）水：即今河南登封颍水三源中的中源。

④ 石淙之胜：指武周久视元年（700）五月，武则天曾率群臣在此宴会赋诗，史称"石淙会饮"。

⑤ 礌砢（lěi luǒ）：同"磊砢"，山石堆积众多的样子。

⑥ 禹州：治在今河南禹州。

⑦ 襄城：治在今河南襄城县。

⑧ 康熙丙子二月丙辰：康熙三十五年二月二十八日，即1696年4月1日。

霍澐远

霍澐远，清浙江山阴仁和（今浙江余杭区）人，字子哲，号厚庵，贡监。康熙年间曾任灵宝县令，主修《灵宝县志》四卷。《［雍正］广西通志》载其重修陆川县署。

女郎山祷雨文①

岁在庚午②，三春靳泽③，麦禾渐槁。入夏，而旱愈甚，心窃忧之。斋祷城隍，靳泽如故。爰率士民，躬诣女郎山，取灵泉之水。

择于四月初四日黎明，屏盖撤舆，单骑出南门，由梨园庄逶迤而南，四十里至虢略镇④。酷日横空，淋漓汗浃。尘沙四起，目不能正视。命饭毕，复由师杜坡、冲天寨而南，上下坡陀，崎岖磬折。又三十里，至虎儿坡，女郎在望。夕阳西坠，因止宿荒郊焉。鸡鸣起沐，徒步上山，攀荆棘，披蒙茸，履巉岩，蹑峭

① 女郎山：河南灵宝西南，又名娘娘山，是著名的小秦岭山脉的最东端。现为小秦岭国家地质公园娘娘山风景区。
② 庚午：清圣祖康熙二十九年，1690年。
③ 靳（jìn）：不肯给予，吝惜。
④ 虢略镇：即今河南灵宝市城关镇。宋、金置虢略县。元至元八年（1271）县废，于此置巡检司。1959年灵宝县移治于此。

壁，伛偻蜿蜒，盘旋而上。于星光中见怪石嵯峨，如虎蹲豹踞。奇树兀突，如龙攫蛟腾。从者皆股栗①，而余心亦忐忑无定。

行十余里，曙色渐开。检点出径，尽为茅塞。草木蓊翳，樵苏绝迹②。扳藤附木，一步一蹉。循悬崖，临陡壑，时时行嵲屼中③，足摇目眩，心悸不能已。

少选焉，旭日东升，炎威复炽。汗流蔽面，气喘如吼。复行十余里，始登绝巘。进庙仰瞻，遗像有三。中为圣母。右玉贞，左妙贞，即世传二女仙也。余整容肃拜，为民请命，稽首而陈词曰：

伏以德重坤元，利资生于万物；道隆阴化，溥惠恺于群伦。名号女郎，孕山川之秀气；位称圣母，擅造化之灵枢。千禩为昭，万民攸赖。有求辄应，无感勿孚。曩昔愆阳，曾显倾盆之澍；今兹亢旱，宁辞扣石之征。濬远墨绶初膺，圭刀学制。凛凛瘝旷，翼翼民瘼。荷二气之均调，千村有庆；冀五谷之成顺，百室无虞。节届纯阳，律宣仲吕。来牟在野，成坏惟辩须臾；花谷方萌，荣枯只分旦夕。塞逢暴风暵土，膏泽难期；何当烈日灼天，滂沱未沛。草木之憔悴，士女之勤忧，未有甚于此时者也。濬远斋戒虔寅，为民请命。率僚友而步祷，携老幼而祈灵。在远薄德塞修，未敢信灌坛之应；惟神鸿慈普惠，自克致玉几之临。阖境呼号，四民匍匐。浥灵泉为法雨，涓滴可注江河；求圣水作甘霖，匊勺自通湖海。伏愿垂怜枯槁，默鉴哀诚，雨三日而成霖，遍千畴而霑足。密云布濩，果符垤蚁之鸣；时

---

① 股栗：因紧张、害怕而两腿发抖。

② 樵苏：打柴砍草的人。

③ 行嵲屼（niè wù）中：原作"嵲行屼中"。嵲屼，高峻的山。

雨盈流，式协商羊之舞。东西南北，靡不荷生成；豆麦禾麻，咸得登硕茂。神功展布，元德罩敷。四野淋漓，共恩波而皆远；万川滂沛，与圣泽而俱深矣。

问淇亭记

古之君子虽一日必葺其墙屋者，何哉？以治民必有政，行政必有官，居官必有署，三者废一不可也。至于亭台楼榭，固不可穷极壮丽以劳民伤财，亦不可任其倾圮荒芜，贻羞于后。宏农当秦晋之冲，左有函关望气台之雄，右有女郎夫家山之胜。灿列于前者唐三堂、郡西楼也，环峙于后者老君宅、翠微宫也。秀甲宏农，名传虢国[①]，非古名胜之区哉？逮世远代移，叠遭兵燹，不惟复道重楼化为瓦砾，而金汤官舍亦鞠为茂草矣。

己巳秋[②]，余视事兹土。簿书鞅掌[③]，始置一切。俟三时告成，次第渐修。泮池、瞻紫楼、阅试厅、老君宅，俱焕然聿新。因念署之西约三亩许，灌莽荆榛，荒秽空旷。爰命工人，芟翳荟[④]，除粪壤，平坎坷，疏淤井，植竹数十竿。董苍头种蔬瓜以资日用[⑤]，不数日而毕。复检旧蓄余木数十株久贮郭外者，风吹

---

① 虢国：周厉王三年，讨伐淮夷。厉、宣之际，西虢东迁河南三门峡一带立国，史称南虢国，定都上阳（今河南三门峡李家窑遗址，地处黄河南岸）。
② 己巳：清圣祖康熙二十八年，1689年。
③ 鞅掌：谓职事纷扰烦忙。
④ 芟（shān）：割草。翳荟：指丛生的杂草。
⑤ 董：监督管理。苍头：也作"仓头"，古代指奴仆。

日晒，且腐矣，是弃材也。因构一小亭于竹之前，木不加丹，墙不加彩，俭不至陋，广不逾丈，凡六日而亭成。

于是日出有阴，风来有声。云开雾裂则雉堞髻堆[①]，桃绽柳垂则榱题脂腻[②]。月之行空也，光映红楼，影穿绿玉。雪之舞花也，声敲翠叶，香透雕栏。暮霭凝亭，朝烟笼竹，阴晴显晦，昏旦含吐，莫不于斯亭得之。

退食憩息，思所以治民之道，为政之方，居官之则，依依然，欣欣然。建一物而三事不废，岂徒侈亭台楼榭之观而已耶！

昔卫武公以抑抑之德[③]，悔过好学，迄今千载下，犹想见其淑懿[④]，宁仅当时不可谖哉[⑤]！由是知草木虽微，而德业不泯。武公往矣，而菉竹犹存[⑥]。淇澳远矣，而猗猗无异[⑦]。睹斯竹也，能不扪心自问，而以君子自勖乎！遂颜之曰"问淇"，并记其事，以贻后之临亭者咸以君子共勖云尔[⑧]。

——清光绪二年刊本《［光绪］灵宝县志》

---

① 雉堞：城上短墙，泛指城墙。
② 榱（cuī）题：屋椽的端头。通常伸出屋檐，因通称出檐。
③ 卫武公（约前852—前758）：名和，卫釐侯子。前812年即位，在位五十五年，统治较安定。前771年，犬戎攻西周杀幽王，他率兵勤王。平戎有功，周平王命他为公。
④ 淑懿：美德。
⑤ 谖（xuān）：忘记。
⑥ 菉（lù）：《说文解字》："王刍也。……《诗》曰：'菉竹猗猗'"今谓之荩草。
⑦ "淇奥远矣"二句：《诗经·卫风·淇奥》："瞻彼淇奥，绿竹猗猗。"猗猗（yī yī），柔美貌，美好貌。
⑧ 勖：勉励。

周　洽

　　周洽，清江苏青浦（今属上海）人，字载熙，号竹冈。少有文才，尤工画。康熙中客河道总督靳辅都统胡丕元幕，尝遍历直鲁豫陕各地，度河势迁直缓急及堤闸要害之处，手自绘图，为《看河纪程》三卷。晚年专力于王阳明心学，卒年七十五。有《摊诗阁诗文集》等。

看河纪程

　　康熙二十三年五月十九日[①]，早出河署，起行。……六月……十五日，从河阴县西南行二十余里[②]，至汜水县界。又五十里，入汜水县[③]，出西门，度汜水[④]，过虎牢关[⑤]。又十五里，巩县

---

① 康熙二十三年：清圣祖康熙二十三年，1684年。
② 河阴县：唐开元二十二年（734）置，属河南府，治所在今河南郑州西北七十里任庄。
③ 汜水县：隋开皇十八年（598）改成皋县置，属郑州，治所在今河南荥阳西北汜水镇。清属开封府。
④ 汜水：源出今河南巩义东南，北流经荥阳汜水镇西，北入黄河。
⑤ 虎牢关：又名成皋关，春秋虎牢邑。秦置关，在今河南荥阳西北三十六里汜水镇西，历代为戍守重地。唐避先祖名讳，改为武牢关。清仍名虎牢关。今关存清雍正八年（1730）"虎牢关"石碑。

界。洛河依北岸山根东北行，入黄河。有山一带西去，西望两
山夹水，绕南山根沿河行，甚湾曲也。又行过二山涧，有杜工
部故里碑①。进县东门，出南门，宿。

十六日，从巩县上南山峪中，行二十里，即绕洛南行五里，
至黑石渡②。过洛河，绕河行五里，入偃师县界。南望嵩山，烟
云缥缈，峰峦秀拔，层叠而南。回顾土山，大不同矣。绕河西
南行，渡石梁桥，山根曲折，土窑连络，有寨有垛，人家稠密。
此为孙家湾。又四十里，进偃师县东门，过二程夫子祠，下马
进谒。云过洛水南去二三里，即二夫子故里。出西门，宿。

十七日，从偃师县西门外行五里许，渡河。即伊洛合流处。
东南行二十五里，至登封县界，又二十余里，上嵩山。石路崎
岖，山峦环绕，于东南西望，苍茫无际。北望邙山逶迤，遥映
伊洛，带水林木郁茂。再山高处为荨岭口③。视嵩峰罗列，如立
山冈之上。稍西南，御砦如屏，列山上。白云起灭，变态百状。
从西南小路行数里，至少林寺，规模弘整，惜渐坍圮④。又绕路
看初祖面壁处，复东南行。每过高冈，看嵩山时时变幻。即御
砦亦愈出愈奇，高低远近，在在秀拔。南望诸峰，又如屏绕，
真奇观也。约二十里，至登封县东门，宿。

十八日，游嵩岳庙。古树参天，庙模弘敞。绿琉璃大殿新

---

① 杜工部故里：即杜甫故里，位于河南巩义站街镇南瑶湾村，背依笔架山。
② 黑石渡：在河南巩义康店镇南部洛河西岸。
③ 荨岭口：又做"鄂岭口"，今辕辕山南，河南偃师、登封之间。
④ 坍圮（tān pǐ）：崩塌。

落成。晤曹羽士^①，问及兴废。具言火患，即大殿屡建屡毁，因鼓兴写中流底柱图于北壁。（二十余年后，有嵩山道士来江南，向人谈及岳庙向苦于火。甲子年，有松江周君过嵩，适大殿新落成。因写中流底柱图于北壁。自后火患遂息。至今画壁如新。）

十九日，至嵩阳书院。耿先生讳介，号逸菴^②，由翰林不仕，讲学于此，就学者甚众。书院对联云："道本中庸，只是君臣父子夫妇昆弟朋友^③；理岂高远，须要博学审问慎思明辨笃行。"

二十日，由登封县旧路西北行，过郭家十里铺，望见少林寺前一派平田。又过二十里铺，渐渐登高。又五里，至蕚岭口，即登封、偃师界。下坡陡绝，步行五六里，始有坦道。望嵩高一带之山，宛似岑楼之木也。又五里至参驾店^④。自蕚岭口以北，俱是立土山冈。山峪有深至数丈。土峰壁立，不可胜数。又数里，非旧路矣。过分守关，涉马涧水，至缑氏镇。出西门小憩鹤道观，闻轰轰雷声，狂风吹雨，因急行十五里，渡伊水。又十里，至翟家庄，是洛阳第一大镇店也。宿刘双槐家。

---

① 羽士：旧指道士。

② 耿介（1622—1693）：原名冲壁，字介石，号逸庵，人称嵩阳先生，清河南登封人。顺治八年（1651）举人、九年（1652）进士，选庶吉士。由翰林院检讨出为福州巡海道、江西湖东道、直隶大名道，终詹事府少詹事。兴复嵩阳书院，主讲大梁书院。著有《孝经易知》《性学要旨》《敬恕堂存稿》等，并有《河南通志》《嵩阳书院志》《耿氏家乘》等志书名于时。

③ 昆弟：同昆仲，指兄和弟。

④ 参驾店：在今河南偃师境内嵩山少室山十八盘下，因传说村民于此参拜李世民，因名。

二十一日早起，行十五里蒙正窑①。十里潘家寨。十余里过洛河。从东上坡岸，又数里至洛阳东门。饭后热甚，即歇南门。午后散步，上邙山，游上清宫老君殿。小小五间，梁柱瓦俱用铁镕成。后有玉皇阁、翠云洞、下清宫。邙山，县北五里，郡之主山也。古名郏山。绵亘四百余里，起关中，附二华，而东层层起伏，为状不一。随地立石，屹然峙河洛之中。阙塞山，县正南二十五里，郡之朝山也。两山相对，望之若阙。元魏胡太后崇信浮屠，琢为佛像，大小不可胜数。

二十二日南行里许，过洛水，四里，又西去二里许，林木阴森处，即邵康节先生安乐窝也。下马瞻谒。又南去十里，墙垣宽广，殿宇轩敞，乃曹操葬关夫子处。瞻拜，出。南行十里，至伊阙。有一石台，上有方池二丈余。池内有水珠上出台边，涓涓不绝，向三四处泻下，云旱潦不断。上有阁，供大禹牌位。前有小亭，亭左右亦有流泉。询人云百果泉，乃俗称，无考稽。南上石磴，即宾阳洞。共有三大石洞，俱凿大佛像。外有僧舍，槛临伊水。东岸石壁，亦甚峭耸。饭后，冲热再行，风雨大作，复回故道，至寓，宿。上浮桥在县西，跨洛水，上流即天津桥故处，有中浮桥、下浮桥皆跨洛水建焉。

---

① 蒙正窑：吕蒙正（944—1011），北宋大臣，字圣功，河南洛阳人。太平兴国二年（977）擢进士第一，通判升州，迁著作郎、直史馆。五年，知制诰，擢翰林学士。八年，参知政事，端拱元年（988），拜中书侍郎、平章事、监修国史。淳化二年（991）罢为吏部尚书。他在太宗、真宗时三任宰相。主张内修政事，结好邻邦，弭兵省财。后因病辞官回乡。卒，赠中书令，谥"文穆"。寒窑：戏剧传说早年贫寒时栖身之地，在今洛阳相公庄村东。

二十三日，西行过周公庙。因甚早，不得进谒。三十五里，至磁涧。人家皆居堡寨窑洞，涧水环绕于前，人马可涉。又三十里，至汉函谷关。旧函谷关在灵宝，此为新函谷关。里许至新安县东门，访芝泉书院，系吕维祺、维祮兄弟讲学处①。午后大雨，衣衫湿透。山路泥滑难行。三十里，又过涧水。至阙门店宿，俗名铁门。瞻渚山，县东南二十一里，淇水出其阴。密山县南十五里，豪水出焉。烂柯山，县西南三十五里，王乔洞即此。群山秀错，佳木繁密，有清溪泄于山峡之间。其石如烂木，取石块剖开，有树叶痕，亦物理之不可解者。岩下有数洞，内一洞深邃莫测，相传樵子王乔遇仙处。凤凰山，县西三十里，与青龙山相对如阙，涧水中流，谓之阙门。沙崖，县北五十五里。群山四拱，中有似水自张家庄北流入黄河，即马陵川。匡渡口，县北六十里黄河南岸，一名狂口渡。观音碛，县北六十里黄河滩，有巉石自南岸入河数十步，壅遏水势。

　　二十四日，西行三十五里义昌驿②。十里千秋镇。十里担泥镇。五里入渑池县。出西门，过正学坊，为明理学谥"靖修"曹

----

① 吕维祺（1587—1641）：字介孺，号豫石，明河南新安（今河南新安县）人。万历四十一年（1613）进士。授兖州推官，擢吏部主事。天启间，累迁验封郎中，告归。开封建魏忠贤生祠，维祺遗书士大夫，戒勿参预。崇祯初起尚宝卿，累迁为南京兵部尚书。以义军破凤阳，复牵他故，除名，还居洛阳。河南大饥，出私财赈灾。李自成攻洛阳，维祺分守北城，城破被执。义军知为"赈饥吕尚书"，欲释之。不从，遂死。福王立，谥"忠节"。维祺精通音韵学，学者称明德先生。有《音韵日月灯》《明德堂文集》《孝经本义》等。维祮：即吕维祮（？—1643），字泰孺，维祺弟，由选贡生为乐平知县。解职归，李自成克新安城，不降死，赠按察金事。

② 义昌驿：在今河南渑池县治东18公里的义昌村。

月川先生立①。又过盟会台②。三十里下坡至土壕镇，宿。马头山，东北六十里，谷水出焉。广阳山，县西二十里，渑水出于此。天池，县东南五十里，横潦无源，鸿雁依焉。唐太宗改渑池为天池。

二十五日，从土壕镇西南行二十里至石壕。二十五里至峡石。北首高山为崤陵，东南有金银山，南去高峰叠出，此一路。上高岭者五六，过溪涧者二三。上有石壁崚嶒，下临深沟百丈，迎面高峰，不计其数。路极宽广好行，然愈行愈高矣。至陕州界，又从西北行二十里，为张茅镇，路之最高处。又二十五里磁钟镇，从此渐渐下坡。过横渠堡，路旁有魏野草堂碑③。再下，进陕州东门。城颇大，内惟颓垣破屋，瓦砾满目，荒凉为甚。宿酒楼。底柱山，城东四十里。三门山，在底柱上流百余武。橐山，州东九十里，橐水出焉。黄河自潼关流入陕境，自西绕北，至于底柱，东入渑界。公主河，在三门山之左，唐开元中凿河通漕，以避三门之险。百丈许，复入河。马象河城东二十里，水源自梨山，流入于河。橐水，南门外，一名永定涧，出橐山，西流入河。其水暴悍，益以山涧诸水，甚为民害。铁牛城，黄河中，头南尾北，世传禹铸以镇河患。

二十六日，出陕州东门北行，上高坡。十五里会兴头，又

---

① 曹月川：即曹端（1376—1434），字正夫，号月川，河南渑池人，明初著名学者、理学家。其学以躬行实践为务，而以存养性理为大端，对理学重要命题多有修正、发挥，被论者推为"明初理学之冠"。

② 盟会台：即会盟台。

③ 魏野（960—1019）：北宋诗人，字仲先，号草堂居士，原为蜀地人，后迁居陕州（今河南陕州区）。世代为农，自筑草堂于陕州东郊。

东北行，上土冈。极险峻，陡绝难行。下马步行，下坡二十余里，复上坡，陡峻更甚。沿河行数里，初两岸皆土山，至此渐见石山。其岩峭拔，水势曲折汹涌。上石坡二里许，见中流立大石一块，水从南入，绕东北流，为鬼门。中一道西流，为神门。北一道为人门。皆冲激雷鸣。南岸多石岩，有一岩壁立，甚峭，上凿"峭壁雄流"四大字。旁有三行小字，识年月人名，真鬼斧神工也。东去百步外，又有立石三块。又有大小四峰如柱，南离数丈，有小石，亦立。两岸石山，俱极雄壮，洵称大观。步行处颇多。至会头镇宿。

　　二十七日，行十五里至陕州城东门。绕城北行，上坡，二里许，转西。下临黄河，北望河北，林木稠密，楼阁参差。于北岸山脚下有小城，乃山西平阳府平陆县也。进北门，出南门，西行十五里至桥头沟。又二十五里，至曲沃。入灵宝县界，此一带官道离黄河五里许，岸亦甚高。河即于陕城北绕，南带西南，渐西至灵宝，亦然。北岸逶迤几百里，皆系极高土冈。北去重山叠嶂，高低无定，而南岸从陕州见河，至曲沃亦有高坡遮目。人行岸上，如常在谷中行也。十里至好阳河。十里至灵宝县东门，绕至南门，宿。弘农涧，县西一里，源出米阳镇藏牛谷鱼腹寺石窟中[①]。北流渐大，至县西北，入河。好阳涧，县东十三里，源出岘头山，北流入河。

　　二十八日，绕灵宝县城西门至北门。东北河边上有老君堂，即老君故宅。复回，西南行三里许，入山谷，过函谷关。关前

----

① 米阳：疑当为"朱阳"。

涧水急流入河，南去高山，北倚黄河。两边高土冈，行如巷内。如上高坡，高山大河，俱在左右矣。数里下坡，渐行地上。河离半里许。又十里，涉柔桑河。过柔桑镇，入谷南行，一望高山迤逦数十里，即女郎山，接秦山一带矣。行数里，阌乡县界。又二十余里，至达紫营。二十里至阌乡县。河北即中条山，绵绵不断。河之曲折，不能计数。又二十里至盘头镇，宿。郎水，西二十里，出自枣乡峪，北流于河。玉溪涧、文峪水，西南五十里，源出秦山，会合入河。

二十九日，从盘头镇行二十里，至旧阌乡。涉涧水，此水百余步即入河。十五里上坡，四五里到潼关。东门关城绕山，而西关口下临河。河面亦宽，北岸土山已尽，河亦北流。依滩二里许，东望皆高山，北岸皆平地。进门上坡，城池庙宇俱壮丽，但俱坍毁。约三里许，出西关，绕河里许，宿。

三十日，西行离河半里许。北岸中条，再北望无山矣。路旁柳树连绵不绝。南去土山绵亘二十里，土山尽处，见华顶连络秦山。数十里峰峦峻峭，翠壁嵯峨，华顶独耸出诸峰之上。渐行渐转，十五里到岳庙。规模弘壮，金壁辉煌。外东西大牌坊，中建凤楼。进门西百有老君系青牛古树，上如杖，下甚拥肿，光洁苍古，无枝叶而不死，前有柏、槐树，碑碣亦多。松柏槐椿，葱郁参天。大殿、寝殿及两边钟鼓楼，极高敞。后大院墙，有大池。最后有万年阁三层，极高耸。东西连转藏殿，墙角有十字，顶楼并有敞轩高阁，看华峰可以及底。西望秦岭尽处，苍茫无际。东望渭水如带，黄河直在东北隅矣。欲一一登临，畅所欲游，恨终不能。快快出庙西行，五里至华阴县。

城甚卑隘。出西门，宿。下午至华山口游岩洞、集灵宫等处。黄河自龙门南下，经本县东北葫芦滩寺南，至潼关折而东注。渭水源出陇西首阳县，横县北境，与朝邑分壤[①]。逶迤至寺南，东北入河。《春秋》所谓渭汭。汭者，水相入也。

七月……十一日，从蒲州南行二十里，渐近黄河。绕中惊山头。又东南行，沿河三十里，南望泰华如屏，远甚。谷行数里，对潼关。又原行四十里，至小吕村娘娘庙，少坐。对岸原内，即盘头镇矣。河亦宽，中多淤滩。东行二十里，至永东宫镇，宿。

十二日，从永东宫东行四十里，至芮城县东门岳庙，宿。

十三日，从芮城东门东行三十里，下深沟，上坡十里。陌底镇，宿。

十四日，从陌底镇东南行五里许，即沿河行矣。两岸高原，屈曲之甚。对岸乃灵宝东境，河亦隘。一路河滩，行数里，下极陡。步行三四里，行过涧水二道，至焦家村。又三十里到平陆县，宿。土城坍圮，不堪之甚。砥柱峰在三门东迤南中流，峭立数仞。有老君炉，险不可升。上流有列石，盖聘于此渡河。

十五日，出平陆东门，西南行三里，下河滩，行三四里，上船渡。至官道，东南绕陕州城行，三十里磁钟镇。四十五里至峡石驿，宿。

---

① 朝邑：古县名。西魏大统六年（540）以南五泉县改置，治今陕西大荔县东朝邑镇，因北据朝坂得名（《元和郡县志》）。隋属冯翊郡，唐属同州。乾元三年（760）改为河西县，大历五年（770）复旧。清属同州府。1958年并入大荔县。

十六日，从峡石镇上坡东南行。因夜大雨，路湿难行。二十里观音堂。二十五里土壕镇。二十里至渑池县。绕南门行二十里铺，又五里千秋镇，宿。

十七日，从千秋镇东行三十五里，至铁门镇，宿。

十八日，从铁门镇行三十里新安县。又七十里至河南府，宿。

十九日，从洛阳城东北行三十里，上邙山。二十里下坡到孟津县，宿。谷城山旧名替亭，县西六十里。耸出冈阜之上，瀍水出其下。瀍水，县西五十里，平地发源，东南流六十里，至洛阳东南入洛。

二十日，从孟津县东北行二十里，至孟津渡口，古城惟存基址而已。南傍邙山，北依大河，南北不过三四里。是日东风，渡河甚快。渡口少隘。此二十里内对县处河阔有数里，中有滩，有五六里长，二三里阔。再西两边高原又隘矣。东行沿邙山又宽。望邙山尽头，即巩县界。过此，岸稍高。数余里，到孟县西关宿。

……

——清文渊阁四库全书本《行水金鉴》

仝　轨

　　仝轨（1648—1707），字车同，号平山，清郏县（今河南郏县）人。曾祖仝梧官云南按察使，祖父廷举顺治五年（1648）解元。仝轨学问淹博，经、史、诗之外，又精小学、丹黄。屡赴试不中，经王士禛推荐，河南巡抚徐潮曾聘其主持大梁书院。康熙四十四年（1705）58岁时中解元，殿试不第，不久去世。著有《真志堂诗集》等。

共食园记

　　共食园者，青士先生洛西官舍后之菜圃也[①]。纵短横长，大可二十亩。缭以周垣，垣下植榆柳无数。春夏时，烟翠四合，望之如张幄。凿土城，引凤翼涧水以灌[②]。水自北垣入，分为二支，一支迤南而下，灌西偏之坳。一支循北垣而东，达于三隅。薑韭晚菘，连畦被陇，凡四时之嘉蔬，无不具也。

....

[①] 青士先生：指佟赋伟，字德览，号青士，奉天（今辽宁辽阳）人，正蓝旗监生，康熙二十四年（1685）任永宁知县。后官宁国府知府。纂修康熙《永宁县志》七卷首一卷，另有《二楼纪略》四卷。
[②] 凤翼：凤翼山。位于洛河北岸洛宁县城以北，西起磨沟，东至崛山，蜿蜒二十五里，形如凤凰展翅，故名凤翼山。

　　当水方循垣而东之，南有亭曰"菜根"，已易"室远"。以余为义山公所留，屡招不获至而思之也。亭基高数尺，不施四壁。北修竹数百竿，枝横斜交于檐下。南望女几、金门山，如对画图。风晨月夕，寒气侵人，坐不能移时。

　　去亭之东七八十步，凿池如璧形，深四五尺，芙蕖菱茨，金鳞出没，架三折板桥以渡。池中有台，上有亭八角而盖茅，承以四柱，愧己志之未远也。颜以小草，台颇阔。西北隅，池之大柳覆之，下安石几列，方石四面以坐。傍池之西岸，因凿池之土为堤，杂种桃杏。堤尽，增筑为小丘，垂钓之所也。池之东，薪栅竹绳，别为小方院，穿细路而往，折而北、而西，草屋个间，背枕池上者，曰"己庐"，盖有感于孟子失其本心之叹也。后辟大圆窗，得壁之半。荷风柳日，光动承尘。水自栅流经前窗下，虢虢有声①，西入于池。案上置《周易》一卷。退食，则朗诵其中，家人亦不得辄至。遇春秋佳日，名花茂树，红绿满园，鸟语蛙鸣，上下和答。同志者或相过访，先生则沽酒治具，对酌石几。微醺之后，分题联句，抗论今古。已乃登四亭，跳南山，返乎"己庐"，焚香煮茗，燕座而休焉②。

　　一日，喟然语其友人曰："余羁栖于此十年矣，所见人世之富贵声名，瞬息变灭，消归无有者何限？而吾园林山水，诗书朋友之乐，不求之外而自足。身安心泰，更历久远，而独泊然

------

① 虢（guó）虢：通"漷漷"，此处为象声词。
② 燕：同"宴"，安闲，安乐。

无盛衰欣戚之异，余之得于是邑者多矣。倘苏子之所谓江风山月，用之不尽，而取之不竭者耶①？"乃名其园曰"共食"之园，而俾余书之"室远亭"，以示宾客。

先生尚志好古，而笃于同声之契②。游于是园者，并当世有名之士。易初惕翁先生来，未几卒。其后吕元素、刘太乙、王荆田相继觞咏其中③，诗至数十篇。而余与道远、雨若及先生之从母弟世臣、惕翁先生之令子时占、门人圣铎，来而去，去而复来，留辄至数月。风床展卷，析异赏奇，无日不与先生共。而尤最久者，余也。

今岁在戊寅季冬哉生明之日④，得先生超迁守衡阳之报。俯仰今昔，忽忽遂已十四年。念先生行且去，而余数人者，亦各萍梗散矣。感斯园之不再至，而后或记忆之不详也，东斋无事，慢记池台游处之纤悉，乞时占书二通⑤，其一遗先生，一余自藏之。冀茫茫天海，时一把观，宛如聚首，且未至者见之，知尘

---

① "倘苏子之所谓江风山月"三句：苏轼《前赤壁赋》云："惟江上之清风，与山间之明月，耳得之而为声，目遇之而成色，取之无禁，用之不竭，是造物者之无尽藏也，而吾与子之所共适。"

② 契：相合，相投。

③ 吕元素：即吕履恒。刘太乙：即刘青藜（1664—1709），清诗人。字太乙，号啸月，又号卧庐。河南襄城人。康熙四十五年（1706）进士，选庶吉士，请养归。素工书，尝手写《渔洋集》。平生专意于诗，不名一家，以古乐府一百十五首得名，颇见赏于王士祺。著有《高阳山人集》。生平事迹见《清史稿》卷四九七、《国朝先正事略》卷五六、《国朝耆献类征》卷一二三。王荆田：孟津人。

④ 戊寅：清圣祖康熙三十七年，1698年。季冬：冬季最后一个月，十二月。哉生明：指农历每月初三日或二日，此时月亮开始有光。

⑤ 时占：人名，即前文所云"惕翁先生之令子"。

埃簿领中，亦有渊雅道素如先生也[①]。郏下全轨记。

——民国六年铅印本《［民国］洛宁县志》

[①] 道素：指纯朴的德行。晋葛洪《抱朴子·行品》："履道素而无欲，时虽移而不变者，朴人也。"

吕履恒

　　吕履恒（1650—1719），字元素，号月岩，又号坦庵。河南新安人。吕谦恒兄。清康熙三十三年（1694）进士，授宁乡知县。四十二年，由青城知县行取湖广道御史。官至户部左侍郎。沈德潜《国朝诗别裁集》称许其诗"不但不落唐以下，并蕲追六代以上而从之，可云特立独行"，《晚晴簃诗汇》亦以为其诗"命意瑰奇，结响苍越，非优孟唐贤者比"，"在国初中州诸贤中当推大家"，而杨际昌《国朝诗话》则称其诗"气格声调似明七子，故非卑响，终未免规模痕"，邓之诚《清诗纪事初编》则指出其"奉王士禛、陈廷敬为师，而诗格不类"。著有《冶古堂文集》《梦月岩诗集》《梦月岩词》及《洛神庙》传奇。生平事迹见《国朝耆献类征》卷六五、《［乾隆］河南通志》卷五八。

青要山石坞记

青要山者①，北邙之一支②。《山经》所谓帝之密都③，有黄花赤实者也。其东为横山，以岭首西南横，故谚称横山头云。其山长亘数十里，至横山则山环水曲，蜿蜒四塞。居民依山崖为陶穴之固，皆在东北。其西有大溪，源出渑池山谷间，与涧水绝派，缘西山之麓北流。去东之横山，仅里许，如披面也。过溪不数武，水划山开，若门阙然。有树可以栖影，有石可以鸣琴。泉流沙坡上，清可以鉴，轻鲦时出④。秋水灌河时⑤，汇为渊潭。自悬而下，淙然泙淘矣⑥。

自是入谷，盘曲几半里，有大石兀立，如攲屋四据⑦。下可立五尺之臬⑧，上可坐数十人。石上刻碁局，莫知其始。苔藓积厚，如墨，如粉，如瑟瑟⑨，非一状。又有泉当其唇，铿洪铿

---

① 青要山：在今河南新安县西北七十里。《山海经·中山经·中次三经》：“青要之山，实维帝之密都。……畛水出焉，而北流注于河。”《水经注·河水》：“青要山，今谓之疆山。”

② 北邙：亦作北山、邙山、芒山。在今河南洛阳北。

③《山经》：即《山海经》之《山经》。密都：传说中天帝静居之地。《山海经·中山经》郭璞注：“天帝曲密之邑。”

④ 鲦（tiáo）：体小，呈条状，肉可食，生活在淡水中。

⑤ 秋水灌河：《庄子·秋水》：“秋水时至，百川灌河。”

⑥ 泙（pēng）：水声。淘（hōng）：水冲击声。

⑦ 攲（qī）：倾斜。

⑧ 臬（niè）：古代测日影的标杆。

⑨ 瑟瑟：指碧绿色。唐白居易《暮江吟》：“一道残阳铺水中，半江瑟瑟半江红。”

鞳^①，若闻远钟。其啮于石罅而洒于水发间者，静听久之，复如筑如琴^②。去数里，乃不复闻。木萚积溪中^③，水沙荡之，岁久，融结为石。镵而出之^④，树叶之侧理宛在也^⑤。其大致如斯。

斯则青要为北邙之要岭，横山为青要之结脉，石坞则横山之奥宅也^⑥。昔先大傅实生兹土^⑦，梦月岩先祠在焉^⑧。岩上汉柏茂蔚，先太傅所植也。下有陶室，即其诞处。自兵燹后^⑨，邑无完宇。家大人遂于兹卜居^⑩。今长予二十三年矣。

予夙有泉石癖，闻樵牧者说山坞之胜，心窃艳之。顾佳日

---

① 铿洪：通"铿訇（hōng）"，形容声音洪亮。镗鞳（tāng tà）：形容波涛或水浪拍击物体的声响。宋苏轼《石钟山记》："有大石当中流，可坐百人，空中而多窍，与风水相吞吐，有窾坎镗鞳之声。"

② 筑：古代弦乐器，形似琴，有十三弦。演奏时，左手按弦的一端，右手执竹尺击弦发音。

③ 萚（tuò）：草木脱落的皮或叶。

④ 镵（chán）：刺，凿。

⑤ 理：纹路。

⑥ 奥宅：腹地。

⑦ 先大傅：指作者祖父吕维祺。

⑧ 梦月岩：据吕维祺《明德堂集》，其母孟氏，梦月而生长子吕维祺。吕维祺曾在其出生地新安县横山建梦月岩以纪念。今其地被黄河小浪底水库淹没。

⑨ 兵燹（xiǎn）：因战乱而造成的焚烧破坏等灾害。

⑩ 家大人：指作者父亲吕兆琳（1619—1691），字敬芝，洛阳新安人。顺治十六年（1659）进士，任西乡县知县。康熙十三年（1674）吴三桂叛，陷四川，震秦陇。遂奉命赴汉中犒军，凡所经画咄嗟立办，将军瓦尔喀荐其才，十五年征入为监察御史，掌福建道。十九年冬，以蜀中渐次恢复，米价尚平，请罢从三秦调运军饷，遣大臣就地和籴。旋奉旨巡视仓场，凡所奏请，多被采纳。未几以足疾告归，家居五年病卒，终年72岁。

与良朋多不相值。壬子①，刖于乡举②，将省亲于汉中治所③，慨
焉有登眺之意。而外兄孟贞甫亦发兴成之④，又以他事不果闻。
二日复雨，道泞不可行，至重九前一日，始如约。乃携同人数
辈，为竟日游。辰而比集，过溪入谷，旋憩且起。徐行，至石
上，坐谈往昔。复入坞下，寒气侵人肌骨，不可以久。乃披而
出灌莽，登崇崖，各题诗其上。虽山水有清音，复以丝竹佐之。
又伐鼓，效吴歈⑤，十番挝响达天表⑥，清风飒飒出丛薄间⑦。而
朱曦告夕⑧，万象屡迁。青紫金碧，山乃多众容。回望谷口，云
蓬蓬起。苍狗白衣⑨，成触类之形。溪声喧静如初，而林岩潜黑。
暧暧远村⑩，人不可辨矣。诸同人曰："此山帝之密都也。奥区
出人间，意天所矜惜者。盍去诸⑪？"乃各昧所述而归。予为
之记。

<hr/>

① 壬子：清圣祖康熙十一年，1672年。
② 刖（yuè）：古代的一种酷刑，把脚砍掉。此处指乡举失利。
③ 省亲于汉中治所：作者之父亲吕兆琳曾奉命赴汉中犒军。
④ 外兄：表兄。
⑤ 吴歈（yú）：春秋吴国的歌，后泛指吴地的歌。此指昆曲。歈，歌。
⑥ 挝（zhuā）：打，敲打。
⑦ 丛薄：丛生的草木。
⑧ 朱曦：即"朱羲"，太阳。古代称日为朱明，而羲和为日御，合而为"朱羲"。
⑨ 苍狗白衣：唐杜甫《可叹》诗："天上浮云如白衣，斯须改变如苍狗。"后以"白衣苍狗"比喻世事变化无常。
⑩ 暧暧（ài ài）：迷蒙隐约貌。
⑪ 盍：何不。诸："之乎"的合音。

青要山石坞后记

岁在康熙壬子①，既游石坞。青要之为名山，与东西山所由名，前记详矣。兹戊戌季秋朔八日②，复为石坞游。于时亲友凋零，谿谷非旧，东西山之名如昨也，而实则异观，不能无今昔之感焉。东山之柏，蔚茂倍往昔，而西山大溪，仅不绝如线。俗所谓古坟、柿叶二潭，湮灭无迹。泉出坞下者，伏流入虚沙，不下注。虽秋多雨，百川灌河，而泉源久涸，向之汇为高潭者，淤为平沙，可坦步矣。潭上有柘，每经秋，红鲜可食，樵者亦砍去。其犹可栖影者，入谷之径，迤北有二木③，黄丹其叶，尚烔烔照人。石可鸣琴者，匠者攻之，复净尽无余，石版外泐中干④。其坞仍如屋四据，棋局如故，亦攻凿其东偏，势下覆，不可入矣。予乃命寻源者浚之使出⑤，势虽微，亦涓涓达于溪。

予将往观焉，而覃怀杨甥子健适至，遂偕以行。是日也，风日清肃，浮云往复，翳阴于远山，追忆昔游，盖四十有六年矣。月日复同，而人风顿易，乐往悲来，谁能遣此耶？昔时同

---

① 康熙壬子：清圣祖康熙十一年，1672年。

② 戊戌：清圣祖康熙五十七年，1718年。季秋：秋季的最后一个月，农历九月。朔：每月之第一天。

③ 迤（yǐ）：延伸。

④ 泐（lè）：石头被水冲激而成的纹理。

⑤ 浚（jùn）：疏通，挖深。

游者九人，奄忽殆尽①。其存者予及家弟天益②，亦既老矣。天益又官京师，予病危初起，扶掖以登，怆然有山阳之痛③。止酒，聊歌一二阕，用当哭焉。子健曰："公何戚也。昔羊叔子登岘山④，慨然以湮没无闻为悲⑤。从事邹湛谓叔子名德⑥，宜与兹山并永。

....

① 奄忽：指死去。

② 家弟天益：指吕谦恒（1652—1728），字天益，号洞樵，洛阳新安人。康熙四十八年（1709）进士，由编修改御史，转给事中，迁鸿胪、大理，官至光禄寺卿。与兄履恒同官禁近，以诗文相砥砺。其诗渊源明七子，而"才华稍逊，锤炼不足"（邓之诚《清诗纪事初编》）。著有《青要山房诗集》。生平事迹见《国朝耆献类征》卷六五、《国朝诗人征略》卷一九、方苞《光禄卿吕公墓志铭》。

③ 山阳之痛：晋向秀经山阳旧居，听到邻人吹笛，不禁追念亡友嵇康、吕安，因作《思旧赋》。后因以"山阳"为怀念故友的典实。山阳，汉置县名，属河南郡。故城在今河南修武县境。魏晋之际，嵇康、向秀等尝居此为竹林之游。后因以代指高雅人士聚会之地。

④ 羊叔子：即羊祜（221—278），字叔子，泰山郡南城县（今山东新泰）人，魏晋时期著名战略家、政治家和文学家。曾拒绝曹爽和司马昭的多次征辟，后为朝廷公车征拜。建五等爵制时，以功封为钜平子，与荀勖共掌机密。晋代魏后，命羊祜坐镇襄阳，都督荆州诸军事。咸宁四年（278），羊祜抱病回洛阳，于同年十一月病故，临终前举荐杜预自代。死后获赠侍中、太傅，谥"成"。岘（xiàn）山：在湖北襄阳南，又名岘首山。东临汉水，为襄阳南面要塞。

⑤ 慨然以湮没无闻为悲：羊祜镇襄阳时，常登此山，置酒吟咏。《晋书·羊祜传》："由来贤达胜士，登此远望，如我与卿者多矣！皆湮灭无闻，使人悲伤。"宋韦居安《梅磵诗话》卷上："羊叔子镇襄阳，尝与从事邹湛登岘山，慨然有'泯没无闻'之叹，岘山因是以传。"

⑥ 从事：即从吏史，亦称为事掾，汉刺史的佐吏。汉以后三公及州郡长官皆自辟僚属，多以从事为称。邹湛（？—299）：西晋文学家，字润甫，南阳新野（今属河南）人。少以才学知名，仕魏历通事郎、太学博士。入晋官至散骑常侍、国子祭酒，转少府。所作诗及论议等二十五篇，为时所重。原有集，已佚。《全上古三代秦汉三国六朝文》存其文残篇一则。《先秦汉魏晋南北朝诗》存其残诗二首。生平事迹见《晋书》卷九二。

今果然矣！复何事沉石江汉，待千秋万世名哉！"予曰："不然。子以为名可久，兹山可常游乎！积岁月而为世，世盈为运，运为会，会有元①。十二万年之后，天地且有终始，而东山西溪为劫灰矣②。又况四十余年之隙驹而寄蜉蝣于两间者乎③？为乐当及时，何能待来兹。静者山，动者水，清音常在穹壤，是吾与子之所公共而无待者也。名云乎哉！"子健曰："公之乐，广矣大矣。盍亦言其实也。夫名者，实之宾也。无实，奚名。君子进德修业，欲及时也。其忧也人，其乐后人，吾自有所以不朽而不与天地为成毁者在，又何戚焉。"

时从游者子姓门人咸在④。遂命书之。以前说者为予自宽，后说者为若辈勉焉。于是众情奔悦，既夕而归。

——清乾隆十五年刻本《冶古堂文集》

---

① "积岁月而为世"四句：元会运世简称"元会"，是北宋邵雍用语，虚构的计算世界历史年代的单位。他把世界从开始到消灭的周期叫做元，一元复始，万象更新。一元有十二会，一会有三十运，一运有十二世，一世有三十年。

② 劫灰：《高僧传》卷一《汉洛阳白马寺竺法兰》："昔汉武穿昆明池底得黑灰。以问东方朔，朔云不委，可问西域人。后法兰既至，众人追以问之，兰云：世界终尽劫火洞烧，此灰是也。"

③ 隙驹：隙中驹，比喻时光像骏马一样在细小的缝隙前飞快地越过。《庄子·知北游》："人生天地之间，若白驹之过郤，忽然而已。"蜉蝣：虫名，生存期极短。苏轼《赤壁赋》："寄蜉蝣于天地。"

④ 子姓：泛指子孙、后辈。

张 汉

张汉（1680—1759），字月槎，号莪思，晚号蛰存，云南石屏县张本寨人，后移居石屏城内。张汉出身书香世家，从小刻苦攻读。清康熙四十七年（1708）中举，五十二年恩科取进士，殿试后，授翰林院庶吉士，升检讨，出任河南府知府。热心洛阳一带文物及文化古迹保护。后因顶撞当道，被解职归里。乾隆元年再入翰林院。一生著述丰厚，有《留砚堂诗集》《留砚堂文集》。

召伯甘棠记[①]

世称甘棠者遍天下，所在皆借其名耳。其实甘棠在吾治河南府之宜阳。相传召伯巡南国，布文王之政。或舍甘棠之下，人思其德，爱其树而不忍伤。故其《诗》曰："蔽芾甘棠，勿剪勿伐，召伯所茇[②]。"至于今，棠之树已不存矣。

---

① 召伯：即召公奭，姓姬名奭。因食邑于召，故称召公。曾佐周武王灭商，封于燕，为周代燕国始祖。本人不就国，留于朝中辅政，只以长子就封。成王时任太保，负责治理陕以西地方，和周公旦同为三公。周公摄政，他曾猜疑，经解释，转而支持周公平定东方叛乱。所在有治绩，甚得民和。
② "蔽芾甘棠"三句：出自《诗经·召南·甘棠》。蔽芾（fèi），形容树干树叶微小。茇（bá），草舍，此处用为动词，居住。

宜令郭君朝鼎迹其故处^①，将立石以志不忘。问记于余。余喟然兴叹，遗书郭令而谓之曰："孔子有言于甘棠，见宗庙之敬也甚矣。予往读《诗》而尝甚敬甘棠也。夫古有召伯，后人思其德，爱其树而不忍伤。吾与若同官于斯土也，顾不可思其树、效其人，以德其民而不忍伤乎？君子之行仁也，触物而动，不必执物而存我。苟行仁即地无甘棠，仁固存也。不然，甘棠亦人间所在多有之物，而召伯世不可概见。虽有甘棠，能保民之果勿剪伐乎哉！"

——清光绪七年刊本《［光绪］宜阳县志》

贪山记

永宁、卢氏之交，山聚族而处，罕有平地。官斯土者，怖其险，故中无郡守车辙马迹。予闻多山而贪之。辄欲往。

往岁冬杪，以公事行县，至其地，万山皆雪，忘其寒。今夏五，又炎风烈日，在茂林修竹中，快然不知其暑也。寒暑之不问，而况险乎？予于是自谓余有济胜情，得托公事以行，殊快人意。计从来之守此郡者，当为予让其勇也。

考郡志，轩辕取竹吹律泊仓史造字台在是，洛出神龟禹演为九畴亦在此^②。予游历其地，渺然深思，谓太古兽蹄鸟迹交遍

----

① 郭君朝鼎：郭朝鼎，镶红旗汉军。曾任宜阳、洛阳县令。
② 洛出神龟禹演为九畴亦在此：相传大禹时，洛阳西洛宁县长水一带洛河中浮出神龟，背驮"洛书"献给大禹，大禹依此治水成功，遂划天下为九州。九畴，指传说中天帝赐给禹治理天下的九类大法，即《洛书》。

之世，路尚无识，而轩辕偕仓史即游历于此，无声而得声，无字而得字，为万古文字音律所从出。禹治水经此之时，随山刊木，凡有八年。当日不知此山道路倾侧如何，而禹勤勤于此，乘橇服樏^①，无所退避，遂与造物者争能而功独千古。

吾侪幸生平成之后，危者梯之，流者航之，确者夷之^②，塭者强之^③，堑者杠之，咽者通之，隘者栈之。循已辟之故迹，皆可安行而自适。乃复裹足不前，辞险取易，偶谈一部娄亦神骇^④，何其不勇之甚乎？设吾侪生太古兽蹄鸟迹交徧之世，如此山，何其心悸而神骇，又不知将何若也。

或曰滇黔闽粤，多山之国，故滇黔闽粤之人轻山^⑤。吾子童而习山，无怪如是。予则又以为非也。天吾于公事，寒暑无所避。又兼以济胜之情，驱我而前，是以贪人之所怖，而辞险而取易有不为也夫。滇黔闽粤之人，生而见山，而生而怖山者，又岂鲜耶？

——清雍正六年刻本《［雍正］河南府续志》

① 乘橇（qiāo）服樏（jū）：语出《史记·夏本纪》："陆行乘车，水行乘船，泥行乘橇，山行乘樏。"橇，古代在泥路上行走所乘的用具。樏，上山坐的滑竿一类的乘具。
② 确：荦确，指怪石嶙峋貌或者坚硬貌。夷：平。
③ 塭：古同"堨"，意思是城下官庙外及水边等处的空地或田地。此处疑当为"輭"，"软"的异体。
④ 部娄：小山丘。
⑤ 轻：轻视。

王尔鉴

　　王尔鉴（1703—1766），字在兹，号熊峰，卢氏县北苏村人。清雍正庚戌科进士。先后任山东邹县、益都县、滕县知县，济宁州知州，曹州府同知，四川营山县、巴县知县，夔州府知府。有《二东诗草》八卷、《巴蜀诗草》二十卷、《棣萼吟》一卷。

海棠崖纪

　　余里舍枕凤山，面洛水。舍之东北，有洞水一曲，清流抱村。溯流而上，幽壑邃谷，叠嶂层峦，如武夷九曲，步步入胜。去舍约八里许，土人呼为马蹄沟①，乃凤山之左臂也。沟之西壁，悬崖高十余仞，水绣成石，孔窍玲珑，如蜂窝状②。峰皆下垂，水自窍中出，霖霖若细雨，廉纤飞洒③，历四时无间。水草芊绵④，高下联缀，濡霞涵日⑤，玉润珠圆。而满壁海棠，疏密掩

----

① 马蹄沟：位于河南栾川县三川镇龙脖村。相传王莽追杀刘秀，刘秀骑马到此，马儿奋蹄向上，在石片上踏下了马蹄印。马蹄沟以此得名。

② "沟之西壁"五句：相传刘秀在马背上用马鞭杆子在石片上戳下许多窝子印。

③ 廉纤：指细小，细微。多用以形容微雨。

④ 芊绵：形容草木繁密茂盛的样子。

⑤ 濡（rú）：湿，沾上。

映，不啻如兰之九畹、蕙之百亩也①。是谓海棠崖。

崖石诡怪，若龙跃虎怒，骇状百出。崖雨下注则绝涧，舂石，琮琮然，有碎玉声。崖雨遥瞩，如珠帘不卷，如雪霰缤纷。崖之东壁，凿石成龛，可容书几。石平如床，可琴可席。花时朱颜若沐，浃雨含春②。晴光下烛③，苔藓斑驳。行吟俯仰，尽态极妍。余谓桃花源，当不是过。

若夫古木插天，奇峰耸翠。如结庐其麓，作亭其崖，虚四壁以舒啸，凭栏纵目，盼西来洛水如带，南山罗列，环若翠屏。树木阴翳中，庐舍参差，若隐若现。鸡鸣高树，犬吠白云。又乌知海峤神州所谓芝田悬圃者④，果何如是耶？而环绕予舍，潆然一碧。花径泉途，涓涓脉脉者，是崖余波之所潆洄也⑤。

余少游斯崖，辄低徊留之，及浣尘氛十余载⑥，而雨气花香，

---

① 不啻（chì）：不只。兰之九畹（wǎn）、蕙之百亩：语出《离骚》："余既滋兰之九畹兮，又树蕙之百亩。"畹，古代地积单位。说法不一，一说三十亩为一畹，一说十二亩为一畹。蕙，蕙兰。多年生草本植物，叶丛生，狭长而尖，初夏开淡黄绿色花，气味很香，供观赏。

② 浃（jiā）：湿透，深入，融洽。

③ 烛：照耀。

④ 乌：疑问词。哪里，如何。海峤：海边山岭。芝田：古代传说中仙人种芝草的地方。《文选》曹植《洛神赋》："税驾乎蘅皋，秣驷乎芝田。"李善注引《十洲记》曰："钟山仙家耕田种芝草。"悬圃：也称玄圃，传说在昆仑山顶，有金台、玉楼，为神仙所居。后泛指仙境。语出《楚辞·天问》："昆仑县圃，其尻安在？"王逸注："昆仑，山名也，……其巅曰县圃，乃上通于天也。"

⑤ 潆洄（yíng huí）：水流回旋貌。

⑥ 浣（huàn）：洗。尘氛：尘俗的气氛。

徒托诸萝想。每咏昌黎"山水""初心"之句①，悠然神往矣。行将赋归去来②，面崖凿壁，穿洞结茅，栖止啸歌于斯，以乐吾躯焉。遂援笔而志之。

——清光绪十八年刻本《［光绪］重修卢氏县志》

---

① 昌黎"山水""初心"之句：见韩愈《县斋读书》："出宰山水县，读书松桂林。萧条捐末事，邂逅得初心。"昌黎，韩愈自称"郡望昌黎"，世称"韩昌黎""昌黎先生"。

② 赋归去来：晋诗人陶潜任彭泽令仅八十余日，即归田园躬耕，有感赋《归去来》，述归来之乐。陶潜《陶渊明集》卷五《归去来兮辞序》："彭泽去家百里，公田之利，足以为酒，故便求之。及少日，眷然有归欤之情……自免去职。仲秋至冬，在官八十余日。因事顺心，命篇曰《归去来兮》。"后遂用为辞官归家之典。

龚崧林

龚崧林，字保举，清江苏武进人。由生员举荐贤良方正。初任粤东海阳令，建复韩山书院，购书数千卷，供师生诵习，置田千亩以为度支。继奉命来豫，应大中丞雅尔图折之请主讲大梁书院。乾隆七年（1742）授洛阳令。为政清廉，尤以兴学育才为己任，先后创修天中，湛东、望嵩、奎光等书院15所。十年，改守陕州。曾主修《洛阳县志》。

补画亭记

丙寅夏①，余以监宪张公命，复建魏处士草堂。三越月，草堂成。千秋故迹，一旦复新。此修废之义也。既又即堂后爽垲地②，益之以亭，命曰补画。夫亭何以补画名也？考之旧籍，处士居陕，高尚其志，累召不起。真宗尝命工图其所居以进，一时东郊幽胜，得呈睿览③。则草堂之作画观也，当日已然矣。然则何阙乎尔而补之？尝见古来名人达士，寄意山林者，往往于

---

① 丙寅：清高宗乾隆十一年，1746年。
② 爽垲（kǎi）：高爽干燥。
③ 睿览：圣鉴，御览。

闲静之地，别构亭榭，以为盱衡远眺、俯仰舒啸之所。如虔州之螺亭，恩夫之邱亭，魏公之狎鸥，东坡之择胜，指不胜屈。而处士之庐独鲜焉。不可以为非阙也。且即草堂以观，入门而旷如，登堂而朗如，窥乐天洞而窔如，曩日之高情逸致，恍惚可悟。而户以外烟云之变，邱壑之奇，林光鸟羽，未能一览辄尽。今得是亭而凭眺焉，则凡向之掩映于草堂外者，皆若负奇争胜，并效于斯亭之上。则斯亭之补，又乌可已邪？设处士当年曾构此亭，早在画中，亦呈睿览矣。然而画中无亭，而所画之境既得此亭，则亭仍作画观可也。况画止一时，不能不朽。而此亭直与烟云邱壑、林光鸟羽相为终古，则画有时而泯没而草堂之入画与斯亭之补画无穷期也。于是因亭之成，并为记以补之。

重修墨池记

陕治厅事后有墨池，方广不盈丈，相传为汉张芝学书处。考之传志，芝燉煌人，父焕得请徙居弘农之华阴。即有墨池，安得近在治中？即有之，亦若无足珍惜者，又何事复为修浚耶？然吾观斯池，不禁有感于其学书之笃焉。盖古人为一事习一艺，其精神必专注而不杂，功力必甚苦而不辞。食息寝寐，常在于是。不至造乎其极，不止故其所成就，虽偏长薄技，足以留传不朽。非如今之人，稍稍涉猎，辄便自足，而不复求也。当汉之时，古篆既废，隶楷盛行。其以草书名者，杜伯度、崔子玉两人耳。芝生而贵介，乃别无他好。惟于书专心致志，至于寸纸不遗。家之衣帛，先书后染。朝夕临池，水为尽黑。厥后备极精巧，上掩崔、杜，下轶罗赵。至晋时，卫瓘犹以得伯英之筋博盛誉，王羲之亦曰寡人耽之若是未必后之。则其书之足传可知矣！夫以古人精神之专，功力之苦，虽绝无遗迹，犹当搜访而表识之。况明明有池，且近在几席，顾听其就湮而不洫耶？于是命役夫去壅塞，引清泉注其中。听事之暇，时晤对焉，不啻乌玉玄香从波影间沁我心脾也。是为记。

——民国二十五年铅印本《［民国］陕县志》

张月桂

张月桂（1715—1792），字丹枝，号东渠，河南卢氏人。清乾隆六年（1741）拔贡，肄业太学，补镶蓝旗教习，先后任西华教谕。见《中州先哲传》。著作有"诗七首"，见《中州诗征》。《来莺斋诗集》二卷，有清乾隆二十四年刻本。《来莺斋文集》六卷，有清乾隆间刻本。《张氏通谱》二卷，《族谱》一卷，《读史集要》四十卷，《姓氏考》八卷，《卢志拾遗》二卷，《林泉录》二卷，《贻谷录》一卷，《揽镜编》二卷，《来莺斋小志》四卷，《中州艺文录》注，佚。

丙子清明游望云庵记①

自乙亥冬游望云庵后②，历今凡五阅月③。尘累猬集④，不可蠲除⑤。而霞口山水之胜，恒往来于怀。又念前此，值雪初霁，路滑风寒，未获尽搜其奇，不能无憾。会清明节，舅氏遣人招饮，

---

① 丙子：清高宗乾隆二十一年，1756年。望云庵：在今河南卢氏县城西。
② 乙亥：清高宗乾隆二十年，1755年。
③ 阅：经历。
④ 猬集：像刺猬的硬刺般丛集，比喻众多。
⑤ 蠲（juān）除：免除。

闻命趋赴，云庵之上乃复有余之迹矣①。

是日也，泼火初晴②，榆烟乍起，环顾甚爽。由下柳村渡洛西行，至云庵下，仰看绿阴迷离，隔蔽天日。嫩苔细莎，青青覆地，较初过殊不同。徐揽衣前，石路曲折，足盘辟不得舒③。至山半喘急，方思倚树少憩，而怒猊狂熊④，饿虎饥貔⑤，突从林间出，毛色黝然，狰猛欲搏人。骇怖颠仆，视之，则怪石森立，苔发髼□⑥，或蹲或□，殊有猛噬攫逐之状。心悸然者久之。

更前数武，过祖师庵后，缘鸟道上，得一石，下削上坦，可坐四五人。而上巳游客酒痕尚在⑦，辄动提榼呼朋之想⑧。又行，左转圣母祠，石壁崭然⑨，略与祖师庵同。而其上有柏一株，穿石侧生，将垂复起，佶屈挂云雾间⑩。玩赏有顷，因忆向在檀州

---

① 云庵：即望云庵。
② 泼火：指泼火雨。旧俗寒食节禁火，其时所下的雨叫"泼火雨"，也叫"清明雨"。
③ 盘辟：盘旋进退。
④ 猊：狻猊，传说中的一种猛兽。
⑤ 貔（pí）：传说中的一种野兽，似熊，一说似虎。
⑥ 髼（péng）：形容头发松散。
⑦ 上巳：古代节日名。汉以前以阴历三月上旬巳日为"上巳"，魏晋以后多改为三月三日。这一天人们都到水边洁身或嬉游，以去除不祥。
⑧ 榼（kē）：古代盛酒的器具。
⑨ 崭然：形容山势高峻突兀。
⑩ 佶（jí）屈：曲折。

携六七友人①，重九登高，迤逦过西岩寺②，至吹律岩③，有孤松倒插峭壁，半生半死，鸟巢其上，一友乘醉自恃轻趫④，抱藤至树，横股大叫曰："仙乎！仙乎！"予仰视股栗，不敢再注目。俄见红叶飞飞，错落如红雨。睹兹树，恍如在西岩。顾独不见风台、黍谷何也⑤。

　　既由祠后复上，一石横卧，锋锷棱棱⑥，断绝道路。其旁悬崖峻嶒⑦，披额破颊，裂腹贯脐，丛生古木十数株。浮根撑持，霜剥皮尽。骤见若虬龙死僵，白骨盘踞崖上。扪萝至巅，时有白云数片，先据此处。见人来，惊去。

　　下止半山，枯树盘礴，四顾但觉远雾苍茫，日光破碎。碧落九万，相去咫尺，使人有落雁峰搔首问天之意⑧。下瞰洛水，渟泓瀑淘⑨，不见来处。而其岸上牛马累累，或饮或龁⑩。又有宛

....

① 檀州：州名。隋开皇十六年（596）分幽州置，治燕乐（今北京密云区东北）。唐移治密云，辖境相当今密云一带。明洪武元年（1368）改为密云县。

② 迤逦（yǐ lǐ）：曲折延绵；缓行。西岩寺：位于北京密云区城南黍谷山境内。

③ 吹律岩：据说战国时期齐国大阴阳家邹衍曾于此吹律。

④ 轻趫（qiáo）：轻捷矫健。

⑤ 风台：风台，在黍谷山后有一风洞，洞口风气凛烈逼人，即使盛夏人们也不敢入内，相传这里是邹子的祭风台。台上有邹衍庙。黍谷：即黍谷山。

⑥ 锷（è）：刀剑的刃。

⑦ 峻嶒：高耸突兀。

⑧ 落雁峰：落雁峰在今陕西华阴南华山之南峰。海拔2154.9米，为华山最高峰。《［嘉庆］清一统志·同州府一》"太华山"条："岳顶南峰曰落雁峰，以在岳之中，亦曰中峰。唐李白登落雁峰曰：此峰最高，呼吸之气，想通帝座。峰顶有黑龙潭、仰天池，岁旱祈祷多应。"

⑨ 渟泓（tíng hóng）：积水深貌。瀑（píng）：流水声。淘（hōng）：水冲击声。

⑩ 龁（hé）：咬。

在中流者，疑为蹄豕涉波①，久皆兀兀不动②，或曰石也。

流览既久，寻道下，将底祖师庵③。外有大石，高丈余。胁插两干，首戴丛条，鳞文被体，立于路转步回之处，掉头忽逢，似山魈野鬼④，元冠铁铠⑤，抱双绿沈枪⑥，而伺人于不意也。不觉怆惶失色。予乃叹曰："云庵之奇，尽于此乎？"

已而别石山下，携洛水东归。回头树色苍苍，送至老鹳崖乃止⑦。

——清光绪十八年刻本《［光绪］重修卢氏县志》

① 蹄（dí）：蹄子。豕（shǐ）：猪。
② 兀兀：静止貌。
③ 底：同"抵"。
④ 山魈（xiāo）：传说中山里的鬼怪。
⑤ 元冠：即玄冠，古代朝服冠名，黑色。避康熙玄晔讳，改"玄"为"元"。
⑥ 沈：同"沉"，重。
⑦ 老鹳崖：在今河南卢氏县城西。

李 焕

李焕，广西陆川人。清乾隆十一年（1746）任卢氏知县。曾主修《卢氏县志》。

山行琐记

余赴官卢氏，闻卢氏在万山中。隶陕属。由陕至卢，渐入山径。行百六十里，憩卢境官道口①。望县治八十里。过太湖、杜关②，陟铁岭③，巇嶪高险④。昔人尝置戍于此坊，为函谷锁钥，盖卢之北户也。少前柳关⑤，再杨家寨⑥，宋将杨延钊屯兵处⑦。

----

① 官道口：即今河南卢氏县北官道口镇。清光绪十八年《重修卢氏县志》卷二：官道口"去县八十里"。

② 太湖：在今河南卢氏县杜关太湖岭下。杜关，今杜关镇，位于河南三门峡卢氏县北部，距县城25公里，东部与官道口镇相连。

③ 铁岭：位于卢氏县东明镇峰云与杜关镇铁板沟交界处，古称铁关。清光绪十八年《重修卢氏县志》卷三："铁岭，在今县城北四十里。从泰山发脉过峡于此，为邙山之腰。其地险峻，乃南北通衢。昔人曾置戍焉。"

④ 巇嶪（jié yè）：高耸。

⑤ 少：稍。柳关：今河南卢氏县。

⑥ 杨家寨：清光绪十八年《重修卢氏县志》卷三："杨家寨在县北二十里，宋将杨延钊于此屯兵，故名。"

⑦ 杨延钊：即杨延昭，杨家将中之杨六郎。

抵县治，城居山底，环郭皆山。九龙绕其后，双峰峙其前，而洛河横穿其中，抱文、武两山下注①，南北相去二里。东西坦平二三十里远，悉峭壁悬岩。前季遭寇虐，国朝百年休养，始有生聚②。余心切民瘼③，谓非远涉川途，目击山野，不足以周悉民隐。及阅卷案，有四季巡查之责。余遂沿川东去，道经前后苏村④。行三十里，抵范里镇⑤。一路烟火相望，范里则大聚落也。东二十里，即十八盘⑥，与永宁接界⑦。自范里赴栾川，逶迤南入山谷⑧。东西两山夹束，溪水中流。羊肠鸟道⑨，崎岖艰行五十余里，登唐家背岭⑩，可望县川。抱犊南环⑪，象车北绕⑫，俯视万

....

① 文、武两山：文山在今城东南三里，武山在今县城南五里。
② 生聚：繁殖人口，聚积物力。
③ 民瘼（mò）：民众的疾苦。瘼，病，疾苦。
④ 前后苏村：北苏村寨，在今县城东洛河北本村后原上。南苏村寨，在今县城东洛河南村东山麓。
⑤ 范里：今河南卢氏县范里镇。
⑥ 十八盘：清光绪十八年《重修卢氏县志》卷三："十八盘坡，在县东五十里。石壁有虎豹关三大字。"
⑦ 永宁：今河南洛宁县。
⑧ 逶迤（wēi yí）：曲折行进貌。
⑨ 羊肠：喻指狭窄曲折的小路。《尉缭子·兵谈》："兵之所及，羊肠亦胜，锯齿亦胜，缘山亦胜，入谷亦胜。"鸟道：险峻狭窄的山路。
⑩ 唐家背岭：清光绪十八年《重修卢氏县志》卷三："唐家岭，在县东南九十里。"当即此。
⑪ 抱犊：指抱犊山。清光绪十八年《重修卢氏县志》："抱犊山，在城东南九十里，上有石寨，四壁削成，独立千仞。"又云："抱犊山四面峻削，顶势平坦。昔有抱犊而上、牛长用以耕之，偶食仙草，真人跨犊仙去。至今石洞、牛迹宛然。"
⑫ 象车：指象车山。清光绪十八年《重修卢氏县志》："象车山，在城东南百里。"

峰，旷渺无垠①，亦足豁人心目②。又三十里至三川店③。三川会合，汤河西流④。新设防汛地，为栾川咽喉。少折而东十里，乃龙王石⑤，为汤河发源。石罅中⑥，传有神龙守焉，时露鳞甲。再东六十里，抵栾川镇，商民辐辏⑦，数倍于范里。去县百八十里，地界嵩阳，乃卢之东南钜保⑧。又东十里即老君山，古号景室，中峰插天，诸峦翠立。去岭巅四十里，延袤七十余里⑨。上有老子楼⑩，石柱铁瓦，铜铸老子骑青牛像。其岭东瞻二室⑪，南望武

---

① 旷渺：辽阔渺茫。垠（yín）：边际，界限。

② 豁：畅达，开阔。这里作动词，使……畅达、开阔。

③ 三川：今河南栾川县三川镇。

④ 汤河：发源于栾川镇，经栾川县三川镇、叫河镇，卢氏县汤河、朱阳关，及西峡县桑坪镇等乡镇，由淅川县境内汇入丹江，全长254公里，流域面积4219平方公里。以有温泉而得名。汤河温泉又名"汤池"，清光绪十八年《重修卢氏县志》载："汤池在熊耳山足，夏可熏鸡，冬可沐疡。"

⑤ 龙王石：清光绪十八年《重修卢氏县志》："龙王石，在三川东山。峦石成罅，涌情泉，系汤河源，南流注汉江。石上一孔，阔寸许，长数尺。中有神龙。每当春夏，云雾氤氲，常覆石上。龙时现形孔外，金鳞五色，霞光灿烂夺目。秋分则潜，俗称镇江龙云。"

⑥ 罅（xià）：缝隙，裂缝。

⑦ 辐辏：亦作"辐凑"，集中，聚焦。辐，车轮中凑集于中心毂上的直木。辏，车轮的辐条内端聚集于毂上。

⑧ 钜（jù）：巨大。保：通"堡"。

⑨ 延袤（mào）：绵亘，绵延伸展。《史记·蒙恬列传》："筑长城，因地形，用制险塞，起临洮，至辽东，延袤万余里。"袤，长，一般指纵长。

⑩ 老子楼：清光绪十八年《重修卢氏县志》："老子楼，在老君山。高峰插汉，楼踞峰巅，石柱铁瓦。有老子骑青牛像。"

⑪ 二室：指太室、少室。嵩山高峰有三：东为太室山，中为峻极山，西为少室山。《名山记》："（嵩山）中为峻极峰，东曰太室，西名少室。"

当金顶^①，一发隐跃七百里间^②。四面烟岚^③，一瞬无际，诚域内之盛观。界于卢境^④，距栾川咫尺。

已而由县西南入横涧川^⑤，过七寸沟、桐树坡^⑥，夹山而行，石路嶔崟^⑦，至元帝庙，双峰对峙于庙之左。其形若耳，故号熊耳^⑧。西峰尤萃崒峭削^⑨，悬崖千仞，上建元武殿^⑩。南望千峰万壑，皆罗足下。风来涧底，寒冽肌骨。虽盛暑犹严冬也。

由此而下，石磴崖梯，隘若栈道。茂林上蔽天日。十里，蛮子营^⑪。汤河由东涧出^⑫，折而南流。傍水草檐数家，汤河店也。过此，历小岭，右有石山，嶙峋科起。有水自穴中淙淙喷出，热气蒸腾如雾，其气似硫磺，夏可汤牲，冬可澡浴。殆温泉也。

前路循水涯，傍山行，宛转二十里越岭。魏王坪，隋魏先

....

① 武当：即武当山，在湖北丹江口市南。山势峻拔，有上下十八盘等险路及七十二峰、三十六岩、二十四涧等胜景。山上有紫霄宫、太清宫、玉虚宫，规模宏伟，其中金殿和神像以铜铸著名。为道教名山和武当派拳术发源地。金顶：武当山主峰峰顶有铜铸鎏金的金殿，建于明永乐十四年（1416）。高5.44米，殿中供奉真武大帝神像。

② 一发：越发，更加。隐跃：犹隐约。

③ 岚（lán）：山林中的雾气。

④ 界于卢境：位于卢氏县境之边界。

⑤ 横涧川：今河南卢氏县横涧乡政府驻地。

⑥ 七寸沟、桐树坡：均在今河南卢氏县横涧乡。

⑦ 嶔崟（qīn yín）：高大，险峻。

⑧ 熊耳：熊耳山。

⑨ 崒崒（zú lù）：山峰高耸险峻。

⑩ 元武庙：在熊耳岭西。

⑪ 蛮子营：今属河南栾川县。

⑫ 汤河：一名汤池。清光绪十八年《重修卢氏县志》："汤池在熊耳山足，夏可熏鸡，冬可沐疡。"

生隐居兹山①。千载下想见高风。再十余里，马儿崖②。石壁崭巉③，松杉盘根□□，下有石窟，胡贾于此得金马，故名。又数里，为温口川④，与□河交流。

前过岭渡河，行书家城子村。再渡河，即朱阳，越上下关⑤，界岭⑥，下则五渡河⑦，去县百三十里。南通襄郧⑧，为卢氏、内乡壤界。每岁道宪会巡于此。又县西行二十进而，过望云庵⑨，在山半，下临洛河，丛林密箐⑩，蔚然深秀，乃一邑名胜之区，上巳邑人修禊所⑪。再西入霞子口⑫。三十里为龙驹

------

① "魏王坪"二句：清光绪十八年《重修卢氏县志》卷三："魏王坪，在今县城南八十里。隋末魏先生隐居处。"

② 马儿崖：今汤河下游的马儿崖村。

③ 崭巉（zhǎn chán）：险峻，高峻。

④ 温口川：在今河南卢氏县五里川镇温口村。

⑤ "即朱阳"两句：《太平寰宇记》记载："卢氏有朱阳山，因别立县。"《新唐书·地理志》记载："武德元年（618）置。南有朱阳关，武德八年（625）废。"金设朱阳镇，设关。明成化元年（1465）置巡检署。清乾隆八年（1743）设陕州直隶分州。清道光年间设朱阳里，辖汤河、五里川、瓦沟沟。

⑥ 界岭：当指老界岭，位于河南卢氏县横涧乡、汤河乡、五里川镇之间，是长江、黄河的分水岭。

⑦ 五渡河：浙水（即今老鹳河）上游，在今河南卢氏县南。

⑧ 郧（yún）：西周国名，在今湖北安陆。

⑨ 望云庵：在今县城西涧霞子口山上。

⑩ 箐（qìng）：山间的大竹林。

⑪ 上巳：旧时节日名。汉以前以农历三月上旬巳日为上巳，魏晋以后，定为三月三日，不必取巳日。《后汉书·礼仪志上》："是月上巳，官民皆洁于东流水上，曰洗濯祓除去宿垢疢为大洁。"修禊（xì）：古代民俗于农历三月上旬的巳日，以祓除不祥，称为修禊。

⑫ 霞子口：位于河南卢氏县城西10公里涧北沟村。两山对峙，峡谷幽深，犹如石门中开。"西霞晚照"为"卢氏八景"之一。

镇①，又十里凤凰山②，山形类凤凰。前三十余里，为曲里村、黑沟店③，西则石门④。石壁峻峭，状如门高。岭通熊耳山、火焰山⑤，山有庙，佛像铁铸。由此红椿沟、滑辙岭、野牛岭、降魔洞、闻香洞⑥，洞中有水滴落如星，遇旱，祈祷辄应。前则官坡川⑦，川东蔡家沟，元蔡子英流落寓居此，贤人君子遗迹，至今犹腾人口。官坡岭高陡隘扼，过此火焰沟，抵兰草镇⑧，去县百四十里。至箭杆岭⑨，南控伏牛，西临秦界。卢与洛南分壤。岭有双土地祠。岁冬，豫陕两省幅员广袤，民多岩居窟处，傍岭依山。田耕鲜土⑩，抚字为艰⑪。余切念焉。故莅官半载，而足迹周览，不遑宁处。凡所身历之地，皆不惜琐琐笔书，亦欲悬之座右，俾暑雨祈寒民间之怨咨疾苦，常触目以警心也。岂作游山记哉！时乾隆十二年六月朔日书⑫。

　　　　　　——清光绪十八年刻本《［光绪］重修卢氏县志》

----

① 龙驹镇：在今河南卢氏县双龙湾镇。

② 凤凰山：在今河南卢氏县双龙湾镇。

③ 曲里村、黑沟店：在今河南卢氏县双龙湾镇。

④ 石门：在今河南卢氏县双槐树乡。

⑤ 火焰山：在今河南卢氏县文峪乡，有著名的"红石谷"。

⑥ 红椿沟：在今河南卢氏县五里川镇。

⑦ 官坡：清光绪十八年《重修卢氏县志》卷三："官坡，在今县城西一百二十里。"

⑧ 兰草镇：今河南卢氏县官坡镇兰草村。

⑨ 箭杆岭：清光绪十八年《重修卢氏县志》卷三："箭杆岭，在今县城西百里，上产竹可作箭故名。"

⑩ 鲜：少。

⑪ 抚字：抚养。

⑫ 乾隆十二年：清高宗乾隆十二年，1747年。

张九钺

张九钺（1721—1803），字度西，号紫岘，湖南湘潭人。清乾隆六年（1741）拔贡，充正红旗官学教习。二十七年举顺天乡试，屡试礼部均不第，后以明确通榜进士分发江西，历南丰、峡江、南昌知县，升莲花同知，丁母忧服阕出知广东始兴、保昌、海阳等县，后以捕盗不力落职。此后，遍游河南嵩、洛、偃、巩间。过武昌时，总督毕沅重其诗名，迎入署，集名流纪念苏轼生日，饮酒赋诗，九钺即席为长歌，四座惊叹。晚年回湘潭主讲昭潭书院十年。九钺有《陶园诗集》二十二卷，诗余二卷，《历代诗话》四卷并《晋南随笔》《峡江志》等。

游九龙台记

张子客洛之岁，重九日，门人载酒于车，举鱼于网，迎而登乎九龙之台。谒龙神毕，观九子嬉弄像、辘龙井。井居台之半，而深不可测，诧其灵异。相与擘龙门柿，布肴脯而饮焉[1]。张子慨然叹曰："二三子亦知今日饮酒之乐乎？此龙神所贶也[2]。方予之至洛也，数百里陆海无毛，斗米钱千余，黄沙黑霾翳于

---

① 脯：肉干或水果蜜渍后晾干的成品。

② 贶（kuàng）：赠，赐。

天，疫风炎日瘨于地①。出则见饿殍盈途②，流亡枕籍③，野哭之声不绝。有妇人出怀中三岁儿置之衢④，人不肯拾，哭而弃诸洛水，闻之酸鼻。当是时，予与二三子闭门拥书，相对愁叹，食且不得下咽也，敢问游事哉。及太守顺俗激龙致雨，事戽瀍水桥下潭水毕⑤，设坛城中，召灵巫祈祷。自斋祓三日⑥，率其属步行诣台，吁诸龙神，取井水于盂奉坛上。时有邀予往观者，予惧樗散旅人⑦，不蠲不洁⑧，获疢于神，又不敢辄以荐。见今神泽既优渥⑨，秋既登⑩，麦且播种矣。曩时愁惨昏札之气化为澄和⑪，民色渐腴。登台而望，瀍洛交漪，少室、万安诸山皆跃林表。知龙之乐居于井，将大沛泽于尔民，使予亦得销其羁旅之感。酌斯井也，敢不醉饱稽首⑫，以仰承神贶。"皆对曰："然。"

张子曰："予尝稽台之始矣⑬，郡志古迹阙焉，邑志载而略。今寻祠廊下碑，皆近人作，文鄙俚堪捧腹。曾读欧阳公《河南净垢院记》⑭，中有'彭城钱公祷雨九龙祠归'语，是神著祀已

---

① 瘨（yù）：病。
② 饿殍（piǎo）：饿死的人。
③ 枕籍：亦作"枕藉（jiè）"，横七竖八地倒或躺在一起。
④ 衢（qú）：大路，四通八达的道路。
⑤ 戽（hù）：灌田汲水用的旧式农具（亦称"戽斗"）。此作动词，用戽汲水。
⑥ 斋祓（fú）：斋戒沐浴，祓除秽气。祓，古代用斋戒沐浴等方法除灾求福。
⑦ 樗（chū）散：樗木材劣，多被闲置。比喻不为世用，投闲置散。樗，即臭椿。
⑧ 蠲（juān）：古同"涓"，清洁。
⑨ 优渥：优裕，丰厚。
⑩ 登：谷物成熟。
⑪ 昏札：夭死。昏，通"泯"。
⑫ 稽（qǐ）首：古代的一种礼节，跪下，拱手至地，头也至地。
⑬ 稽（jī）：考核。
⑭ 欧阳公：指欧阳修。

在宋仁宗时，但未识台建何年尔。志于神祀之关民生者不力为核订，徒摭拾汉魏晋台名以供登高凭吊之助①，神不其恫之邪！"

皆对曰："先生之论核矣②，请大书于碑，知吾洛九龙台之始，使后之人有所考。"

瀍东书院谒至圣像记

前明嘉靖年间③，阁臣张孚敬奏请天下郡县学毁至圣像④，易木主⑤。命下，大吏奉行，惟恐不速。次及河南府学，众舁像出文庙⑥，将弃之于瀍水。有庠生孟大智者⑦，袒括衰绖奔至⑧，抱像号哭，声震天地，誓以死殉。主者怒，欲科以抗旨罪⑨。有从中

---

① 摭（zhí）拾：收取，采集，收拾。摭，拾取，摘取。
② 核：翔实正确。
③ 嘉靖：明世宗朱厚熜的年号，1522—1566年。
④ 阁臣：明清大学士的别称。大学士入阁办事，故称。张孚敬：即张璁（1475—1539），字秉用，号罗峰，后由明世宗赐名孚敬，字茂恭，浙江温州府永嘉（今浙江温州龙湾区）人。正德十六年（1521）进士，在明世宗初年三度位居首辅。官至少师兼太子太师、吏部尚书、华盖殿大学士。病逝后获赠为太师，谥号"文忠"。
⑤ 木主：木制的神位，上书死者姓名以供祭祀，又称神主，俗称牌位。
⑥ 舁（yú）：抬。
⑦ 庠（xiáng）生：科举时代称府、州、县学的生员，明清时为秀才的别称。庠，古代称学校。孟大智：《［雍正］河南通志》卷六十四载其生平曰："洛阳人。庠生。母卒，庐墓三年。"并载本文所述保护圣像之事。
⑧ 袒括：古丧礼，死者已小敛，吊丧者袒衣括发而吊。语出《礼记·檀弓上》："主人既小敛，袒、括发。"衰绖（cuī dié）：丧服。古人丧服胸前当心处缀有长六寸、广四寸的麻布，名衰，因名此衣为衰；围在头上的散麻绳为首绖，缠在腰间的为腰绖。衰、绖两者是丧服的主要部分。此处为动词，穿丧服。
⑨ 科：判定（刑罚）。

解者曰："是生因保至圣像，理直气刚，罪之不祥。且朝议欲易者郡县学耳，吾闻阙里及四大书院皆像①，敢尽毁邪？苟移置义学奉祀，无害。"大智收涕，谢曰："即瀍东书院可矣。"

瀍东书院，宋洛阳城内外四隅十书院之一也。是时，周南书院尚未设②。瀍东在旧东中门外铜驼巷右，下临瀍水，近且僻静。乃奉圣像于内。大智立塾，课子弟于此终老焉。今历三百余年矣。

余主周南讲之秋月，率诸生祗谒焉。地横瀍岸，广袤不数十丈，宫阙门廊虽小，规模秩然。至圣像素衮冕旒③。左泗水侯④，右子思子侍坐⑤，亦冕服。有筵有幔，有几筵。一庭肃穆雍和，睟乎有容⑥。古柏覆于檐，疏竹窦石环于阶。右院为堂三楹，可讲读。茂树成行，邙山为藩，瀍水绕墙足。风起如竽瑟鸣，相与徘徊，不忍去。

....

① 阙里：孔子故里，在今山东曲阜城内阙里街。因有两石阙，故名。四大书院：其中应天府书院（今河南商丘睢阳区南湖畔）、岳麓书院（今湖南长沙岳麓山）、白鹿洞书院（今江西九江庐山）三大书院无争议。嵩阳书院（今河南郑州登封嵩山）与石鼓书院（湖南衡阳石鼓区）各有文献根据。

② 周南书院：又称狄梁书院、天中书院，院址在今河南洛阳旧城区西南隅，清康熙二十八年（1689），知府汪楫建。因其中祀有唐相狄仁杰，所以又叫狄梁书院。康熙四十五年（1706），知府赵于京、知县吴征移东北隅府署左（今敬事街小学），改名天中书院。雍正四年（1726），知府张汉重修，易名周南书院。

③ 衮（gǔn）：古代君王等的礼服。冕旒（liú）：古代大夫以上的礼冠。顶有延，前有旒，故曰"冕旒"。天子之冕十二旒，诸侯九，上大夫七，下大夫五。见《周礼·夏官·弁师》。旒，古代帝王礼帽前后悬垂的玉串。

④ 泗水侯：孔子之子孔鲤，北宋时被宋徽宗追封为"泗水侯"。

⑤ 子思：即孔伋，字子思，孔子嫡孙、孔鲤之子。

⑥ 睟（suì）：润泽，眼睛清明。

余谓诸生："永嘉以新进①，议大礼合世宗意②，骤用至首辅。天下后世言礼者群攻击之，枋国后③，创革典制，毅然独断，易像为主，其一事也。当举世波靡之日④，大智能以屩书生发义愤，如烈日秋霜之难犯，使圣像不溃烂于洪涛巨浪中，至今光生俎豆⑤。匹夫不可夺志，其信然乎！卒以孝子祀乡贤祠，天之所以报之者隆矣。"

诸生佥曰⑥："孟生事载《通志》⑦，寥寥数语未尽。先生追寻旧迹，发为伟论，孟生须眉犹跃跃欲动，使海内知吾洛庠序中有此义士，传之益久且远。请书之于壁，以示来者。"

——清咸丰元年张氏赐锦楼刻本《紫砚山人全集》

----

① 永嘉：即前文所述张孚敬，浙江永嘉人。
② 议大礼：朱厚熜15岁时，以藩王身份继皇帝位，是为嘉靖皇帝。从明正德十六年（1521）到嘉靖三年（1524），以杨廷和为首的旧阁权集团同张璁等新进士大夫之间围绕着当时"继统"与"继嗣"的礼仪形式所进行的"大礼议"之争，前后经过三个回合，最后以张璁等人的主张得到采纳而告终。张璁的主张是："朝议谓皇上入嗣大宗，宜称孝宗皇帝为皇考，改称兴献王为皇叔父兴献大王，兴献王妃为皇叔母兴献大王妃者，然不过拘执汉定陶王、宋濮王故事，谓为人后者为之子，不得复顾其私亲之说耳。……比有言者，遂谓朝议为当，恐未免胶柱鼓瑟而不适于时，党同伐异而不当于理，臣固未敢以为然也。夫天下岂有无父母之国哉！臣厕立清朝，发愤痛心，不得不为皇上明辨其事《记》曰：'礼非从天降也，非从地出也，人情而已矣。'故圣人缘人情以制礼，所以定亲疏，决嫌疑，别异同，明是非也。"（《张文忠公集类·奏疏》卷一《正典礼第一疏》）
③ 枋（bǐng）：古同"柄"，权柄。
④ 波靡：比喻倾颓之世风、流俗。
⑤ 俎豆：俎和豆。古代祭祀、宴飨时盛食物用的两种礼器。亦泛指各种礼器。
⑥ 佥（qiān）：皆，都。
⑦ 孟生事载《通志》：见前"孟大智"注。

杨大昆

杨大昆（1699—1779），字玉峰，祖籍山西洪洞，山东历城人，清乾隆十八年（1753）知宜阳县事，修锦屏书院，朔望试士，关心民社。

息机轩跋

是轩也，昔为亭，名凤凰，盖仍山与泉之名而名之，别无取义。创自弘治①，倾覆者久之。住持僧朗耀暨一二山人，协力建造，易亭而轩，更名息机，诚以水碧山青，林深树静，鸟语梵音，答响天光，云影无痕。往来游客，小憩于此，恍入辋川图画，不觉身世之两忘，而机心机事，都付之行云流水间也。

——清光绪七年刊本《［光绪］宜阳县志》

---

① 弘治：明孝宗朱祐樘年号，1488—1505年。

李　洲

　　李洲（1762—1822），字碧川，号居来，鲁山人。清嘉庆丙子（1816）副贡。著有《五代史注》《论语小学》《松荫精舍诗文集》。并与弟李渡参订嘉庆元年（1796）《鲁山县志》。姚椿《晚学斋文集》卷九《鲁山副贡生李君墓志铭》曰："中洲有博学能文章之士曰武大令亿，尝设教汝州，鲁山之士多从之游，彬彬然泽浴于古。其闻风兴起、予所识者，今修武教谕张君宗泰。而张君尤推李君洲学行笃诚，为著闻于时。君字巨来，号碧川。……李氏藏书遂为邑内冠。……君传武君之学，亦有志用世。"

游首阳山记[①]

　　自杏园村行阴谷中数百步，路崎岖盘旋，复北上睹首阳山，

---

①　首阳山：在今河南偃师区西北，北接孟津县界。即邙山最高处，因日出先照而得名。《水经注·河水》："河水南对首阳山。春秋所谓首戴也。夷齐之歌所以曰：'登彼西山矣。'上有夷齐之庙。……又有周公庙。"

土人传为伯夷、叔齐饿处也①。山势奇险而少石，无竹树之产，独野草连绵。凡数里，至巅不断。其西旁微阔，夷齐墓与其碑在。前有坪，登之，见伊、洛水交焉。复北转，穷极高以望，则洪河汹发，波涛万里，风帆舟楫，往还出没。高下之奇，一寓目而尽收之。

方余之初与客往也，即携酒至。至斯，乃以酒奠夷齐墓而拜之。复与客饮，饮既醉，浩歌相酬。乃无何而日既暮矣。晚烟郁起，四顾苍茫。比前所见者，竟又在若隐若见、若有若无间。而黄河、伊、洛之盛已不可睹。独依夷齐墓，为之徘徊欣慕，凄怆扼腕，欲喜欲悲。不复能自知其情之所极。

呜呼！世之足迹遍天下，历湖海江山以致其意者多矣，其亦有触于目而别有所遇于情者邪？但以身之闲逸，姑托于游观，以自娱乐邪？山水之盛，关塞之雄，余未暇及之。然岂竟以是自厌于志邪？夷齐没去，今且数千百载，观其墓则犹若遇之。是余为不虚此游矣。以此告二客。客曰："子真游者也。"故为之记。二客者，灵宝魏汝霖雨邨，偃师知文炳蔚然②。乾隆四十九年九月十四日鲁山李洲记。

---

① 伯夷、叔齐：二人相传姓墨胎氏。伯夷名允，字公信。叔齐名智，字公达。商朝末年孤竹国（今河北卢龙县南）人。伯夷原为孤竹国君长子。其父欲立次子叔齐，当父死后，叔齐不肯继位，让位于伯夷，伯夷不受。后二人奔周。周武王伐商，兄弟二人叩马苦谏，武王不听。商亡，两人均逃隐于首阳山，耻食周粟，采薇为生，最后饿死。

② 偃师知文炳蔚然：原文"知文炳蔚"为小字双排。此句原文疑有误。

书田横墓①

甲辰秋②，余挟二客游偃师之首阳山。登其巅而南望之，见颓冢壘壘郁起。问其土人，曰此汉时五百人为之激于义而死者，田横墓也。日既夕，乃与客下往拜之。见其墓惟荒草迷蔓，亦无碑可识，第以野老所传而其乡置以碣云③。

呜呼，横死几千百年矣！当其初率兵与汉敌，不得志，遂引部下走数百里，逃海岛中，尚翘首以望中原，横之志不可谓不大也。乃既应高祖诏，及将至而死于途，以其首付二客而不与高祖生见，其所积心，又何矫饰？虽然，横约其众，以纵横于嬴秦昏乱之世。汉攻其西南，复受患于项籍，终能奉其兄不怠。兄既死，复立其兄子。兄子又死，然后以身践位④，不臣于人，且能感其士，使能怀义而为之死者数百，使庸庸者能为乎？

今其墓虽荒凉寂寞已历数代，竟无所谓封碑勒石，一纪其概。然使士有闻其风，悲其志，过而凭吊，且相为感发而兴起，

---

① 田横墓：位于河南洛阳偃师区首阳山街道东。田横（？—前202）：秦末人。田荣弟，秦末从田儋起兵反秦。儋、荣死，收齐散兵，复定齐，立荣子广为齐王，自为相。后广为刘邦部将韩信击杀，自立为王。旋为汉军所破。高帝立，横率徒属五百余人入居海岛。后应召与二客诣洛阳，途中自杀，刘邦以王礼葬之。其留居海岛者闻讯亦皆自杀。

② 甲辰：清高宗乾隆四十九年，1784年。

③ 第：只。

④ 践位：继位，登基。

既抱幽魂，以此终古，横又何憾邪！吁，横其既贤矣，不然使横不应诏，既应诏而不死，五百人且为汉之臣以终，横又何奇于世！史曰横之死以与高祖同有志而独未遂，以此羞高祖。或曰以杀其君故，横实与汉为仇，故不臣。是二说也，果横志欤！

——清嘉庆十六年刻本《晋乘搜略》

刘岱云

刘岱云，字澍普，清渑池人。约生活于清仁宗嘉庆时。著有《字源纪略》《兰堂文集》《兰堂诗集》等。

五凤山祈雨游记①

岁甲子②，大旱蝗。六月朔三日，随众祷雨于五凤山之庙。夜半起行，银河皎皎，历数村落，寂无人声。及券门③，始鸡鸣，依稀有晨光。券门者，入山之咽喉也。时行已二十里许矣。

前行里许，为雪白山。岧峣逶迤④，自北而南，水由中行。又行数里，日光始透。同人诵"山高日出迟"之句，盖实境也。复前，为大木厂碾盘村，树草畅茂，禾黍丰润，牧歌耘唱，别有天地。

由碾盘西北，石磴相连。旋折而前，至显桥，俗传有龙蟠桥上，故名。桥下沟深丈许，北上为断峡，有五潭相联络，大小不等，葛蔓树虬，相与覆蔽之。潭傍野花笑日，游鱼沫波，

---

① 五凤山：在河南渑池县仁村乡境内，距县城25公里，与洛阳青要山风景区毗邻。
② 甲子：清仁宗嘉庆九年，1804年。
③ 券门：拱门。
④ 岧峣（tiáo yáo）：山高峻貌。

所谓龙潭也。祈雨者于此先焚香焉。

西行数百步，下折及山麓，有水西来。踏矼而渡^①，折而上西南山。路益峻险，树石奇密，十步九折。微憩石苔花茵上，回视居人茅檐，隐隐如画图中。

起行，复折而西，北戈壁而水东注，南怪岩而山西拱。下行数十步仄径忽拓，庙宇巍然，盖山势回抱，竹树丛郁屏蔽，是以远不能见也。

入庙少憩，肃衣冠，道人前引，同众诣殿拜将毕，众探奇四出，予亦缓步周眺。神几前有井，或云下通龙窟而山石塞之矣。临窥，寒气凛凛逼人。

庙前当危峰，如伏虎栖凤，紫蔓青萝，迎风飘翔，真奇境也。后即龙潭，大数亩，深叵测。悬崖罗列，奇花珍卉、虬葛鳞树，种种不一，斜者，正者，一本连络数株不解者，二树交结一处忽分者，落花纷纷如堕五色云者，结子累累如贯一串珠者，前托后负、左牵右引者，身插峭壁、根挂危崖、势横凌空者，万态争妍，掩映水中。水深黑，不可逼视，时有云气嘘起，隐现间，疑有怪物潜匿鼓动。昔人谓"深山大泽，实产龙蛇"，真不我欺也哉！

潭西北为晒龙石。石上有水纹鳞鳞起，约半亩许。石西南，为龙流濠。濠石一块，若凿之者。濛长数丈，阔五六尺，水深不见底。势迅疾，下注龙潭。经石箕，其声澎湃，真瀑布之奔流者焉。

---

① 矼（gāng）：（石）桥。

北行山半，为三清殿。曲径修竹，无他树木。再折西北而上，为神尧观。至则竹树萦绕，异禽飞鸣树梢竹枝间。

日已亭午，循旧道归。憩庙西树荫石几上，枕石，视天如盂，聆水声冷冷然。既而，白云一缕从西来，随风变幻，忽浓黑如墨，如有雨状。残碑断碣，未及考索，匆匆随众归，益生吾余思矣。

——王兴亚等编《清代河南碑刻》商务印书馆2016年版

张凌云

张凌云，字汉起，号慎轩，巩县（今河南巩义）人，约生活于清嘉庆、道光年间。岁贡生，主讲东周书院，前后设教近五十年，有《念余斋集》三卷、《希素诗抄》二卷。

蒲泉记

南山之南有蒲泉，去菩提之梵宇仅数十步许。戊辰春[1]，养疴来此，避俗嚣焉。泉四围环山，而背竖百仞危壁。据高俯下，抱险负绝，礌硾悬探[2]，岣岅而偻立[3]。泉出其下，而东走万石上，奔流喷薄，水石相啮，处处作建瓴声[4]。地少低，辄蜿蜒下注为小瀑布。陡折而北，乍深乍浅，与层峦叠巘相潆洄，映带两岸。野卉抱石，丛生藤萝，鬖发苍萃[5]，斑剥不绝。居人则旁西穴处，筑岸成砌，引活渠到圃以灌时蔬，可续风什

----

① 戊辰：清仁宗嘉庆十三年，1808年。
② 礌：古代守城用的石头，从城上推下打击攻城的人。硾（duǒ）：石头之意。
③ 岣（dǒu）：山名。岅（bǎn）：同"坂"。偻：脊背弯曲。
④ 建瓴（líng）：语本《史记·高祖本纪》："譬犹居高屋之上建瓴水也。"建瓴，即"建瓴水"之省，谓倾倒瓶中之水，形容居高临下、难以阻挡的形势。建，覆，倾倒。瓴，古代一种盛水的瓶子。
⑤ 鬖（sān）：乱发状。

之盘涧焉①。

噫！造物之为此几何年矣，古今来湮没而不彰者可胜慨哉！余家石窟寺西偏，洛水环绕，而时有俚句，荒吟不一，复肆于莲山寺之巅，北望大河一线而作《莲山赋》，以唐突山灵②。此则一道飞流，停泓澎湃于累砌丛巑间③，怪石瑰异，如云、如岫、如负、如戴，巨如□□，细若□卵，立如龙马，蹲如虎豹，卧如断鳌④，聚如结蜃⑤。他若崖者、穴者、覆釜者，幕列如悬者，经盘流瀺灂之处⑥，声铮铮如击金，音珊珊如鸣弦。幽深寂历，谁其一浣尘容者？

临斯泉也，寻溪选胜，随意拜石，志在高山，杳然流水，宜雨宜霁，宜风宜雪，宜弹琴，宜咏诗，宜长歌大呼，宜科踞袒裸⑦，宜跛踦藉睡⑧，宜逍遥偃坐以永昼⑨，宜忘归以卜夕，宜偕同人执友各带太古风雨之气，为虚谷静穆之容，一唱三叹，若歌若答。沨沨乎清越激昂⑩，不知返照之在东峰也。王摩诘

....

① 风什：诗篇。
② 唐突：冒犯，亵渎。
③ 停泓：即渟泓，积水深貌。巑（cuán）：峻峭的山。
④ 鳌（áo）：传说中海里的大龟或大鳖。
⑤ 蜃（shèn）：蛤蜊。
⑥ 瀺灂（chán zhuó）：状声词，形容小水流声。
⑦ 科踞：即科头箕踞。露着头，两脚张开而坐。多指一种纵恣轻慢的态度。唐王维《与卢员外象过崔处士兴宗林亭》诗："科头箕踞长松下，白眼看他世上人。"
⑧ 跛踦（bǒ jī）：行步不稳貌。
⑨ 永昼：漫长的白天。
⑩ 沨沨（fēng fēng）：形容乐声宛转悠扬。

《山中与裴迪书》云①："非子天机清妙者，岂能以此不急之务相邀。然此中有真趣矣，无忽。"是说也，吾其俟之。

——民国二十六年刊本《[民国]巩县志》

---

① 王摩诘：王维（693、694或701—761），字摩诘，号摩诘居士，唐朝河东蒲州（今山西运城）人。唐朝著名诗人、画家。

许春台

许春台，字熙如，河南灵宝人。清道光己酉（二十九年，1849）科拔贡。

豹隃泉记

邑南四十里有坡底村，背原而宅。村南豹子沟，泉源之所由出也。考之《外记》，墨有名隃糜者[①]。隃黑色，泉深碧似之。清宜煮茶，俗又号为无根水。世无刘伯刍[②]，惜知味者鲜耳。圆中规，深不可测。土人结板，覆其半，以便汲引。方之半月[③]，其形胜何让焉。是泉也，仰而眺柏台[④]，俯而瞰门水。左右而环抱者村落百家，水田绿绕，树木之森荫，花竹之芬芳，致足乐

---

① 隃糜：原是地名，位于现今陕西千阳县境内。该地松林茂密，人们用松烧烟制墨，质量上乘，后来隃糜就成了墨的代称。

② 刘伯刍（755—815）：字素芝，洺州广平（今河北永年区）人。登进士第。贞元五年（789）为淮南节度使杜佑从事，十九年入为右补阙，迁主客员外郎。九月为韦执谊所谮，贬虔州参军。元和初复为考功员外郎。充新罗吊使。三年迁考功郎中、集贤学士，转给事中。六年预译《大乘本生心地观音经》，七年出为虢州刺史。十年擢刑部侍郎，知吏部选事。元和十年（815）以左散骑常侍致仕，卒，年六十一。工书。《新唐书·艺文志》著录《刘伯刍集》三〇卷。

③ 方之：比之。

④ 柏台：河南灵宝城关镇西华村九柏台。

矣。至于春烟秋雨，杳冥无垠。夕月晨风，倏忽异状。此尤极三时之美观而称快者也，皆于泉之上寓之。

谷口豁然，去路不过数武，非人迹罕到处。特一邱一壑，往往视若无睹。如惠州之卓锡①，庐山之瀑布，柳州、东坡之钴鉧、仙游②，不有人焉，览胜搜奇，属诸管城子、楮先生③，吾知遐陬僻壤间④，湮没者指不胜屈矣，独是泉也乎哉！

岸之西南，有石碣，约四尺许，不知书自何人。止以名其泉，其颠末亦无可考。邑人惜其久而无传也，因属记于余。余谢之，第思秦岭、项城诸名胜⑤，得前贤而名益彰。余愧非其人，顾泉若发蒙矣⑥！

——民国二十四年重修铅印本《［民国］灵宝县志》

....

① 卓锡：卓锡泉，在广东惠州西。
② 柳州、东坡之钴鉧、仙游：指唐柳宗元《钴鉧潭西小丘记》所记湖南永州钴鉧潭、宋苏东坡《留题仙游潭中兴寺》所记陕西周至县仙游潭。
③ 管城子：唐代韩愈曾写《毛颖传》，说毛笔被封在管城，叫"管城子"，后因为毛笔的代称。亦称"管城君"等。楮先生：唐韩愈《毛颖传》："颖与绛人陈玄、弘农陶泓及会稽楮先生友善，相推致，其出处必偕。"此文将笔、墨、砚、纸拟人化，称纸为楮先生，后遂以楮先生为纸的别称。
④ 遐陬（zōu）：边远一隅。
⑤ 第：只。
⑥ 发蒙：犯糊涂，弄不清楚。

高　祐

　　高祐（1873—1955），清末洛阳崛山（今河南伊滨区庞村镇）人，字福唐，号崛山子、竹逸居士、大懒山人。少从父学，15岁受业于洛阳明达（今河南孟津区）岁贡生杨伯峰，20岁从开封明道书院湘潭黄曙轩学，23岁开始授徒，辗转于登封、偃师、洛阳、汝州等地50余年，名其学馆为寻乐堂，居舍为嵩洛草堂。一生两次乡试未果，第三次乡试入选国史馆誊录，弃而不赴。辛亥革命后，他拒绝仕途，以教授终身。工古文，喜诗，晚年受邀为登封、洛阳修志。尤以书法著称，与林东郊、李振九并称为洛阳书坛"三驾马车"。有《嵩洛草堂遗编》。

曲水洞记

　　曲水出万安而入伊①，其源一勺，其流数斗，咫尺沙河，开辟大泽考，礨空之水也②。土人居水上者，村落三四，萧条烟火而已。

---

① 曲水：伊河支流南曲河，发源自江左镇张窑村。
② "开辟大泽考"二句："考"疑当为"者"，语出《庄子·秋水》："计四海之在天地之间也，不似礨空之在大泽乎？"礨空，蚁穴。

戊午之岁，倏有能者相其原隰，督农夫负畚，凿岭为洞。洞三百步，引水贯洞而出，下可溉田，田三百亩始作。洎今不满五岁，余力旁浸，可三千余亩。

呜呼！天地之大也，万安于嵩，尤为太空一羽，九牛一毛，复谁谁知有曲水者？然水利一兴，又何悠远而博厚耶！夫沟浍皆盈，涸可立待，谓其非混混之原泉也。则原泉矣，虽针芥微波，尚堪利济于无穷，矧岳渎之兴云雨者哉！但不值其时与其人，人视之若无睹焉尔！

或曰：是水也，宜于作曲，故命为曲水云。洞倡于王君介臣，督力于黄君体仁、孙君玉川，而成于溉田诸农人。

——高祐《嵩洛草堂遗编》中州古籍出版社2014年版

张象山

张象山，号静庵，清末渑池人。增生，工诗文，曾和戴友萍等人在柏地庙结文社，著有《东庄课艺》《东庄诗草》《课徒小草》等。

柏地庙山水记

渑之北陲有岱嵋山，山之北麓有柏地庙，庙产古柏，因以为名。庙背阳而向阴，其神不知何许人，以其居岱嵋山，称岱嵋圣母云。庙之背高丘峻起，二岩横列，五岭承其下，委婉奔放，遥望若莲萼侧垂。

庙当东岭之下，多柏，森森然。指者，抱者，拱者，把者；如弓，如钩，如戟，如臂，如肘，如双髻，依石跨溪，挂岩插壁；斜者，横者，立者，卧者，向者，背者，数百千万不啻也。

林尽五岭，而东为盛。中多怪石，若堂，若坊，若盎①，若盂，若貔貅之登于山②，若牛马之饮于池，若羝羊之怒而触，若豺虎之俯而伺，累累然，落落然，高下疏密不等也。

---

① 盎（àng）：古代的一种盆，腹大口小。
② 貔貅（pí xiū）：传说中的一种猛兽。

林之中，美泉五。远近皆咫尺。瀺然仰出①，洞洞有声。由庙之艮西折而入院。石砌二尺，承之以瓦，下为激湍，潺潺争鸣。院之中汇为小池，水清冷，不宜鱼鲔。至乾方南折而归于溪，其掩映而夹水旁者，细柳、木槿也。

池之南，古柏参天，干分而五，皆不足四围。牙查如鹿角，卷曲如鸡拳，扬者如马之奋鬣②，垂者如人之援手，轮囷荫数亩。风来飕飕，如疏雨横空，如惊涛乍至。柏身南面，老皮皱起，为莲花状二。世以此地为莲花山，故气脉尔也。

古今之佳山佳水，不是过矣。乃周王之马迹不至，谢公屐齿不及，遂使佳山佳水埋没于荒烟蔓草中。吾为此地叹知己之少。而因不解夫天地也，其不欲见赏于世耶！何犹无知？或终有知之者而未至耶！抑果知希我乃贵耶！问之天地，天地不言。问之山水，而山水亦不解也。因记之，以问来者。

——民国十七年石印本《［民国］渑池县志》

---

① 瀺（wěng）然：水沸涌貌。
② 鬣（liè）：马、狮子等颈上的长毛。

后　记

　　我于2003年至洛阳市图书馆地方文献部工作。工作期间经常有读者询问，是否有介绍洛阳古代名胜的书籍。给他们介绍了几本工具书性质的书籍，他们往往感觉内容单薄，缺乏形象性和感染力。于是我想到了搜集、整理古代洛阳游记作品，通过古人生动形象的描绘，使读者在获得知识的同时，能够获得审美的愉悦。于是从地方志、文人别集、历代总集中进行了广泛搜集，积少成多，先后历经三年，搜集到相关文章六百余篇。面对如此浩瀚的数量，我又不知从何处下手。幸遇扈耕田教授，在他的倡议下，确定了选文的原则：突出文学性，既重点突出，又能够尽可能广泛地涵盖古今著名景点。在写作过程中，正值洛阳都市圈建设如火如荼的时期。有鉴于此，我又将地域扩大到洛阳都市圈涵盖的多数地域。由此我对文献进行了重新的搜集，并对入选文章进行了增删。经过一年多的注释，最终形成了此书。

　　需要说明的是，限于游记的体裁，许多名胜古迹没能找到合适的篇目。这使最初设定的重要名胜最少选录一篇的目标，未能实现。也有一些碑记类文章，严格来说不同于今天所说游记，但因有着一定的文学性，也一并收入。另外，为了读者阅读方便，每篇原则上单独出注，造成了个别简略的注释，在书中不同篇章重复出现。

全书成稿后，由扈耕田教授详细审阅，改正了一些错误，并对个别篇目进行了调整。本书的责任编辑于春媚女士，对全书进行了认真审核。单位同事耿雪芬、金雅茹、张秀敏等帮助进行了资料查阅及校对工作。在此一并表示真诚的感谢！

由于本人学术水平有限，错误之处在所难免，诚望读者提出批评意见！

张丽鹏

2020 年 10 月